W0060374

BASTEI
LÜBBE
TASCHENBUCH

Meinen Eltern und meinen Kindern

Sollten unsre Kinder irgendwann mal meckern »Früher war alles besser«,
dann meinen sie damit jetzt.

Die Orsons: Jetzt

Inhalt

Vorwort: Hinterm Ruhestand geht's weiter 9

Ein Wort zur Taschenbuch-Ausgabe 13

I. Die Lage 15
Verfluchte 50 16
Der alte Sack, das bin ja ich … 21
Meine liebsten Denkverbote 28
»Macht euch um mich keine Sorgen« 33
Männer werden betreut, Frauen einsam 42
Wer schreibt unsere letzten Kapitel? 45
Der Trend geht zum Schwellkörperimplantat 49
»Die Rente ist sicher« 54
Vielleicht noch zwanzig gute Sommer 61

II. Die Modelle 65
»Artgerechte Haltung« 68
Rollator, Rollstuhl, Kinderwagen, Burn-out 76
Haus Erbenschreck 82
»Auf dem Weg« 90
Erfahrungen eines Pflegepraktikanten 98
Ab in den Süden 119
Die Chaospiloten 123
»Unser Laden« 137
Villa Germania – betreutes Trinken 142
Brot im Reisfeld 151
Das Robinson-Projekt 158
Die Richtigmacher 161
»Wat willste denn in Polen?« 167
»Ich würde so gern was Positives erzählen« 173
Am Ende 179

III. Sechs Wege, das Alter zu entgiften   187

1. Bewusstsein: Befreit eure Gedanken!   200
2. Lernen: Mehr Kunststücke!   211
3. Der Körper: Bewegt euch!   215
4. Soziale Kontakte: Bildet Banden!   222
5. Finanzen: Übt Bescheidenheit!   227
6. Spiritualität: Aufräumen, ordnen, Seele reinigen!   234

IV. Meine 24 Vorhaben   243

Anhang: Es tut sich was – nützliche Adressen und Informationen   253

Wohnen   255
Arbeit, Engagement & Freizeit   275
Literatur/Quellen   279
Musik, Filme   286
Dank   287

Vorwort: Hinterm Ruhestand geht's weiter

Wie schafft man es, daran zu glauben,
dass die letzten Jahre glücklich machen?
Barbara Hardinghaus: Das letzte Leben

Na, wieder dieses Flimmern vor den Augen? Schlechtes Gewissen wegen des knappen Telefonats mit Mutti? Mal überschlagen, was Rente und Lebensversicherung im Monat bringen werden? Die Story über den Pflegeskandal rasch überblättert? Patientenverfügung unterschrieben?

Wie mentale Drohnen schwirren die Horrorbilder vom Altern durch unsere Köpfe: Rentenlücke, Demographiekatastrophe, Gebrechlichkeitspflegschaft, Demenzepidemie.

Ich weiß genau, dass ich nicht allein bin mit meinen Fragen, den Unsicherheiten, der wachsenden Panik. Wer den Verfall der eigenen Eltern erlebt, wer die jährliche Rentenmitteilung überfliegt und kein stattliches Erbe in Aussicht hat, der ahnt: Wir Babyboomer hatten das satteste und unbeschwerteste Leben aller Zeiten; Krieg, Hunger, Flucht übers Haff – wir kennen das nur aus Filmen mit Maria Furtwängler.

Aber wie mag das Ende werden? Wie werden wir unser pralles Dasein durch eine immens steigende Lebenserwartung retten? Wie lange schaffen wir es, Treppenlifte und Inkontinenz wegzujuxen? Was ist mit Schmerzen, Armut, Suizid? Gibt es einen Ausweg aus Pflegeknast und Hirnschwund? Oder ist unserer Generation das elende Altern vorherbestimmt?

Ich habe keine unzumutbaren Erwartungen: Ich will gesund bleiben, nicht allein sein, nicht verblöden, ich will was

Sinnvolles anstellen, selbstbestimmt leben, meiner Familie nicht zur Last fallen. Geht das?

Angestrengt pfeifen wir mit, wenn im Radio *Forever Young* von Alphaville läuft. Beginne ich im Freundeskreis ein Gespräch mit der Frage »Sollen wir später mal eine WG ... ?«, dann lachen alle und sagen: »Ach, das hat doch noch so viel Zeit.«

Von wegen. An die zwanzig Millionen Alphaville-Mitsinger werden in zwanzig Jahren zum Pilotenspiel gezwungen: Die Ersten mögen noch satt abfliegen, während am Boden jene drängeln, die ihr Leben lang in die Rentenkasse eingezahlt haben, um kaum etwas zurückzubekommen. Wollen wir einer Politik vertrauen, die zuverlässig zu spät und zu zaghaft reagiert? Lieber nicht.

Ich spüre verschärfte Ungeduld. Von meinen eigenen Eltern weiß ich, dass große Veränderungen mit 70 weitaus schwerer fallen als erste vorsichtige Korrekturen mit 50. Die Zeit rast. Verdrängen mag eine Weile funktionieren, verschärft die Probleme aber nur.

Früher war das Leben dreigeteilt in Jugend/Ausbildung, Arbeit/Sparen und ab 65 einige Jahre Fernsehsessel/Rente. Das Leben endete im Schnitt mit 70. Wer heute um die 50 ist, hat gute Chancen, 90 zu werden. Aus dem gedrittelten Leben ist ein geviertelten geworden. Wir haben zwanzig Jahre Lebenszeit in relativer Fitness geschenkt bekommen, aber leider nicht die passenden Entwürfe dazu. Wir haben unsere Karriere durchdacht, coachen penibel unsere Kinder, planen akribisch jeden Urlaub. Nur für die geschenkten Altersjahre hegen wir entweder romantische Vorstellungen oder rabenschwarze Ängste.

Höchste Zeit für Realismus. Sollten wir nicht genau jetzt beginnen, uns mit milder Schonungslosigkeit die Karten zu legen, unsere Bedürfnisse zu ermitteln, unsere Träume zu erforschen, ganz egal ob Senioren-WG, Töpfern in der Toskana oder Heidehof mit Gemüsebeet? Was mag machbar sein, finanziell und emotional? Wagen wir Neues, oder bleiben wir in unserem schicksalsergebenen Beat?

Wir werden scheitern, wenn wir dem Alter davonlaufen. Es hat noch jeden gekriegt. Schlauer wäre es, dem Unausweichlichen mutig entgegenzugehen, mit gelassenem Pragmatismus. Schon heute lassen sich Weichen stellen, die Seele, Geist und Gefühl befrieden.

Es geht nicht nur um Millionen Einzelschicksale, sondern um unsere Generation. Wir Wirtschaftswunderkinder erleben eine historisch einmalige Situation, die die Evolution nicht vorgesehen hat. Wir leben einfach weiter, obgleich wir für den Fortbestand unserer Art nicht mehr gebraucht werden. So fällt uns die Verantwortung zu, eine neue, komplexe und ethisch anspruchsvolle Gemengelage zu bewältigen und zu gestalten, sozial verträglich, unaufgeregt, selbstbewusst, womöglich sogar generationensolidarisch – eine immense kulturelle Aufgabe, die weit über Finanzfragen hinausreicht.

Die schlechte Nachricht: Wir werden bescheidener leben. Die gute Nachricht: Gutes Älterwerden klappt, wenn wir uns kümmern, jeder für sich, und viele gemeinsam.

Genau darum geht es in diesem Buch: um die verhängnisvolle Bremskraft unserer irrationalen Ängste und Kopfbilder. Um Lösungen, Möglichkeiten und Modelle, um Ideen, Vorbilder und die Grenzen des Machbaren. Und um neue Fähigkeiten, die es zu entwickeln gilt, zuallererst das Vertrauen in unsere eigene Gestaltungsmacht.

Schon jetzt stromert eine fitte, selbstbewusste und überwiegend glückliche Generation von Senioren durchs Land, beileibe nicht alle sabbernd oder depressiv. Der TV-Talker Reinhold Beckmann spielt jetzt Gitarre, der deutsche Tanzlehrer-Verband ADTV bietet Kurse in Rollator-Tanz an, ein 72-jähriger Arzt hat eine Praxis in den Slums von Nairobi aufgemacht, eine 76-jährige Berliner Wirtin wurde nach einer wüsten Koks-Party festgenommen. Das Armutsrisiko steigt, aber zugleich die Lust am Ausprobieren. Manche Senioren verharren in alten Mustern, andere probieren sich hemmungslos aus. Hinterm Ruhestand geht's weiter.

Also das schmerzende Kreuz durchgedrückt und auf in den

11

Kampf gegen den Unausweichlichkeitsstress, den weniger das Alter verbreitet, als die Angst davor. Betrachten wir den heutigen Tag als den ersten unserer Restlaufzeit, viel zu kostbar, um sie in Duldungsstarre zu vertrödeln.

Deswegen habe ich mich ins Abenteuer Altern gestürzt, zu einem Date mit der eigenen Zukunft. Schonungslos, heiter, lernbereit. Klar, es wird eng und vielleicht nicht üppig. Aber: Es gibt gute Chancen, die nächsten zwanzig, dreißig Sommer lustig, bezahlbar und würdevoll zu gestalten.

Ein Wort zur Taschenbuch-Ausgabe

Liebe Leser,

zunächst einmal ganz herzlichen Dank an die vielen engagierten, freundlichen, kritischen und klugen Menschen da draußen. Die Reaktionen auf *Restlaufzeit* waren so vielfältig, dass ich wirklich gerührt war.

Nun lege ich die Taschenbuch-Ausgabe vor, in freudiger Erwartung weiterer Reaktionen.

Alles altert, auch Texte und Informationen. Der Verlag, die kluge Carla Mönig und ich haben das Original von *Restlaufzeit* sehr sorgfältig durchgeschaut, manches in den Kästen jeweils auf der letzten Seite der Modelle (Teil II) sowie im Service-Teil (Anhang) aktualisiert, anderes korrigiert oder gar gestrichen. Es sind aber auch Informationen geblieben, da sie zum Zeitpunkt des Verfassens galten. Die Kernbotschaft blieb erhalten: Ob Sie handeln oder behandelt werden, ob Sie Macher sind oder Opfer, das entscheiden Sie in vielen Fällen selbst. Alleinsein ist jedenfalls keine gute Idee. Einsamkeit kostet sieben Lebensjahre.

Aus der Verantwortung erwachsen Aufgaben, aber auch viele Kraftmomente.

Viel Spaß und Gelassenheit bei einer erfüllten Restlaufzeit.

Ihr Hajo Schumacher

P.S. Ja, am Ende einer Restlaufzeit steht der Abschied. So sehr ich mich über Frau Schmidt als Covergirl gefreut habe, so traurig war ich, als ich Ende September 2015 erfuhr, dass die gute Frau gestorben ist, im Alter von 102 Jahren, ganz friedlich im Senioren-Domizil Prenzlauer Berg. Gute Reise, Frau Schmidt.

I. DIE LAGE

Verfluchte 50

Deshalb hasse ich Männer meines Alters. Wir verströmen alle
einen Hauch von verlorener Jugend und bevorstehender Tragödie.
Unmöglich, nicht jeden unserer kleinen Rückschritte zu bemitleiden.
Richard Ford: Die Lage des Landes

Ein untrügliches Indiz fürs Älterwerden ist die wachsende Neigung, jeden zweiten Satz mit »Früher ...« zu beginnen.

Früher waren die Partys besser: Wir tanzten, wir tranken Bier, wir schauten nicht auf die Uhr, wir flirteten, wir tauschten Zukunftspläne aus. Kinderkriegen? Lieber nicht. Dafür lange Reisen ans Ende der Welt. Oder wenigstens ins Wochenende fahren, mit einem klapprigen, aber coolen Auto, ohne Ziel und Zeitplan. Ausschlafen. Sex bei Tageslicht. Und dann zur nächsten Party, ohne Geld, aber mit unbändigem Zukunftshunger.

Heute stapeln sich die Einladungen. Alle werden 50. Der Jahrgang 1964 ist der geburtenstärkste in der Geschichte unseres Landes. Wir sind fast 1,4 Millionen. Aber über unseren Geburtstagsfeierlichkeiten hängt oft eine Wolke der Depression. Die Gastgeber träumen von einer Party wie früher, mit Tanzen bis in den frühen Morgen. Vielleicht bringt einer sogar was zu kiffen mit. Ach, das wird so schön wie einst.

Und wie ist es wirklich? 20 Prozent der Eingeladenen sagen wenige Stunden vorher ab, weil ihr Kind krank ist oder Spontangrippe ausbrach. Manche bleiben ganz ohne geflunkerte Entschuldigung weg. Die Ersten gehen um halb elf, weil der Babysitter ausgelöst werden muss. Das vegane Büfett vertrocknet. Die Männer fachsimpeln über alkoholfreies Bier, das »eisgekühlt gar nicht so schlecht schmeckt«. Der teure DJ legt Simple Minds auf und Nena und natürlich Udo Lindenberg: *Hinterm Horizont geht's weiter.* Aber hier geht gar nichts weiter. Mit Scheinfreude zappelt der Gastgeber allein auf der Tanzfläche zu *Don't stop thinking about tomorrow* von Fleetwood Mac. Soon it'll be there.

Um halb eins steht ein wackeres Häuflein beieinander und macht Inkontinenz-Witze. Der DJ spielt Pink Floyd, *Dark Side of the Moon.* Es wird ernst. Die verbliebenen Gäste rücken damit raus, was sie wirklich umtreibt. Nicht die tollen Partys von früher, die Kinder, der Urlaub, das Auto, nein, sondern Abschied, Pflege, Tod. Allenthalben Angst, Beklemmung, verzweifelte Sicherheitsmaßnahmen und dann die ganzen Horrorgeschichten. Wer Kinder in der Schule hat, Eltern im Heim und keine Aussicht auf ein sattes Erbe, kann kaum die eigene Lebensversicherung bedienen.

Klaus erzählt die tragische Geschichte seiner Mutter, die zwar körperlich fit ist, deren Hirn sich aber zusehends auflöst. Es begann damit, dass sie ihre eigenen Kinder nicht erkannte. Später verdächtigte sie sie, ihr die Geldbörse entwendet zu haben. Besuche bei der Person, die mal eine Mutter war, gerieten zu dramatischen Kämpfen. Die alte Dame war fest davon überzeugt, dass diese Menschen, die mal ihre Kinder waren, ihr übelwollten. Jedes Mal ging sie heftiger auf die Besucher los. Eines Tages musste sie ans Bett gefesselt werden.

Der Vater von Renate hat Parkinson, die Mutter von Heidi ist dement, und die Eltern von Philipp sind so gebrechlich, dass sie nicht mehr allein für sich sorgen können. Aber gegen einen Umzug ins Heim wehren sie sich mit einer Kraft, die gar nicht zu ihrer Gebrechlichkeit passen will.

Heimfahrt schweigend durch die Nacht. Was ist aus der fröhlichen Bande geworden, die mit Michael Jackson und *99 Luftballons* groß wurde? Wir hatten eine gute Zeit. Aber was kommt jetzt?

Ewige Jugend schien uns geschenkt. Doch plötzlich wanken Werte und Maßstäbe und Rollenbilder. Widersprüchliches

17

jagt durch den Kopf. Habe ich mein bisheriges Leben optimal genutzt? Was darf ich, was unterlasse ich tunlichst, weil es nicht mehr altersgerecht zu sein scheint? Sollen wir noch mal ganz neu anfangen, irgendwo, wo die Sonne scheint? Eine Frühstückspension an der Algarve? Wie geht Ehe im Alter? Wie lange braucht mich der Arbeitsmarkt? »Länger leben scheint ein großer Risikofaktor für die menschliche Würde zu sein«, hat der Psychologe Paul Baltes festgestellt. Stimmt.

Ist es peinlich, in Lederfransen auf Easy Rider zu machen oder sich im Outdoor-Geschäft auszustaffieren, als wollte man den Nanga Parbat bezwingen? Für eine Busfahrt ins Sauerland reichen doch wohl beige Gesundheitsschuhe und die Windjacke. Neulich hat mein großer Sohn angemerkt, dass meine Jeans die falsche Marke haben. »Dafür bist du echt zu alt, Papa!«, hat er durchaus einfühlsam gesagt. Pah, kaufe ich mir eben doch eine Harley und Converse All Stars in Neongelb.

Zufall, dass ich mir neulich den Kopf so dämlich am Türrahmen gestoßen habe, oder doch erstes Anzeichen für Parkinson? Man liest ja so viel. War auch schon das zweite Mal. Kopfschmerz, Magengrummeln, jedes Zucken gerät zum Indiz des Verfalls. Wächst man hinein in seine Beschwerden, oder knallt es eines Tages? Wann werde ich mich an den Türrahmen meiner kleinen Wohnung krallen, während Pfleger an meinen Beinen ziehen und die Kinder sagen: »Es ist doch nur zu deinem Besten, Papa.«

Ich werde in einem Billigheim landen, wo mir über Jahre der Bettlägerigkeit der Rücken fault. Denn die Inflation hat meine Lebensversicherung fast aufgefressen; was übrig blieb, bekam die Steuer. Die Idee mit der Immobilie zur Alterssicherung taugte auch nicht: mitten in der Blase viel zu teuer bezahlt, später kaum mehr zu vermieten, weil wir nicht mehr 80, sondern nur noch 60 Millionen Deutsche sind.

Tapfer schieben wir beiseite, was nervt. Diese Rentenbescheide zum Beispiel, die Reklame für Treppenlifte oder den Prospekt für die Seniorenresidenz in der Nachbarschaft und erst recht den Zeitungsausriss, den die Gattin hingelegt hat – eine Darmspiegelung sei ab Mitte 40 dringend angezeigt. Weiß ich längst. Klar, wichtig. Aber jetzt gerade nicht. Morgen. Vielleicht.

Überall sehe ich Verfall, zumindest aber Zustände, die ich nie erleben will. Einsame Frauen, die ihren Einkauf mit letzter Kraft vom Supermarkt nach Hause schaffen, verschrobene Rentner, die im Park still vor sich hin murmeln, Gebrechliche, die regungslos im Rollstuhl hängen.

Meine Panikbrille filtert, sie lässt ausnahmslos das Elend des Alterns in mein Hirn. Ich fürchte Langsamkeit und Einsamkeit, die Unlust, in ein Flugzeug zu steigen, auf ein Rennrad oder einen Kneipenhocker. Böse Vorahnungen kriechen näher. Mein »Ich doch nicht« klingt zunehmend verzweifelter. Der gut gemeinte Hinweis auf Helmut Schmidt und Mick Jagger verliert an Überzeugungskraft.

Apokalyptiker wie Meinhard Miegel, Herwig Birg oder Frank Schirrmacher haben ein Erlösmodell daraus gemacht, einen knallharten Verteilungskampf zwischen den Generationen zu prognostizieren. Zukunftsangst geht immer. Der Welt-Alzheimer-Bericht 2013 sagt eine baldige Verdreifachung der Demenzen voraus. Die Krisentelefone sind schon jetzt überlastet mit Anrufern, die an ihren Pflegeaufgaben scheitern.

Wie werde ich sein? Ein Kreuzfahrt-Rentner, das Leben auf die günstigsten aller Schnäppchenangebote ausgerichtet? Verbringe ich meine Zeit damit, auf den nächsten Programmpunkt zu warten, was meistens Essen bedeutet, und erzähle dann ungefragt, dass es neulich auf Barbados besser war?

Oder werde ich Panik-Rentner und leide an der verbreitetsten Alterskrankheit, der Angst? Angst vorm Wetter, vor Hunden, Menschen, Atmen. Überall lauert Verbrechen. Und ich bin Opfer. Ja, übermäßiger TV-Konsum führt zu Langzeitschäden, Paranoia zum Beispiel. Dafür wurde an der Hochschule Fulda krustenloses Seniorenbrot erfunden. Toll.

Oder ich verfalle dem Jugendwahn, wie er im Showgeschäft seit Jahren um sich greift. Das wäre noch schlimmer als der freiwillige Abstieg in die Kaffeefahrt-Liga: Wenn Peter Kraus, 75, in einer Volksmusiksendung unbedingt per Limbo beweisen muss, wie hüftgelenkig er noch ist, wenn Schauspieler mit Tiegeln voller Streuhaar zur Maskenbildnerin kommen, um die Platte kameragerecht zu dekorieren, wenn multipel geliftete Serienschabracken lächelnd die Mär von Yoga und drei Litern Wasser am Tag erzählen, dann wächst die Furcht vorm Würdeschwund. Schlimmer als senil ist krampfhaft juvenil.

Gibt es zwischen den beiden Sackgassen Altersdepression und Jugendwahn vielleicht einen dritten Weg, wo Stil und Spaß herrschen? Bedeutet Alter zwangsläufig die Entscheidung zwischen Ruine und Fassade? Bitte nicht.

Alter ist ein vielschichtiges Stadium, sagt die Wissenschaft, mit biologischen, aber auch juristischen, gesellschaftlichen, ethischen, wirtschaftlichen, politischen und emotionalen Aspekten.

»Wer grau ist, ist alt«, sagt meine jugendliche Friseurin Andrea ungerührt. Wie wäre es mit einem grauen Irokesen? Ist Richard Branson nicht auch grau, Franz Beckenbauer und George Clooney? Sieht doch würdevoll aus. Aber ich will eigentlich gar nicht würdevoll sein, sondern einfach nur frisch und lebendig. Das kann doch nicht so schwer sein.

Ist es aber. Schlecht getönt wackeln wir in beigem Goretex auf den Horizont zu, eine Karawane am Krückstock, mit zu wenigen Kamelen und zu wenig Wasser. Entweder kommen einige bequem zur letzten Oase, oder aber viele verrecken gemeinsam auf dem Weg dorthin. Weg mit solchen Gedanken. Es lebe die Verdrängung.

Der alte Sack, das bin ja ich ...

Alt sind immer die, die zehn Jahre älter sind als ich.
Senioren-Weisheit

Martin, Marathonläufer, Idealgewicht, keine Laster, Mitte vierzig, erzählte neulich, dass er sein Haus jetzt barrierefrei umbaue. »Hahaha«, habe ich gelacht, »du errichtest dir deine private Seniorenresidenz.« Er nickte: »Genau.«

Ich verstummte. Könnte er womöglich recht haben mit seinen Plänen? Ach was: Die Welt gehört uns, mit 66 Jahren. Und dann nichts wie los zur Botox-Party. Moment mal. Wollten wir nicht in Würde altern? Also Schluss mit den dummen Sprüchen. Nie wieder »senile Bettflucht« sagen.

Es läuft doch eigentlich ganz gut, versichere ich mir, wenn ich abends im Wilmersdorfer Stadion meine Runden trabe. Mein biologisches Alter liegt um vier Jahre unter dem echten, zeigt der Internet-Rechner. Locker präsentiere ich meine schicken Sportklamotten auf der Laufbahn. Besonders schnell bin ich nicht, aber allemal flotter als die alten Herrschaften, die hier jeden Montag für das Sportabzeichen trainieren.

Mein innerer Teufel lässt mich mit mildem Hohn auf die Senioren blicken, die in die Sandgrube stolpern. Einige Rentner straucheln über die Laufbahn, andere machen zwar schnelle, aber sehr kleine Schritte. Ist das Laufen? Oder eher Trippeln, weil die Blase drückt? Gelassen ziehe ich an den Herrschaften vorbei. Die Ersten haben aufgegeben und marschieren. Ihre Baumwollhemden schlackern, die Sportschuhe stammen aus einer Zeit, als Fernsehen schwarz-weiß war.

Eines Abends kommt einer dieser älteren Herren auf mich

zu, als ich gerade Alibi-Gymnastik mache. Er guckt anerkennend und erklärt, dass er früher ein starker Läufer gewesen sei, Berliner Meisterschaften, 1964. Jetzt könne er nicht mehr so richtig, die Knie täten weh. Jaja, die Geschichten von früher, denke ich und gähne innerlich. Er wünscht mir alles Gute, vor allem Gesundheit, das sei ja das Wichtigste. Ich nicke huldvoll und verspüre beim Aufstehen ein neues Zwicken im linken Knie.

1964 – mein Geburtsjahr. Wenn der gute Mann damals 20 war, dann ist er jetzt 70. Meine Stimmung schwankt zwischen Respekt und Mitleid. Wie oft mag er die Story von den Berliner Meisterschaften erzählt haben? Ist es nicht fürchterlich, nur noch im Gestern zu leben? Immerhin schleppt er sich ins Stadion, anstatt in seinem Fernsehsessel zu verdorren. Ob er allein lebt? Wie mag es seiner Frau gehen? Verspürt er Reste von Lebenszufriedenheit? Oder wartet er einfach, ohne genau zu wissen, worauf?

Erster Gedanke: puuh, zum Glück noch nicht tatterig. Zweiter Gedanke: eigentlich ganz fit, der Mann. Dritter Gedanke: Dieser alte Herr in seiner bollerigen Turnhose, das bin ich – in zwanzig Jahren. Vierter Gedanke: Wo bleibt die Gelassenheit?

Millionen Babyboomer durchleben derzeit diese Phase aus Hoffen und Bangen, sie kämpfen einen aussichtslosen Kampf gegen die Natur. Entweder juxen sie ihre wachsende Panik weg, oder sie planen alles minutiös, als könne man den Zufall mit Immobilienbesitz ausbremsen. Konzertbesuche bei Patti Smith helfen jedenfalls nicht – die Heldin von damals geht auch schon auf die 70 zu.

Die Akribischen verabschieden jedes verlorene Haar persönlich, sie vertrauen auf »Advanced Night Repair« und absolvieren verbissen Gesichtsgymnastik nach Gwyneth Paltrow, um die Augenpartie zu straffen.

Die anderen meiden Spiegel, hoffen worauf auch immer und reden sich gut zu: Das Augenflimmern ist heute gar nicht so arg wie sonst, dafür zieht's im linken Brustkorb. Aber das

22

vergeht erfahrungsgemäß meistens. Nein, heute werden wir keine Suizidarten durchspielen, auch nicht die heimliche Flucht nach Südostasien.

Ich bin ein Mischtyp: Mal wird selbstquälerisch analysiert, öfter aber gnadenlos verdrängt. Je nach Tagesform wage ich den Blick in den Spiegel, wobei sich zunehmende Fehlsichtigkeit als Gnade erweist, vor allem wenn die Beleuchtung eher loungemäßig gedämpft ist. Kalte Verhörstrahler im Bad machen mich depressiv. Ich will nicht sehen, was ich längst weiß: Es wird nicht mehr besser. Den Status erhalten ist ein großer Erfolg.

Angstvolles Verdrängen ist so normal für unsere Generation wie die ersten Anzeichen von Inkontinenz. Das ist auch gut so. Denn je näher der Ruhestand rücke, desto düsterer werde das Bild vom Alter, hat der Gerontologe Robert C. Atchley festgestellt.

Was bleibt, ist das Prinzip Strohhalm: Ich entwickle ein sträflich naives Vertrauen in Staat, Familie und meine Versicherung, dass es so schlimm schon nicht kommen wird. Wenn die OECD die Überalterung Deutschlands als ökonomisches Riesenrisiko bezeichnet, meint sie alle, aber bestimmt nicht mich.

Oder doch? Hinter uns drängelt eine junge europäische *Generation Hopeless*, vor uns genießt die *Generation Anspruch* ihre rapide steigende Lebenserwartung. Wir klemmen dazwischen und dürfen uns um beide kümmern. Erst das Studium für die Kinder finanzieren, dann das Pflegeheim für die Eltern, die sich als ausgesprochen zäh erweisen, was wiederum konkrete Folgen hat für unsere eigenen Rücklagen. Selbst wer von seinen Eltern vor langer Zeit verstoßen wurde, hat für die Heimkosten aufzukommen, entschied der Bundesgerichtshof.

Ich hoffe insgeheim auf meine beiden Söhne, wenn es wider Erwarten arg werden sollte. Der Staat wird pleite sein, dafür mailen meine Kinder zweimal im Monat aus Shanghai, Auckland oder dem Rheintal, manchmal sind Fotos dabei. Ich glaube auch fest daran, dass es Menschen gibt, denen es eine

23

große Freude sein wird, mich schlechtlaunigen, depressiven Knacker rundum zu betreuen. Der Markt an Osteuropäerinnen, die bereit sind, für kleines Geld zu pflegen, soll allerdings abgegrast sein. Wird Zeit, dass Nordkorea sich öffnet.

Vielleicht hilft ja Google mit seiner Tochterfirma Calico. Dieses Start-up soll den Algorithmus der Unsterblichkeit ermitteln. Aus den gigantischen Datenbeständen des Suchmaschinenbetreibers lassen sich womöglich Sterbewahrscheinlichkeiten destillieren. »Kunden, die diesen Artikel kauften, starben mit 79 Jahren.« Ein paar Jahrzehnte seien rauszuholen, verkündet Larry Page, einer der Google-Boys, sicher im eigenen Interesse. Ich wünsche ihm eine lange Zeit mit Conveen Optima, dem diskreten Kondomurinal bei aufkommender Inkontinenz, das mir Google neulich zum Kauf empfahl.

Der Sumerer-König Gilgamesch ließ nach einer exotischen Pflanze fahnden, die das Leben angeblich verlängern sollte. Der britische Philosoph Roger Bacon glaubte an den lebensverlängernden Atem männlicher Jungfrauen. Vor Jahrzehnten ließen sich Prominente einfrieren, in der Hoffnung, dass die Medizin eines Tages die Wiederauferstehung ermögliche.

Ich bin auch so ein Phantast: Verbissen laufe und schwimme und radle ich, eindeutig Flucht vor dem Alter. Ich überblättere Skandalgeschichten aus dem Pflegeheim. Ich mache Witze aus der Mario-Barth-Klasse über Alzheimer und Granufink. Ich beginne Vorsorgeberechnungen, wenn die dazugehörigen Ordner zufällig aufgeschlagen sind. Aber schon die ersten Additionen auf dem kalten weißen Papier ertrinken in Rotwein.

Warum auch. Eh alles leere Ziffern, die vielleicht schon morgen nicht mehr gelten. Ist doch klar: Wir sind so viele wie nie, wir werden so alt wie nie, Medizin wird so teuer wie nie. Man muss kein Mathe-Genie sein, um die Sprengkraft zu ahnen. Aber man muss über große Bereitschaft zum Masochismus verfügen, um sich alle Informationen zum eigenen Niedergang zu verabreichen.

24

Im Frühjahr beratschlagten wir, wie ein neues Badezimmer aussehen könnte. Wir favorisierten eine freistehende Wanne. »Hoher Einstieg«, sagte der Klempner und guckte uns abschätzend an, »das werden Sie in ein paar Jahren bereuen.« Man kann in solchen Situationen die Wunschwanne wechseln. Oder den Klempner.

Solange du dein Alter verdoppeln kannst und es kommt eine halbwegs realistische Lebenserwartung heraus, ist alles in Ordnung – solche Weisheiten haben mich durch meine erste Lebenshälfte getragen. Mit 40 stößt dieser Trick an seine Grenzen, mit 50 wird er albern. So weit ist es nun.

Neulich habe ich die PIN für die EC-Karte vergessen, die ich seit vielen Jahren ohne nachzudenken eingebe. Exakt an solchen Tagen steht in der Zeitung garantiert eine Story darüber, dass kleinere Aussetzer im Gedächtnis nicht zwangsläufig Dramatisches bedeuten, aber durchaus ein erster Hinweis auf eine tückische Form der Demenz sein können.

Jeder kleine Stolperer gerät zum Indiz fortschreitenden Schwächelns, entweder körperlich, weil die Spannkraft schwindet, oder geistig, weil infolge matschigen Hirns die Koordination nachlässt.

Sollte ich mich auf den Verfall einstellen? Ja.

Will ich das? Nein.

Was wir nicht wahrhaben oder erledigen wollen, rutscht auf unserer Prioritätenliste auf geheimnisvolle Weise immer wieder nach unten: Vorsorge, Funktionsgymnastik, Barrierefreiheit, das alles hat Zeit, geht morgen noch, da brennt jetzt gerade nichts an. »Ab Ende 40 bemerken viele, dass ihr Ansehen sinkt«, schreibt Frank Schirrmacher in seinem Bestseller *Das Methusalem-Komplott*, »ab Anfang 50 reden sie sich bereits ein, den Tag des Renteneintritts nicht mehr erwarten zu können.« So mogeln wir uns durchs Restleben.

Eine gewaltige Industrie hilft uns, das Unvermeidliche noch eine Weile auszublenden. Hier ein Schuss Faltenfüller, da eine Tube Testosteron, ein paar chirurgische Korrekturen und natürlich die Möglichkeit, sich das Gefühl ewiger Jugend

25

zu kaufen. Ein Ticket fürs Beyoncé-Konzert, Ferien im Surfer-klub und all die schicken Klamotten aus Stretchmaterial, die die Problemzonen bis zur Atemnot wegpressen.

So verlockend das Verdrängen ist, so brutal wettert die Vernunft dagegen: Marlene Dietrich, Gunter Sachs, Hilde-gard Knef, all die aufgespritzten Gespenster, die schon durch *Gala* und *Bunte* geisterten – das kann nicht gut gehen. Es rei-chen ja schon die Werbebanner, die das Internet mir automa-tisch zuspielt. Mag mein biologisches Alter bei 46 liegen – mein Google-Alter hat die 60 hinter sich.

Langsam dämmert mir, dass mein Umgang mit dem Un-ausweichlichen, das Wegschauen, eine gehörige Portion an Selbstzerstörung birgt. Das ist nicht gesund. Krisen im mitt-leren Lebensalter erhöhten das Risiko von Alzheimer, meldet *Spiegel Online.* Ich sollte anders mit meiner Panik umgehen.

Weder Zynismus noch Angst noch Romantik helfen wei-ter. Lamentieren nervt, Verdrängen erzeugt Magenschmer-zen. Und für Selbstbetrug sind wir hyperpragmatischen Vier-undsechziger viel zu abgebrüht. Nein, weder Brückentage im Wellness-Tempel, Anti-Aging-Kosmetik noch Ayurveda wer-den uns retten.

In der Krise, so rät der Psychologe, bestehe die erste He-rausforderung darin, sich ehrlich zu machen: Welchen An-nahmen sitze ich störrisch auf? In welchen Befindlichkeiten suhle ich mich besonders gern? Welche Panikbilder steigen immer wieder hoch?

Höchste Zeit, die eigenen Denkmuster zu betrachten, die Wünsche und das Machbare abzugleichen, die oftmals wir-ren Untergangsphantasien mit der Realität zu versöhnen. Wer Aussicht auf vielleicht noch zwanzig gute Sommer hat, sollte seine Zeit nicht mit Mythen, Panik oder gefühltem Wissen vertrödeln.

Wir Babyboomer müssen uns in den nächsten Jahrzehn-ten mit zunehmender Knappheit arrangieren, an Geld, Ge-sundheit, Optionen. Aber wir haben zugleich die histori-sche Chance und die verdammte Pflicht, unsere verbleibende

Zeit selbst zu gestalten. Wir sind frei wie keine Generation vor uns – aber wir müssen selbst für uns sorgen. Freiheit heißt auch: Niemand wird uns das abnehmen. Weder unsere Kinder noch die Politik oder der Finanzmarkt.

»Es gibt einen idealen Zeitpunkt, einen Baum zu pflanzen – vor zwanzig Jahren«, so lautet ein afrikanisches Sprichwort. »Der zweitbeste Zeitpunkt ist jetzt.«

Also auf zu einer Expedition in die eigene Gefühlswelt, in die kalte Welt der Ängste und Tabus. »Ganz offen drüber reden« – das ist doch das zentrale Mantra unserer Generation. Christiane zu Salm hat in ihrem Bestseller *Dieser Mensch war ich* Nachrufe von Sterbenden auf das eigene Leben gesammelt. Tenor trotz aller Verschiedenheit: Wir hätten mutiger und ehrlicher sein, unsere Bedürfnisse klarer sehen und verwirklichen sollen.

Dann wollen wir uns ab jetzt daran halten.

Meine liebsten Denkverbote

*Was ist das für eine Furcht? Sie hat mit Tod und Zeit
und Altern zu tun. Ganz einfach: Ich bin achtzehn,
in meinem Kopf bin ich achtzehn und wenn ich nichts
mache, wenn ich mich einfach nur ganz ruhig verhalte,
dann ändert sich daran auch nichts und ich bleibe
immer achtzehn. Für immer. Die Zeit steht still.
Ich werde niemals sterben.*
Zadie Smith: London NW

Na gut. Sind wir mal ehrlich. Wovor ganz genau habe ich
Angst? Wie lauten die Tabus?

Fangen wir mit einem mitteldramatischen Gedanken an,
der mich jedes Mal überfällt, wenn ich an einer Mietskaserne
vorbeikomme: Wie viele ältere Frauen mögen hier wohnen,
die den ganzen Tag lang rechnen, wie sie mit ihren paar Euro
auskommen sollen, die penibel darauf achten, ihre Schuh-
sohlen nicht übermäßig abzulaufen, die sich jedes Vergnü-
gen verkneifen, um ihren Enkeln einen Schein zustecken zu
können, die sich mit knapp 70, nach fünfzig Jahren Rackerei,
von Zeitarbeitsfirmen ausbeuten lassen, um irgendwie über
die Runden zu kommen? Und dann folgen Einsamkeit, Krankheit, Heim.

Gruselig ist auch die Pflegepanik. »Hintern putzen« –
diese beiden verächtlich ausgestoßenen Worte stehen stell-
vertretend für einen Kosmos von Ängsten. Pflege sieht auf
den Werbefotos von Ministerien und Heimen friedlich und
einvernehmlich aus. Junge Menschen voller Hingabe, alte
Menschen voller Dankbarkeit. Das richtige Leben verläuft ein

wenig anders: Pflege frisst den Pflegenden, ob im Heim oder privat, und das ist oft genug eine Frau.

Wer die Pflege delegiert, muss für horrende Kosten aufkommen. Betreuung rund um die Uhr kostet mindestens 2500 Euro im Monat. Soll es etwas besser sein, womöglich gar in den eigenen vier Wänden und mit Pflegekraft im Haus, fällt schnell das Doppelte an. Wegen grundrechtswidriger Zustände setzen sich die Bundesverfassungsrichter in Karlsruhe bereits mit dem deutschen Pflegesystem auseinander.

Die Journalistin Martina Rosenberg hat in ihrem mutigen Buch *Mutter, wann stirbst du endlich?* beschrieben, wie aufreibend die Betreuung von Menschen mit Alzheimer, Demenz, Depression ist. Zunächst erschrickt man ob der vermeintlichen Herzlosigkeit der Autorin, doch plötzlich steigt Mitgefühl auf: Was wäre, wenn ich in diese Lage gerate, ganz gleich ob als Pflegekraft oder Pflegefall?

Mein meistverdrängtes Angstszenario ist die Demenz, die zuerst das Gedächtnis, dann das Denkvermögen, schließlich die Orientierung angreift. Demenzen in ihren verschiedenen Ausprägungen sind die häufigste Ursache von Pflegebedürftigkeit. In Deutschland leben eine Million Demente, jedes Jahr kommen 200 000 hinzu.

Eines Tages werde ich unter »Gebrechlichkeitspflegschaft« gestellt, weil ich mich um meinen Aufenthalt, das Restvermögen oder Rentenangelegenheiten nicht mehr kümmern kann. Ein Vormund wird mich geschäftsmäßig abwickeln. Humaninsolvenz.

Wenn jeder Dritte von uns dement wird, geschieht es künftig häufiger, dass Menschen mit einer Pistole im Mund gefunden werden. Der klassische Debattenbeitrag einer Männerrunde nach dem dritten Bier lautet: »Der Gunter Sachs, der hatte Cojones: Knarre in den Hals und piff, Licht aus. Muss man erst mal bringen. Aber er hat ja recht. Wer will denn als Pflegefall vor sich hin dämmern, den ganzen Tag auf Pillen, damit man nicht merkt, dass man in seiner eigenen Scheiße liegt? Ich mach's wie Gunter Sachs, wenn's so weit ist.« Erich

Loest, Otto Beisheim, Hannelore Kohl und viele Namenlose entschieden ebenso.

Suizid im Alter ist ein konsensual verdrängtes Problem, das mit den Jahren kontinuierlich größer wird. In der Altersgruppe 50 bis 65 bringen sich laut Deutschem Alterssurvey zwanzig von 10 000 Menschen um, in der Gruppe 80plus sind es dreieinhalbmal so viele. Nicht in der Statistik tauchen jene auf, die das Essen verweigern, Medikamente falsch dosieren oder absichtlich unglücklich fallen. Die Angst vor dem Tod scheint geringer als die Angst vor dem Dämmern, den Schläuchen, dem Hinternabputzen, dem Totalverlust an Selbstbestimmung.

Welche Denkverbote habe ich mir noch auferlegt? Das Thema Alter und Sucht zum Beispiel. Eine erschreckende Anzahl von Senioren bedröhnt sich offenbar systematisch mit Alkoholika, Pillen oder beidem. Ein unüberschaubares Angebot an Wirkstoffen und Darreichungen komplettiert ein pharmazeutisches Durcheinander, wie wir im Medizinschrank der eigenen Eltern sehen.

Ein besonderes Tabu, ich gestehe es: der Gedanke an Erotik im Alter. Eine 67-Jährige suchte unlängst in der *New York Times* per Kleinanzeige einen Mann, mit dem sie an ihrem nahenden Geburtstag »eine Menge Sex« haben wollte. Leider ist mir nicht bekannt, ob erstens die Suche und zweitens die Geburtstagsparty ein Erfolg waren. Aber der Versuch war mutig. Die Dame stand zu ihren Bedürfnissen.

Philip Roth schreibt in *Der menschliche Makel*: »Ohne Viagra besäße ich die Würde eines älteren Gentleman, der kein Verlangen verspürt und sich korrekt benimmt. Ich würde nichts Unvernünftiges tun.«

Ach ja, die Würde, die Lust und die raue Natur. Sex hat mit dem Wechselspiel aus Attraktivität und Begehren zu tun, damit wir uns evolutionsgerecht vermehren. Aber sind Menschen begehrenswert, die ihren Haarschnitt, die Kleidung, die Schuhe, ihre Freizeitaktivitäten auf maximale »Barrierefreiheit« hin optimiert haben? Sex ist das Gegenteil von Barrie-

30

refreiheit. Ein Minimum an Beweglichkeit und Lust wäre hilfreich. Aber begehre ich mit 70 noch? Werde ich begehrt? Wie hoch sind die Barrieren? Kann ich die Nasenhaare hemmungslos sprießen lassen? Habe ich mich mit der eigenen Peinlichkeit arrangiert?

Die Berliner Psychologin Beate Schultz-Zehden gibt zwar Entwarnung, was die Asexualität in der Leistungsklasse Ü60 angeht. Ruheständler, die zwei Jahre mit einem Partner zusammen sind, seien sexuell aktiver als 30-Jährige mit zehn Jahren Beziehung. Sollen wir also ab 60 alle zwei Jahre eine neue Beziehung starten? Fällt es dann leichter, mit Falten, Scham, Erektionsverschleppung und ungewollten Körpergeräuschen umzugehen?

Bekannt ist, dass Ältere entgegen der vorherrschenden Meinung durchaus sexuelle Bedürfnisse haben, die die Gesellschaft vehement tabuisiert. Der Gipfel gefühlter Peinlichkeit ist mit der Vorstellung von Sex im Altersheim erklommen. »Ganz natürlich«, sagt der Streetworker in uns, während unsere innere Hyäne bellend lacht.

Wo wir gerade bei unangenehmen Themen sind: Was ist, wenn meine Frau vor mir stirbt? Wie werde ich mit dem Alleinsein fertig? Und was ist, wenn ich mich als Erster verabschiede? Sie wird zu der großen Gruppe älterer Frauen gehören, die allein durch die Stadt streifen. Männer sterben nun mal früher. Für Frauen bedeutet das: erst Aufzucht der Kinder, dann Pflege der Eltern, schließlich Sterbebegleitung beim Gatten, um am Ende allein zu sein.

Wir Männer sind zwar gut im Klagen und Jammern, die wahren Leidtragenden sind jedoch die Frauen. Sie leben länger, bekommen aber weniger Rente. Sie verbringen ihre letzten Jahre überdurchschnittlich oft in bescheidener Einsamkeit. Männer stöhnen, weil sie sich für den Broterwerb opfern, doch Frauen opfern weite Teile ihres Lebens. Mag der Feminismus uns Männern den Macho noch so gründlich ausgetrieben haben: Wenn es darum geht, wer sich um die pflegebedürftige Mutter kümmert, gucken die Brüder automatisch die

31

Schwester an. Ausgerechnet Frauen sind es aber auch, die den Mut zum klaren Blick haben: Ob die TV-Moderatorin Christine Westermann, die Journalistin Bascha Mika, die Künstlerin Maren Kroymann – sie alle setzen sich mit dem Älterwerden klüger und mutiger auseinander als die Herren.

Also Schluss jetzt mit der larmoyanten Reise durch die Geisterbahn der Altersphobien. Schauen wir lieber, was wir lernen können, zum Beispiel von den eigenen Eltern. Unsere Erzeuger haben schließlich schon mal vorgelebt, was Alter bedeutet; sie liefern uns einen präzisen Entwurf, wie es werden kann. Und was wir besser machen können.

»Macht euch um mich keine Sorgen«

Schleichend wird die Welt zum Wartesaal.
Aber worauf warten wir eigentlich?
Dr. Eckart von Hirschhausen

Zu welcher Meisterschaft ich es in meinen Verdrängungs-
künsten gebracht habe, zeigt ein schlichter Umstand: Jene
Phase des Siechtums, vor der ich mich fürchte, habe ich mit
meinen Eltern bereits zweimal miterlebt. Mein Vater starb, als
ich 15 Jahre alt war, an einem miesen Krebs, der viel zu spät
entdeckt wurde. Die Überlebenschancen waren damals ohnehin nicht groß. Fünfunddreißig Jahre später hätte er womöglich ein Weilchen länger gehabt.

Seine letzten Tage waren von den Ärzten präzise vorher-
gesagt. Pflichtmensch, der mein Vater war, hielt er sich an die
Prophezeiungen der Professoren. Mit Mitte 50 verschied er in
einem Einzelzimmer des Franziskus-Hospitals in Münster.

Meine Mutter hat die nächsten drei Jahrzehnte allein verbracht. »Mir kommt kein Mann mehr ins Haus«, erklärte sie,
»nachher muss ich den noch pflegen.« Das war ein pragmatischer Ansatz, bedeutete aber zugleich Einsamkeit. Erst ging
ihr Mann, vier Jahre später das letzte Kind, nämlich ich. Warten ist eine beliebte Möglichkeit, die Zeit rumzukriegen.
Meine Mutter hat es über dreißig Jahre lang geschafft. Ob sie
mir ein Warte-Gen vererbt hat?

Meine Mutter war damals 60, wusste aber nichts vom Dritten Alter, jenen potenziell prallen Jahren zwischen Renten-
start und 80. Geburtstag. Sie wartete stattdessen, unternahm
kleinere Reisen, bis sie nicht mehr mochte, tüdelte in ihrem

Garten, bis sie nicht mehr wollte, ging einmal die Woche zum Kegeln, bis die Runde durch Todesfälle dezimiert worden war. Uns Kindern erzählte sie bei jedem Besuch stolz, was sie noch alles zu bewerkstelligen in der Lage war.

Sven Kuntze, der frühere ARD-Journalist und spätere Alterserkunder, stellt fest, dass es vor allem die Hoffnung ist, die schwindet. Früher hatte man Pläne und Aussichten. Im Alter, so Kuntze, beginne das »bislang unauffällige Attribut ›noch‹ seine bedrohliche Karriere: Dieses und jenes kann ich – ›noch‹.« Kinder sagen an dieser Stelle »schon«.

Unsere Eltern sind ja nicht dämlich. Wieso haben sie ihren Lebensrest einfach geschehen lassen, zufrieden im Noch?

Diese Bescheidenheit meiner Mutter, dicht an der Duldungsstarre, hat mich wahnsinnig gemacht, begleitet von unerträglichen Sätzen wie »Mir geht's doch gut« oder »Ich habe alles, was ich brauche« oder »Macht euch um mich keine Sorgen«. Und der Klassiker, mit dem jedes Gespräch über altersgerechtes Wohnen beendet ist: »Ihr müsst mich mit den Füßen zuerst hier raustragen und dann direkt auf den Friedhof.«

Darum ging es aber gar nicht. Ich habe mir keine Sorgen gemacht, ich habe mich gefragt, warum meine Mutter nicht noch mal losgerannt ist ins Leben. Der Wut über ihre ausgelassenen Chancen war eine gehörige Portion Selbsthass und Zukunftsangst beigemischt: Würde ich im Alter auch nur warten?

Je älter deutsche Senioren werden, desto mehr Zeit verbringen sie zwischen den heimischen Wänden, die Hälfte mehr als zwanzig Stunden am Tag. Wohnung, das bedeutet Schutz, Vertrautheit, Autonomie, Ruhe, Rituale – Wohnen und Gewohnheiten gehören zusammen. Fast 70 Prozent aller Alten wollen unbedingt daheim leben, aber nur fünf Prozent aller deutschen Wohnungen sind seniorengerecht renoviert. Treppen, Schwellen, Kanten sind die üblichen Hindernisse.

Eines Tages hatte meine Schwester die Idee, bei meiner Mutter eine alleinstehende Bekannte aus Bulgarien einzuquartieren, die im Haushalt ein bisschen helfen sollte. Das schmale

Reihenhaus mit den vielen Treppen hätte Platz genug geboten für zwei Menschen. Nein, keine Fremden, so die Anweisung meiner Mutter. Diskussion beendet. Wir Geschwister guckten uns wortlos an, wie so oft. Mutter marschierte auf die 80 zu, ein Radunfall hatte ihre Schulter demoliert, ohne Fahrrad war sie in ihrem Aktionsradius drastisch eingeschränkt. Einkaufen, Wäsche, Fahrten in die City, Duschen – alles war zur Last geworden.

Was uns blieb, war die Hoffnung, dass sie nicht eines Nachts stürzen würde, die Treppen weiterhin hinauf- und wieder hinunterkam und die Pillen halbwegs in der Reihenfolge nahm, die ihr der Arzt notiert hatte. In einem Schuhkarton bewahrte sie große Mengen merkwürdiger Arzneien auf, alle »ganz natürlich«. Die Kunst der Dosierung bestand offenbar darin, ununterbrochen die Balance zwischen Verstopfung und Durchfall zu halten.

Eines Tages geschah es dann: leichter Schlaganfall, Sturz, Bruch der Hüfte. Die Blicke des Krankenhauspersonals waren deutlich. »Klassiker«, sagten sie einhellig und wenig optimistisch. Aber eine Niedersächsin ist resistent gegen Krankenhauskeime. Wenig später wechselte unsere zähe alte Dame in eine Rehaklinik.

Bei allem Respekt für die Arbeit von Hunderttausenden Pflegekräften und Rehaexperten – es ist eine Strafe, vor den Toren der Stadt mit anderen, oft deutlich siecheren Gestalten eingesperrt zu sein. Meine Erinnerungen an die Besuche dort sind grau. Rollstühle, Rollatoren und schweres Schlurfen, lappige Bade- und Morgenmäntel, betretene Gesichter der Angehörigen, der Geruch nach Reinigungsmitteln, die merkwürdigen Geräusche aus anderen Zimmern. Als einziger Zufluchtsort diente die triste Cafeteria mit dem immer gleichen Angebot an Frauenzeitschriften, Rätselheften, Käsebrötchen und Streuselkuchen. »Ein Ort der Begegnung«, hieß es im Prospekt.

»Ist doch schön grün hier«, sagte meine Mutter beim Blick aus dem Fenster und lobte die Arbeit der Therapeutin. »Toll«,

35

hörte ich mich sagen, »da hast du ja noch mal Glück gehabt.« Innerlich heulte ich. Auf der einen Seite stakte eine schlecht geflickte Schulter aus einer mageren alten Frau heraus, auf der anderen Seite nun die zertrümmerte Hüfte.

Für meine Mutter war klar, dass sie so bald wie möglich zurückkehren würde in ihr heimisches Treppenreich. Diese Lösung gefiel uns allen natürlich am besten. Es klappte auch, mit einer ambulanten Pflegekraft, aber nicht lange. Wenige Wochen später ging ihr Martyrium weiter.

Mitten im Sommerurlaub, ich hatte gerade mit meinem älteren Sohn einen Gipfel in den Dolomiten erklommen, klingelte das Handy, in fast 3000 Metern Höhe. »Du musst sofort nach Hause kommen«, rief mein Bruder. Nach Hause, das war Münster. Der Grund war dramatisch. Ein geplatztes Gefäß im Bein meiner Mutter war von den Chirurgen nicht zu reparieren gewesen. »Alles morsch«, konstatierte der Chefarzt trocken.

Wir drei Geschwister standen vor einer Frage, die keine Ausflucht, keinen Kompromiss, keinen dritten Weg zuließ. Während unsere Mutter im Morphiumrausch dämmerte, hatten wir zu entscheiden, ob der 84-jährigen Frau, die uns großgezogen hatte, das linke Bein amputiert werden sollte. Die Alternative: Blutvergiftung und Tod binnen 72 Stunden. Für Inuit oder Indianer wäre die Sache klar gewesen, für unsere Vorfahren auch: Man hätte die Frau einfach einschlafen lassen.

Sterben war früher einfacher. Das harmonische Miteinander der Generationen, wo sich die Jungen bis zur letzten Stunde kümmern, ist erst mit der bürgerlichen Gesellschaft vor weniger als 300 Jahren entstanden. Andere Kulturen zeigen, wie mit Alten verfahren wird, wenn der Überlebensdruck der Gemeinschaft höher ist als im Sozialstaat. Für Inuit oder Indianer bedeuteten die Alten, so sehr sie auch geschätzt wurden, ab dem Punkt fortgeschrittener Gebrechlichkeit vor allem Ballast und mithin eine Gefahr für den ganzen Stamm. Das Überleben der Starken erzwingt bisweilen den Abschied von den Schwachen.

Bei den Inuit war und ist Suizid durchaus üblich, oft in Anwesenheit der Familie. Der ruckartige wird dem schleichenden Tod vorgezogen. Söhne hatten sogar das Recht, ihre Eltern zu töten, wovon aber wohl nur selten Gebrauch gemacht wurde.

Alte Inuit, die Beihilfe zum Suizid brauchten, mussten ihre Familie dreimal bitten. Beim ersten Mal versuchen die Angehörigen noch, das Ansinnen zu zerstreuen. Bei der dritten Bitte gibt es keine Diskussion mehr. Alle wissen: Es ist ernst.

Die Indianer Nordamerikas waren ähnlich radikal. Die Alten, die als Weise verehrt wurden, weil sie gleichsam das Gedächtnis des Stammes repräsentierten, und deren Stimme bei wichtigen Entscheidungen gehört wurde, baten oft selbst darum, zurückgelassen zu werden, wenn die Gruppe weiterzog. Sie gaben sich auf, aus Verantwortungsbewusstsein für den Stamm.

Inhuman? Natürlich. Aber sind zehn Jahre Gerätemedizin humaner? Gibt es eine beste unter vielen schlechten Lösungen?

Für uns Geschwister kam nicht in Betracht, unsere Mutter einfach sterben zu lassen. Man muss gar nicht christlich oder moralisch argumentieren. Es geht einfach nicht. Wir Menschen hier im Land der Vollversorgung können das nicht. Wir lassen keinen Menschen sterben, einfach so, wenn es einen Funken Aussicht auf Weiterleben gibt.

Jetzt musste alles schnell gehen. Eine Rückkehr ins Reihenhaus war ausgeschlossen. Eine Frau Mitte 80 war plötzlich auf Rollstuhl und stationäre Pflege angewiesen. Sie brauchte professionelle Betreuung. Aber wo? Die Behausungen von uns Kindern waren nicht geeignet. Sollte ich meine Mutter nach Berlin verfrachten? Das würde sie nicht wollen. Also Pflegeheim, was zunächst einmal »Warteliste« bedeutet. Die kalte Logik: Stirbt jemand, rückt ein Kandidat nach ins frei gewordene Zimmer.

Jede dieser Einrichtungen, und sei sie noch so lausig, wirbt mit »ganzheitlichem Ansatz«, »liebevollem« und »herzlichem« Personal. Überall steht »der Mensch im Mittelpunkt«. Zum ersten Mal sah ich Preislisten und Fragebögen, die sehr private Informationen verlangten: Stuhlinkontinenz, Harninkontinenz, Stressinkontinenz, Dranginkontinenz, Reflexinkontinenz, Überlaufinkontinenz, extraurethrale Inkontinenz?

Was die alles wissen wollten: War meine Mutter situativ, örtlich oder zeitlich desorientiert? Na ja, ein bisschen tüdelig halt. Wie ist die seelische Verfassung? Eine berechtigte Frage an jemanden, dem gerade ein Bein abgesägt wurde. Liegen psychische Störungen vor? Natürlich nicht.

Es gab in meinem Leben nicht viele Situationen, die grausamer waren als das Betrachten jenes Fragebogens, mit dem ein Pflegeplatz zu ergattern war. Die Heimleiter gaben Tipps, welche Beschwerden als besonders erfolgversprechend galten, also die Wartezeit verkürzten.

Und immer wieder diese Gedanken: Gibt es Alternativen? Das wütende Gefühl, ein Unmensch zu sein. Plötzlich nimmt man überall diese zu Herzen gehenden Geschichten wahr von liebevollen Familien, die sich aufopfernd kümmern, vom Leben als Dorf, wo jeder für den Nächsten da ist.

Das Gefühl, nicht zu genügen, kämpft gegen den Unwillen, sein Leben für unbestimmte Zeit auf den Kopf zu stellen. Das Idealbild von der selbstlos helfenden Familie ist wirklich traumhaft schön. Aber wir waren nicht so.

Der Umzug von vier kleinen Reihenhausgeschossen inklusive Keller und Dachboden in ein 16 Quadratmeter großes Zimmer gestaltete sich unkomplizierter als befürchtet. Mit beängstigender Klarheit entschied meine Mutter, welche Möbel sie bei sich haben wollte. »Den Rest bringt ihr zum Sperrmüll«, sagte sie. Wir lachten.

Die Besuche im Heim bedeuteten eine neue mentale Prüfung. Dieser Baum zum Beispiel: Im Essenssaal war ein Stamm aus brauner Pappe an die Wand geklebt, daran Äste. Statt der Blätter hingen Fotos an dem Baum, mit Name, Sterbedatum und einem Kreuz: Heinz Maurer, 28. Mai 2005. Ida Beckmann, 7. September 2004. Erna Klein, 11. Januar 2003. Wirklich nett gemeint. Die Betreuer wollten die Verblichenen nicht in Ver-

38

gessenheit geraten lassen. Die Lebenden allerdings werden bei jeder Mahlzeit mit dem Umstand konfrontiert, dass sie eines nicht fernen Tages auch dort aufgehängt sein werden. Gewöhnungsbedürftig.

Oder diese ältere Dame, die den ganzen Tag in einer fremden Sprache schimpfte und heulte. »Keiner versteht sie«, sagte meine Mutter, Besuch käme auch nicht häufig. Manche Insassen verließen den ganzen Tag ihr Zimmer nicht, andere ließen sich im Rollstuhl ans Fenster fahren, wo sie auf einen Schulhof blicken konnten.

Warten auf die große Pause. Das Geschrei der Kinder übertönte manchmal sogar das Schlagerradio, das den ganzen Tag spielte. Udo Jürgens geht immer. Zum ersten Mal in meinem Leben fragte ich mich, warum man diesen alten Menschen nicht Happy Pills verabreichen sollte. Komme jetzt keiner mit Nebenwirkungen.

Nach dem Abendbrot wurde das Radio abgedreht, die Stille kroch herbei. Nachts sei es manchmal etwas laut, erklärte meine Mutter. Pflege-Industrie, das bedeute »Millionen kleiner Guantánamos«, meint Sven Kuntze. Schreie gehören zur Nacht wie eine schier endlose Dunkelheit und die Angst vor dem nächsten Tag.

Wenn ich nach Hause fuhr, begleiteten mich die Gedankenschleifen. Schlechtes Gewissen, ein Gefühl der Ausweglosigkeit und tiefe Traurigkeit wechselten sich ab. Es gab kein Entrinnen. Wenig später starb meine Mutter, während ich über die Autobahn hetzte. Trauer und Erleichterung mischten sich. Aber das schlechte Gewissen blieb. Gibt es einen Abschied ohne? Natürlich hätte ich öfter anrufen oder vorbeischauen sollen.

Welcher um die 50-Jährige hat das warme Gefühl, sich herzlich und ausgiebig um die alten Herrschaften zu kümmern? Wer kennt nicht diese beklommenen Heimfahrten, wenn die Gedanken kreisen: Was ist, wenn sich ihr Zustand verschlimmert? War es das letzte Mal, dass wir uns gesehen haben? Bin ich ein gutes Kind? Müsste ich nicht jenem Menschen, der mich aufopfernd ins Leben gehievt hat, ein wenig liebevoller beistehen? Ist alles gesagt, sind die Konflikte ausgeräumt? Und was ist, wenn es noch etliche Jahre so weitergeht?

Diese Gleichzeitigkeit des Abschieds, wenn die eigenen Kinder das Nest verlassen und die eigenen Eltern sterben, vertreibt jegliche romantische Illusion von einem Altwerden im Kreise der Familie, so wie es früher auf dem Dorf angeblich war. Warum sollten sich meine eigenen Kinder intensiver um mich kümmern, als ich es ihnen vormache? Wie könnten sie? Wir, ihre Eltern, waren doch die erste Generation, die Totalmobilität vorgelebt hat, im Beruf, in der Partnerschaft, in den Ferien. Nun müssen wir vorleben, wie sich dynamisches Leben in Altern übersetzen lässt.

Zu den vielen brutalen Momenten gehört das Ausräumen. Tagelang waren wir Geschwister damit beschäftigt, das kleine Lebensmuseum zu durchforsten, das meine Mutter in über dreißig Jahren eingerichtet hatte. Kinderbilder von uns allen, alte Jacken, Eingemachtes aus dem letzten Jahrhundert, das alte Radwerkzeug meines Vaters, mit dem wir gemeinsam geschraubt hatten, Unmengen nutzloser Unterlagen, die Nähmaschine, in der noch ein Faden hing – in jeder Ecke ein Exponat.

Und dazu Fundstücke, die meine Einschätzung ihrer letzten Lebensjahre grundlegend korrigierten. Ja, ich hatte meine Mutter für altersträge gehalten. Aber da stand das Pfund Zucker auf der Bank im Flur, mit dem sie leichtes Hanteltraining absolviert hatte, um ihre lädierte Schulter zu kräftigen.

Da waren die Notizzettel, auf denen sie festhielt, was in Vergessenheit zu geraten drohte. Zeitungsausrisse, Sudoku-Hefte, die verschiedenen Plastiküberzüge für die Schlüssel, um auch im Dämmerlicht zu erfühlen, welcher der richtige war – überall Zeugen eines heldenhaften Kampfes gegen die Zeit. Senioren wie meine Mutter sind keine Opfer, sondern stille Helden, die gegen stetig schlechtere Lebensbedingungen kämpfen, und zwar allein.

40

Vier Jahre vor dem Tod, so besagt die Berliner Altersstudie, bricht die Kurve der Lebenszufriedenheit dramatisch ab. Diese Drift ins Unglück erwischt alle, unabhängig von der Familiensituation oder vom sozioökonomischen Status. Das ist das Vierte Alter, jene relativ kurze Phase, auf die wir all unsere Ängste projizieren, auch wenn aktuelle Studien einen signifikanten Gewinn an Lebensqualität belegen.

Warum nimmt die Verzweiflung rapide zu, auch wenn der Tod noch ein Weilchen entfernt ist? Vor dieser Frage steht die Wissenschaft nach wie vor hilflos, zumal nicht ganz klar ist, wie Ursache und Wirkung zusammenhängen: Sinkt die Stimmung, weil der Tod naht? Oder kommt der Tod, weil die Lebensfreude nachlässt? Kündigt sich das Sterben womöglich langfristig an, weil die Anpassungsfähigkeit, physisch wie kognitiv, oft linear erlahmt? Eine andere Frage stellte ich mir damals höchstens unterbewusst: Was bedeutet diese Erfahrung für mich?

Ich habe diese Monate des Abschieds erfolgreich verdrängt. Ich bin das nicht. Mir passiert das nicht.

Warum will ich diese Zeit so ungern wahrhaben? Weil es um Entscheidungen geht, die keine Fluchtwege lassen, Entscheidungen zwischen Tod und Amputation, Stuhl- oder Harninkontinenz, Entscheidungen, die unglücklich machen.

Aber die Realität kommt nicht erst. Sie ist schon da. Früher war ich mal Enkel, dann Sohn. Immer stand mindestens eine Generation schützend vor mir, so wie in der Schlachtordnung früherer Kriege. Jetzt sind alle Reihen vor mir gefallen. Ich stehe schutzlos da. Klar, man kann die Augen schließen. Aber es knallt trotzdem.

»Die Einschläge kommen näher.« Dieser Satz steht in meiner Liste der liebsten Hassfloskeln ganz oben. Vielleicht auch deswegen, weil er stimmt. Kriegsmetaphern passen nun mal am besten für unser aller Kampf, den jeder für, mit, gegen sich ausfechten muss.

41

Männer werden betreut, Frauen einsam

Besser unromantisch als arm.
Finanzberaterin Helma Sick

Meine Mutter passte nahezu mustergültig in die bundesdeutsche Statistik. Schauen wir uns diese Zahlen und Fakten etwas genauer an, schließlich betreffen sie mehr als die Hälfte von uns – die Frauen. Frauen und Männer altern sehr unterschiedlich. Die deutlich höhere Lebenserwartung von Frauen führt dazu, dass Männer überwiegend in Partnerschaften sterben, Frauen dagegen allein und verwitwet.

Drei Viertel aller Frauen über 85 leben allein, ergab eine Studie des Statistischen Bundesamtes (Zahlen von 2008). Während sich die Zahl der Alleinlebenden im Alter von 60 bis 64 bei Frauen und Männern kaum unterscheidet, bleibt bei den 70- bis 74-jährigen Männern die Quote bei 15 Prozent, bei Frauen steigt sie auf 37 Prozent an – um sich bei den über 85-jährigen Frauen mehr als zu verdoppeln (Männer 85plus: 35 Prozent Alleinlebende). Fast drei Viertel der allein lebenden Frauen sind verwitwet. Die Männer hingegen sind zur Hälfte Witwer, zu jeweils 23 Prozent aber geschieden oder ledig.

Frauen pflegen – ob die eigenen Eltern oder die Schwiegereltern und natürlich den Partner. Zugleich beziehen Frauen eine deutlich niedrigere Rente als Männer. Grundsicherung und Mütterrente sind zwei politische Maßnahmen, die den Ungerechtigkeiten im Alter zumindest die Spitze nehmen sollen. 3,3 Prozent der über 65-jährigen Frauen müssen derzeit zum Sozialamt, aber nur 2,5 Prozent der Männer.

Deutschlands Sozialverbände sehen bereits eine »Lawine weiblicher Altersarmut«, der Chef-Dokumentar des *Spiegel* warnt nach einem Faktencheck jedoch vor einer einseitigen Fokussierung. Unstetere Erwerbsbiografien führen zu einer Zunahme männlicher Altersarmut.

Die Berliner Professorin Jutta Allmendinger weist junge Frauen darauf hin, dass eine lukrative Heirat zwar verlockend sei, eine gute Bildungs- und Erwerbsbiografie aber ein deutlich klügeres Investment, falls sich der Gatte eines Tages neu orientiert.

Heute beziehen im Alter von 60 und mehr Jahren 85 Prozent der Männer und 78 Prozent der Frauen Rente oder Pension. Während fast alle Männer (94 Prozent) eine eigene Rente beziehen, sind es bei den Frauen nur 56 Prozent; bei ihnen kommen häufig Hinterbliebenenrenten hinzu. Bei den Männern, die eine Rente oder Pension beziehen, kommen 75 Prozent auf ein mittleres monatliches Nettoeinkommen von 900 bis 2600 Euro, 6 Prozent liegen sogar darüber. Bei den Frauen stehen 69 Prozent im mittleren lediglich 2 Prozent im höheren Einkommensbereich gegenüber. Fast ein Drittel der Frauen kommt auf weniger als 900 Euro im Monat.

Darüber hinaus finanziert jeder zehnte ältere Mann seinen Lebensunterhalt durch eigene Berufstätigkeit, bei den Frauen ist es nur jede zwanzigste. (Zahlen von 2008.)

Auch für die Babyboomer-Generation gilt die traditionelle Rollenverteilung mit männlichem Haupternährer und weiblicher Teilzeitkraft mit viel Mütterzeit dazwischen oder Pflegearbeit für die Eltern oder den Partner. Denn Pflege in deutschen Privathaushalten wird deutlich häufiger von weiblichen Angehörigen – Partnerinnen, Töchtern oder auch Müttern – geleistet als von Sohn oder Vater. So entfallen nach einer Studie im Auftrag des Bundesfamilienministeriums beispielsweise 26 Prozent häuslicher Pflege auf Töchter, hingegen nur 10 Prozent auf Söhne.

Am Ende des Berufslebens stehen bei Frauen statistisch zehn Jahre weniger Versicherungszeit. Frauen scheinen zudem finanzielle Aspekte gern beiseitezuschieben. Derzeit haben Frauen mit dem 65. Lebensjahr im Durchschnitt einen Rentenanspruch von 538 Euro erwirtschaftet. Aktuelle Zahlen weisen auf keine großen Verbesserungen hin, weshalb Finanzexperten raten: sparen, sparen, sparen. Kein origineller Tipp, aber hilfreich. Denn die Frage der Altersvorsorge allein den Männern zu überlassen, ist eine riskante Angelegenheit.

Wer schreibt unsere letzten Kapitel?

Nicht das Alter ist das Problem, sondern unsere Einstellung dazu.
Marcus Tullius Cicero

Ausgerechnet in einer Seniorenbroschüre des Bundesfamilienministeriums findet sich ein bemerkenswerter Gedanke. »Wir
müssen unsere Skripte ändern«, steht dort. Klingt banal, ist
aber ein wichtiger Schlüssel für eine Altersdebatte, die bislang vorwiegend mit Zahlen und Statistiken geführt wird. Ihr
Kern: Es gibt so viele Senioren wie noch nie mit einer stetig
wachsenden Lebenserwartung, sie können von den kommenden Generationen nie und nimmer durchgefüttert werden. Alter gleich Apokalypse.

Wer derlei Verelendungstheorien in sein Hirn pflanzt,
macht sich das Leben zur Hölle. Altern bedeutet dann Abstieg, Not, Einsamkeit. Wer den Demografie-Schwarzsehern
aufsitzt, hat sein eigenes Skript bereits verfasst – als Drama.

Skripte sind unsere eigenen Drehbücher in jenem grauen
Bereich zwischen Bewusstsein und Unterbewusstsein. Wir
spielen die Hauptrolle in einer Handlung, die wir weitgehend
selbst bestimmen. Unser Skript gibt uns Halt, hält uns zugleich aber auch gefangen in all unseren Selbstwahrnehmun-
gen und Erwartungen. Um sich das bewusst zu machen, muss
man ein wenig gründeln. Was haben uns unsere Eltern mitge-
geben? Warum haben wir dieses individuelle Mixtum an Bedürfnissen? Welche Ängste schlummern in uns?

Wer sich mit seinem eigenen Skript befasst, ergreift damit
die Chance, heikle Passagen zu überarbeiten. Skripte sind stabil, aber nicht unveränderbar. Schicksalsschläge gehören üb-

rigens zu den verlässlichen Korrektoren unserer Lebensentwürfe. Scheidung, Trennung, Krankheit, Verlust – plötzlich ist Veränderung möglich. Fakt ist: Wir sind Autoren unseres eigenen Lebens, vor allem der letzten Kapitel. Warum nur verwenden wir so viel Energie darauf, den Anfang so akribisch wie möglich zu planen: Schule, Ausbildung, Karriere, Zeitvertreib? Die Lust an der Autorenschaft des eigenen Lebens scheint mit den Jahren deutlich abzunehmen. Ausgerechnet dann, wenn die Fragestellung komplexer ist als »BWL oder Jura?«, fehlt uns der Mut zur Kreativität.

Die Skripte von uns Vierundsechzigern ähneln sich, wir haben viele Erfahrungen synchron gemacht. Einerseits sind wir die sorgenfreiste Generation, die dieses Land je hatte. Kein Krieg, ein leichtes Achtundsechziger-Trauma, ansonsten stramme Selbstverwirklichung in einer Alles-ist-möglich-Welt. Interessen durchsetzen, das können wir.

Mangels echter Lebensbedrohung haben wir zugleich fortwährend den Weltuntergang herbeiphantasiert: saurer Regen, Bhagwan, Bevölkerungsexplosion, Pershing, Helmut Kohl, Tschernobyl – es gab immer einen Grund für das baldige Ende. Das mag auch am Dichtestress gelegen haben, dem wir von Geburt an ausgesetzt waren. Wir waren immer viele. Zwar verdammten wir die Ellbogengesellschaft, lernten uns zugleich aber ganz gut darin zurechtzufinden. Wir waren ängstlich und betroffen, vergnügungssüchtig und konsumgeil.

Das Oszillieren zwischen Polen ist unsere erlernte Haltung: Adidas oder Nike? Yoga-Jünger oder Yoga-Spötter? Atomkraft oder Windrad? Ausländer rein oder raus? Uns vereint die Sucht nach Endgültigem, Verlässlichem, nach Sicherheit und Planungsstabilität.

Die 65 ist so ein klassisches Beispiel: Wir alle haben gelernt, dass spätestens 2029 unser Berufsleben endet und wir fortan von den eigenen Ersparnissen und staatlichen Zuwendungen leben müssen. Wir verweigern störrisch den Gedanken, dass das 65. Lebensjahr nur ein Vorschlag sein könnte, eine Idee, die unser Skript nicht betonieren muss. Mit 18 macht man den Führerschein, mit 50 macht man Party, mit 65 kommt die große Zäsur. Deshalb schieben wir alles, was wir heute schon gern tun würden, in jene wunderbare Phase gefühlter Freiheiten. Noch fünfzehn Jahre rackern wie die Teufel und dann totale Entspannung. Ob das klug ist?

Der Schriftsteller Richard Ford nennt die Jahre zwischen »nicht mehr jung« und »noch nicht alt« die »Permanenzphase«, in der wir die Chance haben, »möglichst das zu sein, was wir jetzt gerade sind – ob gut oder weniger gut –, genau das, damit es später, bei der Abschlussbilanz, nicht so ein Schock wird«. Vielleicht seien wir überrascht über uns selbst und darüber, »wie endgültig die Dinge plötzlich aussehen können«. Das Leben fühlt sich an »wie ein unvollendeter Flamenco, dem der letzte Taktschlag, das letzte Viertel fehlt«. Die Permanenzphase beginnt jetzt. Und sie ist ein weißes Blatt Papier.

Uns fehlen die Vorlagen für erfolgreiche Skripte des Alterns. Schön sein, straff sein, Terrasse mit Meerblick, das Haus mit der Heiterkeit einer glücklichen Großfamilie gefüllt – das gibt es nur in der Werbung für Lebensversicherungen.

Wir denken voller Furcht an digitale Fußfesseln, das Fixieren verhaltensauffälliger Senioren am Pflegebett. Und wir erinnern uns: an all die Verletzungen und Verletzten auf unserem Lebensweg, die verpassten Chancen, die falschen Abzweigungen, die wir genommen haben. Der Schriftsteller Saul Bellow schreibt vom »Schmerzkatalog«, den wir alle am Ende unserer Tage zu bearbeiten hätten, je großzügiger, desto einfacher.

Wir werden uns, statistisch gesehen, eben nicht so einfach verabschieden können, wie jener 80-Jährige, der beim Velothon, einem Berliner Volksradrennen, kurz vor dem Ziel tot vom Sattel fiel. Herrlich: Exitus vorm Schloss Charlottenburg, ausgerechnet während einer Beschäftigung, die den Menschen glücklich machte. Dem guten Mann ist das selbstquälerische Befassen mit Einsamkeit und Siechtum erspart geblieben – oder hatte er sein Skript für ein schöneres Altern verwirklicht?

47

Es wäre töricht, darauf zu hoffen, dass wir alle einen ähnlich glücklichen Abschied mitbekommen. Für unser aller Skripte, so unterschiedlich sie sein mögen, werden wir um eine Frage nicht herumkommen: Was können wir aus eigener Kraft ändern? Was dagegen kommt unabänderlich über uns? Es gilt: Wer die falschen Fragen stellt, bekommt die falschen Antworten.

Der Trend geht zum Schwellkörperimplantat

I am old but I'm happy.
Cat Stevens, Father and Son

Die meisten von uns planen den Idealfall. Martin will später mal in der Karibik segeln. Sigrid will noch mal ganz neu anfangen, im Süden, auf dem Land. Annette will einen Laden aufmachen mit Internetversand und Spendenprojekt für Afrika. Und ich freue mich auf genügend Zeit, um für den Ironman zu trainieren. Und dann? Die bis dahin abbezahlte eigene Immobilie bewohnen, Pflege per App, eine vitale Partnerschaft, alles etwas langsamer, aber im Prinzip toll.

Träumt weiter.

Zwei von uns vieren werden nicht allzu weit gelangen mit ihren Plänen. Irgendwas kommt dazwischen, garantiert. Vielleicht der Blitz in Gestalt eines Schlaganfalls, vielleicht etwas Schleichendes wie Diabetes oder ALS.

Nicht viele Bereiche unseres Lebens sind so zuverlässig ausgeleuchtet wie das Älterwerden. Die Statistik weiß genau, was uns blüht.

Ab 20 plagen vor allem Frauen die ersten Krampfadern.

Ab 25 setzt die geistige Alterung ein, was aber noch nicht auffällt, jedenfalls nicht so stark wie die ersten Falten.

Ab 30 zeigen sich Anzeichen von Bluthochdruck und erste graue Haare, wenn sie nicht schon ausfallen.

Ab 35 folgen Anzeichen von Gelenkverschleiß und erste rheumatische Beschwerden.

Ab 40 droht verschärfte Vergesslichkeit, Altersflecken, Grüner Star, Alterszucker, Infarkte nehmen zu. Zugleich schrumpft der Körper, Potenzprobleme werden akut, die Lesebrille droht.

Ab 50 steigt das Schlaganfallrisiko, Inkontinenz beschäftigt uns sowie zunehmende Schwerhörigkeit.

Ab 60 kommt der Graue Star, Osteoporose und – da ist sie – die Mundtrockenheit, an der etwa vierzig Prozent der Senioren leiden. Mangelndes Durstempfinden führt zu Flüssigkeitsmangel, was wiederum Stoffwechselprobleme begünstigt. Genaueres erklärt später der Arzt. Und dann kommt die Demenz.

Machen wir uns nichts vor. Wir entdecken nicht alle Probleme aus dieser Liste bei uns, und einige sind vielleicht nicht akut, sondern beherrschbar, aber sie sind eben doch untrügliche Indikatoren dafür, dass wir nicht zu jenen raren Exemplaren gehören, die aus jeder Statistik herausfallen. Selbst jene, die von Krebs verschont bleiben, werden mit großer Wahrscheinlichkeit Probleme mit den Augen haben, die Zähne wackeln, die abnehmende Knochendichte bei schwindender Muskelmasse erhöht das Risiko eines Knochenbruchs dramatisch. Oberschenkelhalsbrüche mit anschließender Lungenentzündung im Krankenhaus gehören zu den klassischen Todesursachen.

Bleiben die Knochen heil, schwächeln die Venen, spätestens ab 70. Verkalkte Adern sorgen leider dafür, dass das Hirn nicht mehr optimal durchblutet ist; Vergesslichkeit ist noch das geringste Problem. Und selbst wenn der Körper ungewöhnlich robust funktioniert, ist da immer noch die Einsamkeit. Altersdepressionen treten gerade bei Frauen auf, werden aber oft nicht diagnostiziert oder falsch therapiert.

Der Psychotherapeut Irvin D. Yalom stellt fest: »Eine unserer Hauptmethoden der Altersleugnung ist der Glaube an eine persönliche Besonderheit, die Überzeugung, dass wir von biologischen Notwendigkeiten ausgenommen sind und das Leben uns nicht ebenso hart mitspielen wird wie allen anderen.«

Ernüchternd sei der Besuch beim Augenarzt, der ungerührt feststellt, dass man genau im Schöpfungsplan liege, wenn man

50

sich mit Ende 40 in die Praxis tastet. Protest. Mögen andere nach Plan verfallen – ich nicht.

Ein mir nahestehender Senior erklärte mir unlängst, dass Flohsamen auf dem Speiseplan praktisch jedes Rentners stünden. Begleitet von einem Glas Wasser quellen die Kügelchen im Magen auf und fegen fortan mächtig durch den Trakt. So bekämpfe man erfolgreich die Darmträgheit, ließ mich mein Informant aus dem Paralleluniversum der Apotheken-Umschau wissen. Hülfen Flohsamen ausnahmsweise nicht, müsse man halt noch mal in die Apotheke und diese Mikroklistiere besorgen. Ja, und dann, dann gäbe es kein Halten mehr.

Samen von Flöhen? Samen für Flöhe? Heilsamen hin oder her, das Wort bleibt eklig.

Es ist die Ungezwungenheit, über Gebrechen zu plaudern, die mich befremdet. Wann druckse ich wohl das erste Mal in der Apotheke herum, um etwas zu bestellen, von dem ich immer dachte, es sei nur für die anderen?

Es gibt zwei Arten, mit der Flohsamen-Information zu verfahren: höhnisches Lachen, wegwerfende Handbewegung, brauche ich nicht, so'n Quatsch. Oder aber der Wahrscheinlichkeitsrechnung gehorchend etwas Demut aufbringen und das Pflänzchen einfach mal vorurteilsfrei für den Speiseplan der Zukunft einplanen.

Interessante Überlegung: Ob all die Menschen über 70, die Bahnen, Flugzeuge und Kreuzfahrtschiffe bevölkern, ihren Flohsamen dabeihaben? Oder Mikroklistiere? Verbirgt sich hinter nahezu jedem auf jugendlich geschnittenen Gesicht, hinter Goretex vierlagig und Stretchjeans ein Flohsamen-Schicksal? Schon wieder juxe ich was weg.

Meine Generation sei nie richtig erwachsen geworden, haben Soziologen festgestellt; wir betrachten die Jugend als permanenten Zustand. Und tuscheln gleichzeitig böse Sätze wie: Mann, der Hans ist aber alt geworden, und die Silke erst. Um uns umgehend davor zu fürchten, dass Hans und Silke dasselbe über uns sagen.

»Bei Männern geht es ab dem 30. Lebensjahr bergab«, sagt

Professor Frank Sommer vom Lehrstuhl für Männergesundheit am Universitätsklinikum Eppendorf. Der Forscher rät, die Muskeln zu stärken, als Sturzprophylaxe. Er warnt vor viszeralem Bauchfett, das Entzündungshormone ausbrütet. Bei aufkommender Impotenz sind Penisringe zu empfehlen, die sich individuell verstellen lassen. Inzwischen geht der Trend aber eher zum Schwellkörperimplantat. Wenn man sich die 3000 Euro leisten kann und will.

Wohlig ist der Grusel bei jeder Schrecklichkeit, die mich nicht betrifft. Und grausam der Moment, wo ich mich wiederfinde, ertappt gleichermaßen. Woher wissen diese Forscher, was mich gerade umtreibt, wo es wummert, bohrt und pfeift?

Ganz einfach: Weil ich kein Einzelfall bin, sondern elender Durchschnitt. Wir Deutsche zwischen Mitte 40 und Ende 50 stellen über 25 Millionen und damit fast ein Drittel der Gesamtbevölkerung. Und alle sind wir mehr oder weniger gleich gepolt: Wir kämpfen einen aussichtslosen Kampf, unsere Jugend zu erhalten. Wir verdrängen, dass wir uns bekämpfen werden um eine knappe Ressource namens »würdiges Alter«. Und wir würden jeden Rollator am liebsten mit unserem flotten Auto plattmachen, einfach nur, um dieses Ding nicht weiterhin sehen zu müssen.

Verschärfte Körperaufmerksamkeit. Fehlt beim Treppensteigen tatsächlich der gewohnte Zug? War der Kasten Bier immer schon so schwer? Und warum ist die verdammte Schrift in der Zeitung so klein geworden?

Es schleicht sich was ins Leben, langsam, aber unaufhörlich. Es ist ein ständiges Gefühl von Verlieren, Verzichten, Verlassen, das ich, verdammt noch mal, nicht wahrhaben will. Altern ist wie Steuererklärung. Man schiebt's ewig vor sich her, aber es gibt kein Entrinnen.

Verbissen halte ich mir die Ohren zu oder lese zur Ablenkung einen Bericht über den Fitness-Sessel, den das Erlanger Fraunhofer-Institut für Integrierte Schaltungen entwickelt hat. Die Polster sind mit Messinstrumenten durchwirkt. Unablässig werden Vitaldaten geprüft und via WLAN auf den Fernseher gespielt: Herzfrequenz, Sauerstoffgehalt im Blut, Gewicht, Blutdruck.

Jedes Abweichen von der Norm wird mit einem Trainingsprogramm bestraft: Mal verwandelt sich der Sessel in ein Rudergerät, mal in eine Hantelbank. Erhebt man sich und geht zum Klo, werden dort, in der Schüssel, tagesfrisch die Blutzuckerwerte gemessen. In der Küche schließlich mahnt der Kühlschrank, man solle mehr trinken.

So einen Sessel werden wir uns niemals anschaffen. Wofür haben wir denn die Corbusier-Liege?

Die Evolution in ihrer herrlich ehrlichen Brutalität weiß, was wir aufsteigen fühlen, aber nicht zu spüren wagen: Wir werden bald nicht mehr gebraucht. Wir werden Geld kosten, aber keines verdienen, wir zeugen keine Kinder mehr, verbraten aber deren Ressourcen, wir machen Arbeit, stehen im Weg herum und riechen komisch. Aus diesem körperlich spürbaren Gefühl künftiger Nutzlosigkeit wächst eine Rollen- und Verhaltensunsicherheit. Denn Körperlichkeit ist unser Fetisch, den uns das Alter leider konsequent entwindet. Und jetzt? Am Skript arbeiten.

»Die Rente ist sicher«

*Was heute als Zahl in den Statistiken steht, werden
wir sein. Man wird vernehmbar über unsere Überzähligkeit
diskutieren, über Euthanasie, über die letzten, teuren Wochen
in den Krankenhäusern, die sogenannte aussichtslose
Fälle zu Belastungen des Sozialwesens machen.*
Frank Schirrmacher: Das Methusalem-Komplott

Norbert Blüm, Hofnarr des ewigen Kanzlers Helmut Kohl, hat seinen legendären Satz von der sicheren Rente womöglich sogar ernst gemeint, auch wenn die Demografie weit vor der Jahrtausendwende die grausamen Zahlen kannte. Und selbst wenn die Rente sicher sein sollte, bleibt die bange Frage: in welcher Höhe? Reicht der Betrag, der uns später mal ausgezahlt wird, wenigstens noch für einen Schnaps in unserem Golfklub?

Die vielen Milliardenlücken, die täglich in der Zeitung stehen, lassen sich noch ganz gut verdrängen. Sehr viel konkreter wird das künftige Finanzierungsproblem für jene, die sich trauen, auf www.deutsche-rentenversicherung.de ihre eigenen Ansprüche auszurechnen. Nehmen wir eine Frau, Jahrgang '70, studiert, mit bislang 15 Jahren beitragspflichtiger Lohnarbeit, keine Kinder, Bruttoeinkommen im Schnitt 3200 Euro und einer angenommenen Gehaltserhöhung von einem Prozent jährlich. Geht sie 2035 in Rente, wird sie im Monat keine 1200 Euro bekommen, nach inflationsbereinigter Kaufkraft.

Oder ein Mann, Jahrgang '64, mit einer gemischten Arbeitsbiografie von Festanstellung und freier Tätigkeit mit 6000 Euro versicherungspflichtigem Monatseinkommen. Er

54

wird 2030 um die 600 Euro Rente kassieren und vermutlich sofort Grundsicherung beantragen, wenn es die dann noch gibt. Denn wer nicht nennenswert geerbt, wer die Ausbildung seiner Kinder und die Pflege der eigenen Eltern subventioniert hat, kann keine Reichtümer angehäuft haben.

Unser Rentensystem ist für eine längst vergangene Zeit gemacht, als die Menschen im Schnitt kaum 50 Jahre alt wurden und nur wenige Jahre im Ruhestand zubrachten. Ein aktives Drittes und ein gebrechliches Viertes Alter hatte selbst Bismarck nicht vorhersehen können.

Die Rentenlücke, also die Differenz zwischen tatsächlich ausgezahltem Betrag und dem Minimum zur Existenzsicherung, beträgt in Deutschland bis 2050 etwa 2000 Milliarden Euro, hat der Weltwährungsfonds errechnet. Diese abstrakte Lücke stellt nicht jeden, aber immer mehr Menschen der Babyboomer-Generation vor kaum lösbare Probleme.

Jeder Zweite meiner Single- und Patchwork-Generation wird ab 80 pflegebedürftig sein. Was Pflege kostet, wissen wir schon jetzt. Muss zum Beispiel die Schwiegermutter ins Pflegeheim, geht die Rechnerei los: 3000 Euro für das Heim, 1550 Euro Zuzahlung aus der Pflegekasse, 950 Euro Rente – macht jeden Monat 500 Euro, die die Familie zuschießt.

Danach ist der Schwiegervater an der Reihe, der seine Ersparnisse für die Pflege seiner Frau ausgegeben hat. Die Kinder zahlen. Und werden womöglich viele Jahre später, wenn sie selbst an der Reihe sind, weder Ersparnisse noch Nachwuchs haben. Bei 500 Euro monatlicher Differenz zwischen Einnahmen und Pflegekosten laufen im Jahr 6000 Euro Miese auf, in zehn Jahren 60 000 – und das ist milde gerechnet. Die Realität dürfte eher beim Doppelten liegen. Im schlimmsten Fall verausgaben sich gleich mehrere Generationen nacheinander.

Deutsch gründlich ist die Pflege »durchgeregelt«: Es geht um Bedürftigkeit und Angemessenheit, um Alltagskompetenz, niedrigschwellige Betreuungsleistungen und exakt definierte Pflegestufen, von 0 (120 Euro Pflegegeld) bis Stufe III Härtefall (1918 Euro Pflegegeld). Pflegehilfsmittel sind akribisch definiert, je nachdem, ob sie die Pflege erleichtern, zum Verbrauch bestimmt sind, für die Körperpflege benötigt werden. Es gibt deutliche Tarifunterschiede zwischen Tages-, Nacht- und Grundpflege, also Waschen, Essen, Kämmen, Hilfe beim Gehen.

Warum scheitert dennoch jeder dritte Erstantrag auf Pflegegeld? Weil in einem ausgefeilten Regelsystem der menschliche Faktor kaum einberechnet ist. Wenn der Gutachter kommt, um die Bedürftigkeit zu testen, möchten die Kinder, dass Mutti möglichst hilflos erscheint, während Mutti wiederum beweisen will, wie fit sie ist. So kommt es zu skurrilen Momentaufnahmen, die die Grundlage für existentielle finanzielle Entscheidungen bilden.

Der Markt hat längst reagiert auf eine knappe Zukunft. Der Anteil gering qualifizierter Pflegekräfte stieg zwischen 2009 und 2011 fünfmal so stark wie die Zahl der staatlich geprüften Pfleger. Die Ausbildung für Leichtlohnpfleger besteht aus einem Kurs mit 200 bis 400 Unterrichtsstunden. Es gibt keine Qualitätssicherung, aber eine gewaltige Nachfrage nach McPflege. In der Pflegeindustrie arbeiten inzwischen mehr Menschen als in der deutschen Vorzeigebranche, der Automobilwirtschaft.

Durchaus möglich, dass Menschen, die sich über drei Jahre lang zur Pflegefachkraft ausbilden lassen, ihre künftige Arbeit mit Herz und Hingabe erledigen werden. Eher unwahrscheinlich dagegen, dass die Konkurrenz der einfachen Pflegekräfte mit Schnellkurs ein ähnliches Ethos lebt.

Der Pflegemarkt ist ein knallhart durchkalkuliertes Geschäftsfeld mit prekären Beschäftigungsverhältnissen, Leiharbeit und all den anderen Unarten, die von der Politik toleriert werden, weil es an Alternativen mangelt. Viele Bedürftige werden einfach »ab-« und »weggepflegt«, in einer Taktzahl, die das Gesetz vorgibt. Zum Beispiel fünf Minuten für Zahn- und Mundpflege, zwei bis drei Minuten für Wasserlassen, 15 bis 20 Minuten für Nahrungsaufnahme, ein bis zwei Minuten für Aufstehen und Zubettgehen.

Seien wir ehrlich: Unsere Idealvorstellung von der mandeläugigen Dame, die für 900 Euro netto klaglos, einfühlsam und geduldig alle Wünsche und Bedürfnisse von kratzbürstigen Senioren bedient, die 600 Euro Rente bekommen, ist eine Illusion. Wie fast immer im Leben gilt auch hier die Drittel-Theorie: Ein Drittel aller Altenpfleger wird seinen Job zuverlässig erledigen, ein Drittel wurschtelt sich irgendwie durch seine Pflichten, und ein Drittel schert sich relativ wenig.

Wie motiviert wären wir denn selbst, wenn wir jeden Morgen wieder zu unserer Runde aufbrechen müssten, zu Lehmann, Schulze, Müller, die nur noch aufs Sterben warten? Wer kann sich die Last vorstellen, die jahrzehntelange Pflege bedeutet? Was kommt eher: Aggression oder Depression? Eine Lohnerhöhung jedenfalls nicht.

Was wissen wir denn wirklich, wenn wir täglich über geschubste, geschlagene, beschimpfte, vernachlässigte Senioren lesen? Wer möchte jeden Tag aufs Neue mit dem garstigen Alten zu tun haben, der sich von »einer Ausländerin« nicht betreuen lassen mag? Wer will sich verdächtigen lassen, die alte Frau schon wieder bestohlen zu haben?

Mut gebührt dem Richter, der einer angeklagten Pflegerin »großen Druck und hohe Belastung« attestiert und sie mit einer milden Strafe davonkommen lässt. Nie liest man von bösartigen Alten, die wegen anhaltender Grausamkeit gegen ihre Pfleger vor Gericht stehen.

Niemand meiner Generation kann schwören, dass er nicht eines Tages auch zur Gruppe der bösen Alten gehören wird. Nur eines ist sicher: Mit steigendem Kostendruck und wachsenden Seniorenzahlen wird das Klima rauer werden. Wenn ich 2029 mit 65 in Rente gehe, werden 50 Prozent mehr Pflegefälle in diesem Land liegen, die Zahl steigt auf 3,5 Millionen. Der Personalmangel wird zugleich bei etwa 500 000 Pflegekräften liegen.

In jedem zehnten deutschen Haushalt rackert schon heute eine illegale Kraft, meist aus Osteuropa, auf der fragwürdigen Basis eines Touristenvisums. Pflegekurse, die den Sprung nach Deutschland ermöglichen, werden überall in Osteuropa angeboten. Wie freudig würden wir nach Russland fahren, um dort für wenig Geld schlechtgelaunte Senioren zu pflegen? Eben.

Die entscheidende Frage lautet: Treffen die Horrorvisionen zu, wie sie der ZDF-Mehrteiler 2030 – *Aufstand der Alten* prophezeite, mit Massenunterkünften für deutsche Rentner in Afrika, mit Psychopharmaka und brutalen Verteilungskämpfen? Oder genügen einige Korrekturen, die zwar weniger Rente bedeuten, aber nicht den vollständigen Zusammenbruch des Systems?

Die derzeit mit viel scheinheiligem Mitgefühl geführte Debatte über die Rente mit 63, 65 oder 67 ist jedenfalls überholt. Bald werden wir über Rente mit 75 reden, schließlich sind wir Alten unheimlich fit.

»Der demografische Wandel führt in bestimmten Lebensphasen zu sehr viel mehr Zeit als früher. Den älteren Menschen kommt in der Nacherwerbsphase der Zugewinn an Lebenszeit am stärksten zugute. Sie können und wollen sich stärker für Familie, Nachbarschaft oder für die Gesellschaft einbringen.« So schalmeiengleich klingt unsere Zukunft im Demografiebericht der Bundesregierung.

Was nicht beantwortet wird: Wie sollen wir künftigen Rentner uns einbringen, wenn es wenig Rente gibt, einen Pflegenotstand und kaum Kinder, die für unser Wohl rackern?

Panikmache? Vielleicht. Die Ratingagentur Standard & Poor's zweifelt bereits an Deutschlands Kreditwürdigkeit, weil der Staat die explodierenden Gesundheitskosten genauso unrealistisch einschätzt wie die Pensionslasten, die auf Kommunen, Länder und Bund zukommen. Diese versteckte und verleugnete Milliardenbürde plus mangelnde Pflegemodelle können dazu führen, dass Deutschland seine erstklassige Bonität verliert, den AAA-Status, was wiederum höhere Schuldzinsen und noch weniger verfügbare Mittel bedeutet.

Und wann? In 30 Jahren? Nein, im Jahre 2015. Dann ist in

Berlin jeder Fünfte der 3,5 Millionen Einwohner über 65. Jeder zwanzigste Rentner bekommt im Schnitt 366 Euro Zuschuss zur knappen Rente. Die Kosten für die Grundsicherung haben sich in den letzten zehn Jahren in der Hauptstadt verdoppelt auf 480 Millionen Euro. Früher waren alte Menschen eine Sensation, heute sind sie ein Kostenposten, den die Politik vor sich herschiebt.

Längst müsste das deutsche Rentensystem wetterfest gemacht werden so wie in England, wo die Rente mit 68 bis zum Jahr 2020 eingeführt wird. In Schweden wird bis zum 65. Lebensjahr gearbeitet, im Durchschnitt. Verständlich, dass die deutschen Rentner keine Korrekturen wollen. Sie haben ihre Ansprüche in gutem Glauben erworben. Aber sie werden eine Ausnahme bleiben mit ihren Ansprüchen, die auch tatsächlich befriedigt werden.

So klafft die soziale Schere nicht nur zwischen Alt und Jung immer weiter auseinander, sondern auch zwischen Mittel-Alt und Alt-Alt. So gut wie unseren Senioren wird es einer Rentnergeneration nie wieder gehen.

Wie die geteilte Gesellschaft der Zukunft aussieht, lässt sich heute schon prototypisch beobachten an wettbewerbsintensiven Branchen wie Banken oder Medien. Unter ökonomischem Druck und hohem Innovationstempo krallen sich die Altgedienten an die satten Verträge früherer Jahre, während die Jungen dankbar sind für einen Jahresvertrag. Hier 13. und 14. Monatsgehalt plus Betriebsrente, dort der Nachwuchs, der für das halbe Geld schuftet, ohne je in den Genuss einer betrieblichen Altersvorsorge zu kommen. Die Wende zum Weniger, die sich auf dem Arbeitsmarkt deutlich abzeichnet, wird sich in zwei, drei Jahrzehnten bei den Renten fortsetzen, nur unbarmherziger.

Ob die Prognosen kommagenau stimmen, ist gleichgültig.

Sicher ist, dass
- die Einzahler in die Rentenkassen weniger werden,
- die Staatsschulden wachsen,
- die Lebenserwartung steigt,
- so viele Menschen Rente beanspruchen wie nie zuvor,
- so viele bunte Arbeitsbiografien existieren wie nie zuvor,
- medizinischer Fortschritt das Leben weiter verlängert, aber immer teurer wird,
- für immer mehr Single-Haushalte die Familie als Pflegeinstanz wegfällt,
- die Kosten fürs Alter wegen der Lebenserwartung steigen, weshalb ein paar monatliche Krümel für die Riesterrente nicht viel ändern.

Ich gestehe: Trotz der Faktenlage hat sich keine besondere Kreativität in meinem Finanz-Skript niedergeschlagen. Mein Planungshorizont reicht natürlich bis zum April 2029, wie sich das für Sicherheitsfanatiker gehört. Mit 65 wird mir womöglich die Lebensversicherung ausgezahlt werden, wenn nicht etwas Dramatisches mit dem Euro passiert oder die deutsche Urangst Inflation alles auffrisst. Gut 200 000 Euro werden fällig. Ein schöner Tag. Die Harley verkneife ich mir. Aber vielleicht einen Roller. Wie Hellmuth Karasek. Mehr ist auch nicht drin. Der Taschenrechner sagt: Sind die Kosten zu hoch, müssen sie runter. Der Sozialpsychologe Harald Welzer denkt bereits über »kollektive Verarmungsstrategien« nach.

Unser finanzpolitisches Skript braucht auf jeden Fall eine Komponente namens Bescheidenheit. Die meisten Studien bestätigen: Zufriedenheit im Alter hängt weniger vom konkreten monatlichen Einkommen ab, sondern von unserem Lebensentwurf. Wer unbedingt allein leben will, wird allerdings zahlen müssen. Zum Glück hat meine Generation genügend WG-Erfahrung gesammelt.

Vielleicht noch zwanzig gute Sommer

Lass mal werden, wer wir sein wollen. Wir haben
schon viel zu lang gewartet, lass mal Dopamin vergeuden.
Julia Engelmann, 5. Bielefelder Hörsaal-Slam

Es ist Herbst, immerhin scheint die Sonne. Die Blätter fallen, die Abende sind frisch, Draußensitzen macht keinen Spaß mehr. Es ist nicht schlau, nur die 25 Prozent des Jahres zwischen Juni und August zu genießen, und die restlichen drei Viertel entweder mit Vorfreude zu vertrödeln, dass bald wieder Sommer sein wird, oder aber mit Trauer, dass schon wieder alles vorbei ist.

Woran denken wir zurück, wenn wir uns warme Gefühle verschaffen wollen? Richtig: an die Sommerferien. An die See. An die Berge. Die Familie. Zeit. An den Geruch von Heu. An die Sonnenbrände. An das Picknick. Angeln. Kajakfahren. All die Momente, die wir mit nahen Menschen erlebt haben.

Sommer, das ist draußen, wo das intensivere Leben spielt. *Und es war Sommer – In the Summertime – Summer of Love – Sommerfrische – Sommerregen.* Da kann der Winter trotz emotionaler Verstärker wie Weihnachten und Jahreswechsel nicht mithalten. Surfen oder Snowboarden? Flipflops oder Wollpullover? Am Lagerfeuer oder am Kamin? Kaltes Bier oder Glühwein? Klar, was gewinnt. Der Sommer ist meine Zeiteinheit, die die Restlaufzeit definiert. Und jeder rast schneller vorbei. Vielleicht noch zwanzig gute Sommer?

Seltsam faszinierend: Wenn man einfach mal Ängste und eigene Erfahrungen und politisch-gesellschaftliche Aussichten notiert, müsste man sich eigentlich schwerstdepressiv fühlen. Aber das Gegenteil ist der Fall.

Langsam wird mir klar, wo die Korridore der Möglichkeiten entlanglaufen. Die schlechte Nachricht: Ich kann mich auf niemanden verlassen. Die gute Nachricht: Ich kann selbst entscheiden. Niemand schreibt mir später vor, wo ich stehe, wohin ich will, was ich anstrebe. Ich bin für mich selbst verantwortlich, im Guten wie im Schlechten. 70 Prozent gestaltet der ältere Mensch selbst, nur 30 Prozent werden gestaltet, von Finanzen, Gesundheit, Umgebung, sagen die Altersforscher.

Vor allem ich entscheide, ob ich auch als Senior meinen Status über das Auto definiere, ob ich meinen Körper halbwegs fit halte, ich bestimme, wann und ob ich überhaupt anfange, mir konstruktive Gedanken über mein eigenes Leben zu machen.

Es lohnt ein Blick auf den früheren Bremer Bürgermeister Henning Scherf. Der lange Dürre ist wohl der bekannteste öffentlich Alternde der Republik. Scherf hat früh begriffen, dass er selbst aktiv werden muss. Und er hat eine Reihe von Flausen und Fehleinschätzungen hinter sich, die wir nicht mehr wiederholen müssen. Scherf wollte anfangs beispielsweise ein ganzes Seniorendorf gründen. Dann wurde das Projekt auf eine Wohngemeinschaft runtergekocht, inzwischen ist aus dem einstigen Riesenprojekt eine Hausgemeinschaft geworden, mit samstäglich gemeinsamem Frühstück.

Ist Scherf deswegen gescheitert? Aber nein! Er hatte Pläne und Bedürfnisse. Und es hat fünf Jahre gedauert, bis sich die richtigen Menschen am richtigen Ort zusammengefunden haben. Weil Scherf noch zu seiner Zeit als Bürgermeister angefangen hat zu planen, konnte er in Ruhe entscheiden. »Postpubertärer Romantiker«, haben die Kinder zu ihm gesagt. Eine Art Kompliment.

So wird es vielen von uns gehen. Es gibt kaum maßgeschneiderten Ruhestand. Und wenn doch, dann ist er langweilig. Wir werden uns umschauen müssen. Und das braucht Zeit. Wollen wir in eine Wohnanlage, in den Süden, selbst was organisieren oder per romantisch angedachter Baugruppe in die Armut schlittern? Wie stehen wir zu Sterbehilfe, zu Heimen im Ausland, welche moralischen Bedenken leiten uns?

»Zyankali«, hat meine Mutter früher gesagt, wenn unsere Gespräche auch nur in die Nähe absehbarer Konfliktsituationen kamen. Ja, Zyankali. Das ist so eine Antwort, die immer richtig, weil locker ist. Vorgeschobene Heiterkeit. Aber Zyankali-Zynismus rettet nur über den Moment. Es sei denn, wir tragen die Kapsel ab sofort bei uns und beißen eines Tages auch tatsächlich drauf. Darf man das?

Das Gefühl von Überforderung erwächst aus dem unglaublichen Wust an Fragen, die sich auf unterschiedlichen ethischen Stockwerken abspielen. Gibt es überhaupt irgendein Szenario ohne schlechtes Gewissen? Wer beurteilt, was richtig, was falsch, was moralisch grenzwertig ist? Darf man demente Eltern zum Beispiel nach Thailand abschieben, wo es warm ist und billig?

Der Schweizer Martin Woodtli hat vor gut zehn Jahren seine eigene Mutter nach Chiang Mai verfrachtet. Die alte Dame war zunehmend verwirrt, ihr Mann hatte sich das Leben genommen. Nun lebte sie in Chiang Mai, zusammen mit einem Dutzend deutscher und Schweizer Senioren im Alzheimer-Zentrum Baan Kamlangchay, gegründet und geleitet von ihrem Sohn.

Für 3000 Euro im Monat, etwa die Hälfte der westeuropäischen Kosten, gibt es dort für die alten Menschen reichlich Platz, gute Pflege rund um die Uhr, Köche, Reinigungskräfte und mildes Klima umsonst und obendrein. Brutal, aber wahr: In ihrer Alzheimer-Welt merken viele Patienten offenbar gar nicht, dass sie fern der Heimat leben. In einer globalisierten Welt kommen Kinder über 8000 Kilometer auch nicht seltener zu Besuch als bei 80 Kilometern Entfernung. Darf man Alte aus der Ersten in die Dritte Welt abschieben? Können wir uns Pflege unter Palmen für uns selbst vorstellen? Ist die Zukunft mehr als eine Verlängerung der eigenen Vergangenheit? Wartet tatsächlich Neues auf uns?

Wir werden uns vom Optimierungswahn verabschieden müssen und von unserer Schnäppchenmentalität. Nicht alle Wünsche werden erfüllt, dafür werden wir manches realisieren, wovon wir nie zu träumen wagten.

Glücklich sei, wer »lebenssatt« stirbt, heißt es im Alten Testament. Wann aber bin ich »lebenssatt«? Wann habe ich genug und vor allem: wovon? Ich weiß es nicht. Aber eines ist auch klar: Wer seine zweite Lebenshälfte in Duldungsstarre zubringt, wer unentwegt aufs Konto guckt und jeden Tag um 16 Uhr die Jalousien runterlässt wegen der vielen Gefahren, der wird große Mühe haben, jemals lebenssatt zu werden.

Adenauer ist mit 73 Kanzler geworden, da werden wir ja wohl auch was hinbekommen. Aber was? Das muss man sich einfach mal ansehen. Es gibt genug Modelle. Deswegen habe ich entschieden, mich als Praktikant des Alterns umzuschauen. Ich will klarer sehen, was unsere Vorgänger sich ausgedacht haben, will spüren, was mich anspricht, vor allem aber, was ich auf keinen Fall will. Wo ist die Würde, der Spaß, der Sinn, und was kann ich mir leisten?

Auf zu einer Expedition in die Möglichkeiten der eigenen Zukunft.

II. Die Modelle

Ob in der Großstadt oder auf dem Land, ob ohne staatliche Hilfe oder durchsubventioniert, ob edel oder einfach – überall in Deutschland entstehen Inseln, wo ausdauernde, fröhliche und vor allem realitätsbewusste Senioren neue Formen des Zusammenlebens probieren, Scheitern inklusive. So unterschiedlich die Ansätze sind, für alle gilt: Ohne Anpacken, Mitmachen und ein wenig Mut läuft nichts.

Es ist faszinierend zu verfolgen, wie dynamisch sich das Angebot bunter Ansätze entwickelt. Medial ausgiebig ausgeleuchtete Gemeinschaften wie Schloss Tempelhof im baden-württembergischen Kreßberg oder die Kommune Niederkaufungen im Nordhessischen wären vor wenigen Jahren noch als Projekte von Spinnern abgetan worden. Heute informieren sich dort sehr normale Menschen, vor allem jenseits der 50, ob die Kombination von Ökologie und Kommunitarismus nicht eine Alternative zum »Endlager Reihenhaus« sein könnte. Klar ist: Was früher eher am Rande der Gesellschaft stattfand, rückt langsam in die Mitte. Statt Geld und Status legen gerade ältere Herrschaften offenbar wachsenden Wert auf Sinn und Erfüllung, gern auch in größeren Gruppen, solange nicht allzu viel Dogmatismus dabei ist.

Auf den folgenden Seiten werden beispielhaft Projekte vorgestellt. Die Auswahl erhebt keinerlei Anspruch auf Vollständigkeit. Nahezu täglich scheitern Pläne. Zugleich wächst immer wieder überraschend Neues. Die perfekte Lösung gibt es nicht, nur verschiedene Kombinationen von Vor- und Nachteilen. Manche Modelle sind schlicht zu teuer für Durchschnittsrentner, andere zu esoterisch oder zu abgelegen. Jede und jeder Interessierte hat sich ganz persönlich einige Fragen zu beantworten, etwa: Was ist mir wichtig? Worauf kann ich verzichten? Welche Kompromisse bin ich bereit einzugehen?

Die Bewertung mit null bis fünf Sternen am Ende jeder Reportage ist durch und durch subjektiv. Sie fasst pointiert zusammen, welche Vorzüge zu erwarten sind und zu welchem Preis.

Die Kriterien

- **Kosten**: Die wichtigste Frage: Kann ich mir diese Option überhaupt leisten? Preise ändern sich, daher werden hier nur Größenordnungen aufgezeigt. Die Angaben beziehen sich auf die monatlichen Kosten.
- **Aufwand**: Umzug? Immobilienverkauf? Länderwechsel? Hier wird kurz erklärt, welche Veränderungen zu erwarten sind. Dabei verzichtet der Autor auf eine Bewertung, da alles natürlich stark davon abhängt, wo man wohnt — ein Umzug aus dem Nachbarort dürfte recht schnell erledigt sein, bei einem Länderwechsel zum Beispiel sieht das schon ganz anders aus.
- **Risiken**: Warten Abenteuer? Wie weit ist es zum nächsten Krankenhaus oder ins Theater? Kann man wieder aussteigen? Eine kleine Übersicht möglicher Gefahren.
- **Privatsphäre**: Gibt es eine Rückzugsmöglichkeit, eine eigene Küche, einen privaten Fernseher? Oder herrscht Gruppenzwang?
- **Bequemlichkeit**: Wie viele Pflichten, wie viel Service sind zu erwarten? Eine Übersicht.
- **Gesamtbewertung**: Hier werden Für und Wider abgewogen. Ganz subjektiv bewertet der Autor, ob er sich dieses Modell für seinen eigenen Lebensabend vorstellen kann.

»Artgerechte Haltung«

Ein ehemaliges Finanzamt in Essen-Rüttenscheid – Backsteinfassade, Behörden-Entree, Parkplatz im Hof. Kann man hier wohnen? Sehr gut sogar. 29 Frauen leben zusammen in ihrem Beginenhof. Männer dürfen auch ins Haus, aber nur besuchsweise.

Aus dem obersten Stockwerk sieht man weit über die Stadt: Kirchtürme, Bürohäuser und eine klobige Säule. Ein Wasserturm? »Nein«, sagt Ute Hüfken, »eine Mädchenschule.« Natürlich trägt sie »Maria« im Namen, dazu irgendwas Lateinisches, aber Frau Hüfken ist nicht ganz sattelfest mit dem Genitiv. Sie war Französischlehrerin. Das Besondere: Diese Schule war eine Beginengründung.

Beginen? Was war das gleich wieder?

Vor 800 Jahren entstanden in den Städten Lebensgemeinschaften von und für Frauen, keine Klöster, aber spirituelle Bünde, die dem Weltlichen nicht entsagten. Beginen waren Sozialarbeiterinnen, Wissenschaftlerinnen, Heilerinnen, Organisatorinnen, fromm, aber nicht dogmatisch. Im 14. Jahrhundert gab es in jeder größeren Stadt Beginenhäuser, allein in Essen sechs. Die Begarden waren eine vergleichbare Männergemeinschaft.

Zeitweise lebten 10 Prozent der weiblichen Stadtbevölkerung in Beginengemeinschaften, die für das soziale und wirtschaftliche Leben unverzichtbar waren. Beginen buken und brauten, sie unterrichteten und lernten, sie pflegten und betreuten, sie halfen bei der Geburt und beerdigten. Sie hielten das soziale und kulturelle Leben aufrecht. Till Eulenspiegel soll testamentarisch verfügt haben, von Beginen begraben werden zu wollen.

Bis heute hat sich die von Beginen gegründete Ordensgemeinschaft der Barmherzigen Schwestern von der Heiligen Elisabeth zu Essen gehalten.

Das Leitbild der Beginen, diese Mischung aus individueller Freiheit, gemeinschaftlicher Sicherheit und gesellschaftlichem Engagement hat Ute Hüfken, Waltraud Pohlen und 27 weiteren Frauen zwischen 26 und 88 gut gefallen. Sie fühlen sich als Erbinnen dieser mittelalterlichen Community. Die Frauengemeinschaft lebt im Essener Beginenhof im ehemaligen Finanzamt-Süd, mitten im lebhaften Stadtteil Rüttenscheid. Ein Gebäude stilistisch auf der Kippe zwischen Bauhaus, Backstein und Nazi-Ästhetik.

Moderne Beginen sind Exotinnen, zum jährlichen Bundestreffen kommen vielleicht hundert Gesinnungsgenossinnen. Sogenannte Wanderbeginen bilden einen Ring von Sympathisantinnen, die nicht mit den Schwestern wohnen, sich aber zugehörig fühlen. Sie sind nicht viele, aber in einem Spirit vereint, der kulturell am ehesten dem christlich-sozialen Flügel der Grünen zuzuordnen ist; weltanschaulich näher bei Uta Ranke-Heinemann, Antje Vollmer und Margot Käßmann als bei Heidi Klum oder Daniela Katzenberger.

Die Bewohnerinnen bieten einen durchaus repräsentativen Querschnitt der städtischen Gesellschaft.

Da ist Stéphanie Fritz, Anfang 30, die in der Studi-WG des Beginenhofs wohnt und die Geborgenheit schätzt.

Da ist Renate Schröer, Anfang 70, die sich um Waschküche und Getränke kümmert und die Herzlichkeit mag.

Da ist Friedegard Goosses, Anfang 50, die nach kurzem Probewohnen einzog und im Haus viel Hilfe bei einer Trennung erfuhr. Im Projekt »Klangknirpse« bringt sie Kindern das Musizieren bei.

Da ist Elli Ammann, Ende 60, die als Wanderbegine nicht im Hof wohnt, aber ständig überlegt, ihre eigene Wohnung vielleicht doch aufzugeben.

Da ist Monika Berger, die ihre Heilpraktiker-Praxis in diesem kulturellen Umfeld ideal platziert sieht.

Und da ist die Schriftstellerin Margot Schroeder, Mitte 70,

die viel dichtet und den experimentellen Charakter mancher Kunstveranstaltung liebt.

Viele der Damen tragen die Haare kurz, eher Pullover als Bluse und diesen gesunden Hauch Rosa auf den Wangen, den man manchmal bei Nonnen sieht. Sie alle gefallen sich in einer vergnügt-hemdsärmeligen Atmosphäre ohne Balzdruck.

Ja, man kann diesen Frauenladen verspotten. Das Projekt passt perfekt ins Comedy-Programm aus der Mario-Barth-Liga: Frauen ohne Highheels, feministisch angehaucht bis durchdrungen, die Achtsamkeit lehren, bei Vollmond im Kreis meditieren und Gesundheitsschuhe tragen, angeleitet von Sozialpädagoginnen, im Kampf gegen das Patriarchat vereint.

Die Wirklichkeit ist einfacher: Im Essener Beginenhof haben sich Menschen zusammengefunden, die ähnlich ticken und nach vielen Jahren des Probierens, Verwerfens und Übens eine Community zum Laufen gebracht haben, die das klassische Schicksal älterer Frauen überwindet: Einsamkeit im Eigenheim, nachdem der Gatte auf den Friedhof verzogen oder mit einer Jüngeren durchgebrannt ist.

Das Alter ist überwiegend weiblich. Frauen haben in Deutschland eine um drei bis fünf Jahre höhere Lebenserwartung als Männer, sie verbrachten ihre besten Jahre oftmals als Mütter und Haushaltsvorstände, ohne rentenrelevante Ansprüche aufzubauen. Sie hatten ein erfülltes Leben, manche erduldeten Ehe oder Partnerschaft aus Angst, in die Armut zu fallen. Hunderttausende dieser Wirtschaftswunderfrauen sitzen heute allein in wenig altersgerechten Häusern, die sie schon am Nachmittag hermetisch verriegeln, und vertreiben sich die reichliche Tagesfreizeit mit Einkaufen, Kreuzworträtsel und ZDF. Alle paar Wochen rufen die Kinder an, zu Weihnachten wird gelost, wer Mutti diesmal nehmen muss. Dann kommt der Sturz, der Oberschenkelhalsbruch, das Pflegeheim. Ein typisch deutsches Finale des Lebens.

Ute Hüfken, 72, und Waltraud Pohlen, 58, haben diese klassische Frauenkarriere hinter sich: Heirat, Kinder, Witwe. Zugleich war beiden immer klar: Alleinsein ist keine Option. So

70

machten sich die Schwäbinnen, die es per Heirat in den Westen verschlug und die sich zufällig kennenlernten, auf die Suche nach einem Zusammenleben, das folgende Kriterien zu erfüllen hatte: eine weitgehend männerfreie Gemeinschaft, spirituell lebendig, sozial, politisch und ökologisch korrekt und obendrein mit einer gehörigen Portion Spaß versehen. Erste Erkenntnis: Es gab nichts in dieser Richtung. Also selber machen.

1986 entstand, gleichsam als ideologischer Unterbau, der Verein »Frauenkirche«, ein feministischer Verein, der sich nicht mit jener traditionellen Glaubenslehre abfinden mochte, die die Heilige Maria ausschließlich als Mutter verehrte und Jesus' Lebensgefährtin Maria Magdalena zur Hure erklärte. »In der Männerkirche wurden Frauen nicht satt«, sagt Ute Hüfken. Die »Frauenkirche« wollte sich vom christlichen Patriarchat emanzipieren, einen eigenen Weg zum Glauben finden und wissenschaftlich arbeiten. Mitte der 1990er-Jahre planten die bewegten Frauen ihr erstes Wohnprojekt in Mülheim – gescheitert. Zweiter Anlauf: Der Verein »Beginen im Pott« gründete sich, eine Genossenschaft dazu, in Essen-Haarzopf wurde eine Immobilie ins Auge gefasst – wieder gescheitert. 2004 löste sich die Gruppe auf.

Doch Waltraud Pohlen und Ute Hüfken gaben nicht auf. 2007 kamen die vielen Kontakte, Beharrlichkeit und der Zufall zusammen. Plötzlich passte alles. Das alte Finanzamt erwies sich als idealer Standort, die Stadt signalisierte Hilfsbereitschaft. 3000 Quadratmeter wurden nach den Vorstellungen der künftigen Bewohnerinnen gestaltet, an die Behörde erinnert nur noch der Glaskasten für »Amtliche Bekanntmachungen«, den die Damen haben hängen lassen. Durchs Haus toben fünf Kinder, auf der Treppe wird geschwatzt, musiziert, debattiert.

Vor die Backsteinfassade wurden bunte Balkone gesetzt, das Haus macht einen einladenden Eindruck; nur der Behördenparkplatz im Hof liegt etwas fremd da. Aus Amtsstuben wurden 24 Wohnungen zwischen 40 und 125 Quadratmetern, sechs davon öffentlich gefördert, damit auch Kleinrentnerinnen hier wohnen können, dazu 14 Apartments, Gemein-

71

schafts- und Gewerberäume. Zwei Gruppen für betreutes Wohnen zogen ein. Im Sommer 2008 hatte Essen wieder einen Beginenhof, so wie es sie inzwischen auch in Dortmund, Schwerte, Unna und Bielefeld gibt.

Den mühsamen Start begreifen die beiden Initiatorinnen inzwischen als Segen. Das erste Projekt wäre zu früh gekommen, das zweite wurde »überengagiert und viel zu ernst« begonnen, sagt Waltraud Pohlen. Fast dreißig Jahre lang haben die beiden Frauen gesucht, probiert, verworfen, bis die Mischung aus Inhalten und Atmosphäre und Miteinander ihren Wünschen entsprach. Bedauern? Keinesfalls. »Wir haben so viel gelernt und hatten zugleich das Glück, dass Projekte ohne unser Zutun scheiterten, die mit großer Wahrscheinlichkeit nicht funktioniert hätten. Aber das weiß man immer erst hinterher«, sagt Ute Hüfken.

Schnell wird klar: Es gibt keine Blaupause, keine Patentrezepte, keine Zehn-Punkte-Pläne zum Etablieren eines gemeinsamen Projekts. Es braucht die richtigen Menschen, den richtigen Ort, die richtige Idee, den richtigen Zeitpunkt und schließlich ein von allen akzeptiertes Bekenntnis: Wir wollen wirklich zusammen sein, und wir stellen die Gemeinschaft im Ernstfall über das individuelle Interesse.

Es kostet gewiss Mut, das eigene Leben in einem größeren gemeinsamen aufgehen zu lassen. So gibt es zahllose Interessentinnen, aber nur wenige, die tatsächlich bereit sind, ihre Nester zu verlassen, die Koffer zu packen und sich nach einem kleinen Ritual den Beginen anzuschließen. Wer mitmachen will, muss keinerlei Aufnahmeprüfung bestehen, sondern einfach nur Interesse zeigen, beim Salon vorbeischauen, auf den vielen Festen, der Literaturrunde oder dem Arbeitssamstag.

Bei aller Achtsamkeits- und Klangschalenrhetorik ist eines wichtig: anpacken. Die Beginen sind kein Servicebetrieb, sondern Kommune, die vom Mitmachen lebt. »Irgendwas kann jeder«, sagt Ute Hüfken, ob kochen, Hecke schneiden, Yoga oder Steckdosen anschrauben.

Um die Bewohnerinnen unter Dampf zu halten, werden die Gemeinschaftsräume nicht per Umlage finanziert, sondern mit Veranstaltungen. Tische schleppen, Tische decken, nachher aufräumen, das gehört zum Beginenalltag. Wer nicht anpacken mag, gehört vielleicht in die Welt der Kreuzfahrten.

Wer bleibt, der taucht in eine Frauenwelt ein, die mit Alice Schwarzer wenig anfangen kann. »Zu dogmatisch«, sagt Ute Hüfken. Die Beginen sind eher links als konservativ, eher engagiert als träge, eher bescheiden als laut – sie üben sich in Feldenkrais und Qigong, diskutieren, wühlen sich durch ihre Biografien, malen, dichten, schwatzen. Aber militant sind sie nicht.

Der Umgang ist vor allem entspannt. »Liegt wohl an der artgerechten Haltung hier«, sagt Waltraud Pohlen. Auf wundersame Weise hält die Gruppe auch ohne große Regelwerke und Katechismen zusammen, von der alleinerziehenden Mutter bis zur Künstlerin. Im Erdgeschoss haben Sozialarbeiterinnen und Therapeutinnen, Homöopathinnen und Hebammen, Musikpädagoginnen und Übersetzerinnen ihre Räume. Dass Autos und Waschmaschinen geteilt werden, dass Energie gespart und ökologisch gegärtnert wird, versteht sich von selbst. Johanna, die Älteste, ist gelernte Bibliothekarin, sie hält das Bücherregal in Ordnung und macht den Jüngeren am Computer Kunststücke vor. Seit 2010 ist der Beginenhof auch Wahllokal und mithin im öffentlichen Leben verankert.

Längst ist der Beginenhof von einem individuellen Selbstverwirklichungsprojekt zu einer Insel gelungener Sozialarbeit für das ganze Stadtviertel geworden. Die Tradition, das tägliche Miteinander, Kultur und gelegentliches Innehalten – diese Mischung verleiht den Bewohnerinnen ein Gefühl, nützlich zu sein, für sich und andere. Einsamkeitsbedingte Verhaltensmuster wie notorische Arztbesuche sind kaum zu beobachten, weil die Nachbarschaft funktioniert. »Hier ist keine allein, die das nicht will«, sagt Ute Hüfken. Sogar Lerneffekte sind zu beobachten. So hat Sozialpädagogin Pohlen festgestellt, dass auf der wöchentlichen Versammlung inzwischen eine weit größere Offenheit herrscht als früher.

Konflikte gibt es natürlich auch, schließlich sind alle Rollen besetzt, vom Opfer bis zur Generalin, von der Hängematte bis zur Hyperaktiven. Immer wieder kam es vor, dass eine Schwester beleidigt tobte: »Ich mach nicht mehr mit«, und schmollte. Bislang sind noch alle zurückgekehrt.

Bleibt die spannende Frage, wie weit die schwesterliche Nächstenliebe geht, wenn es ernst wird. Pflegen sich Beginen bis in den Tod? »Unsere wichtigste Regel ist, dass wir keine Regeln haben«, sagt Ute Hüfken. Fortschreitender Gebrechlichkeit lasse sich mit normaler nachbarschaftlicher Hilfe ganz gut begegnen, ambulante Pflege ist machbar, Betreutes Wohnen wird im Haus selbst angeboten. Dass eine Schwester ins Pflegeheim gemusst hätte, ist bislang noch nicht passiert.

»Wir geben uns kein gegenseitiges Pflegeversprechen«, erklärt Ute Hüfken. Aber es gibt den unausgesprochenen Komment: Wir kriegen das hin. Im Gegensatz zu vielen Projekten, die sich »Sonnenschein« nennen oder »Lebensglück«, beziehen die Beginen einen guten Teil ihrer Kraft und ihres Selbstbewusstseins aus jener jahrhundertealten Tradition, die sie fortschreiben. Gelebte Verantwortung schlägt Marketingversprechen.

Man kann sie für Fantasy-Freaks halten, die eine Idee nachspielen, aber das Leben im ehemaligen Finanzamt zeigt auf beeindruckende Weise: Da haben lebenserfahrene Menschen ihren Weg gefunden und scheren sich ziemlich wenig darum, was anderswo über sie gedacht und geredet wird. Dass sich inzwischen institutionelle Investoren für die Beginen interessieren, zeigt, dass sowohl Markt als auch Männer langsam kapieren, was für einen großen Bedarf an sinnstiftenden, bezahlbaren Gemeinschaftsprojekten es gibt. Die Fluktuation im Beginenhof geht gegen null.

Und was ist, wenn eine Frau nun unbedingt mit ihrem Partner einziehen will? Schwierige Frage. Den Fall gab es noch nicht. Aus dem Männeralter sind die Beginen eigentlich raus, zumindest ist ihr Bedarf an gemischtgeschlechtlichem Zusammenleben seit der Ehe- und Familienphase gestillt. Außerdem, erinnert Ute Hüfken, eine Regel gebe es ja doch: »Keine Mietverträge für Männer.« Aber Besuch ist erlaubt.

Nächste Gemeinschaftsaufgabe ist ein finanzielles Kunststück: Die Beginen würden die Immobilie, bislang in der Hand einer lokalen Aktiengesellschaft, gern in den Besitz ihres Vereins übertragen. Gar nicht so einfach. Denn ob es um Miteigentum, Verantwortung, Arbeitsrecht oder andere Paragraphen geht: Weder der eingetragene Verein (e.V.) noch die Genossenschaft noch eine Gesellschaft bürgerlichen Rechts (GbR) bieten ein passendes juristisches Konstrukt. Egal. Auch diese Aufgabe werden die Damen lösen. Der Beginenhof ist »eben ein ständiger Prozess«, sagt Ute Hüfken, »wir sind mitten drin. Und da fühlen wir uns auch wohl.«

So, und nun ist es Zeit zu gehen, die Frauen haben zu tun. Der Besucher verabschiedet sich und fragt sich insgeheim: Kriegen Männer so was eigentlich auch hin?

- **Kosten**: Monatlich ab ca. 500 Euro Warmmiete zzgl. »Saalspende« (Wohnungen von 45–125 qm). Dazu gibt es sechs geförderte Wohnungen. ****
- **Aufwand**: Gering, wenn man in der Nähe lebt.
- **Risiken**: Gering. Zentrale Lage, alles ist gut erreichbar. Nun muss es nur noch menschlich passen. ***
- **Privatsphäre**: Ja: eigene Wohnung oder Wohngemeinschaft. ****
- **Bequemlichkeit**: Mittel: gemeinschaftliche Pflichten. ***
- **Gesamtbewertung**: **** (Wenn ich eine Frau wäre.)

Kontaktdaten:
Beginenhof Essen e.V., Goethestraße 63–65, 45130 Essen. Telefon: +49 201 71 45 12. E-Mail: info@beginenhof-essen.de. Website: www.beginenhof-essen.de.

Rollator, Rollstuhl, Kinderwagen, Burn-out

Die meisten Deutschen träumen davon, im Kreise der Familie alt zu werden. Aber wie lebt es sich tatsächlich mit Baby und Uroma unter einem Dach? Vier Generationen der von Zeddelmanns versuchen es tapfer.

Kaiser Wilhelm II. hatte Krieg gegen die Welt geführt und gerade abgedankt, als Oma Lo geboren wurde. Ihre Urenkelin Lara wird vielleicht die Gründung der Vereinigten Staaten von Europa erleben, eine Siedlung auf dem Mars oder den Dritten Weltkrieg. In der Doppelhaushälfte der Familie von Zeddelmann leben vier Generationen: Oma Lo ist 95, ihre Tochter Heidemarie 60, deren Tochter Nadine 30 und Urenkelin Lara sechs Jahre alt. Wie wundervoll, denkt sich der für Romantik empfängliche Besucher, so muss es sein: Jung und Alt gemeinsam unter einem Dach, die Familie als Keimzelle der Gesellschaft, unkaputtbare Solidarität, ein Traditionsstrang, der von der Kaiserzeit bis weit ins 21. Jahrhundert reicht.

Heidemarie von Zeddelmann entfährt ein sanftes Stöhnen. Sie hat den Tisch gedeckt, wie dreimal am Tag. Sieben Menschen wollen versorgt werden, zwei davon pflegebedürftig. Links und rechts von der Küche, wo andere Familien einen großen Wohnraum haben, da liegen bei Familie von Zeddelmann zwei Pflegezimmer, mit breiten Türen und Spezialbetten. Im Flur stehen Omas Rollator und der Kinderwagen von Nadines Jüngstem.

Wolf-Dietrich von Zeddelmann, 65, fährt Rollstuhl. Seit einem Schlaganfall ist die rechte Körperseite gelähmt. Enkelin Lara greift manchmal den schlaffen Arm und packt ihn Opa in den Schoß. »In einer so großen Familie kann man gar nicht verhindern, dass die Kinder Rücksicht lernen und Verantwortung übernehmen«, sagt Mutter Nadine. Neulich war Lara bei einer Freundin zu Besuch und fragte vorwurfsvoll: »Wohnt denn eure Oma nicht bei euch?« Lara ist es gewohnt, dass ihre Urgroßmutter Kartoffeln schält und jederzeit für Gesellschaftsspiele bereitsteht. Eleonore Waack ist eine haushaltserprobte Frau. Sie hat sich mit 80 Jahren noch um ihre neun Jahre ältere Schwester gekümmert.

Die von Zeddelmanns sind stolz auf ihren Zusammenhalt in aller Enge. Nadine, ihr Mann Jens und die beiden Kleinen wohnen im ersten Stock, Heidemarie, Wolf-Dietrich und Oma Lo im Erdgeschoss. Bis vor Kurzem lebte noch Nadines Bruder im Keller, vorübergehend, weil er gerade in einer Scheidung steckte. Im Keller betreibt Nadine zudem ein kleines Geschäft für Reiter-Zubehör. Und der Hund ist auch noch da. Die Katzen sind unlängst gestorben. Dafür sind Kaninchen eingezogen.

Familie von Zeddelmann funktioniert so, wie sich Staat, Kirche und Lehrbuch das prototypische Miteinander der Generationen vorstellen. Oma kümmert sich um die Kleinen, wenn die Erwerbsfähigen zur Arbeit gehen, die Pflege wird intern erledigt, Erziehung und Versorgung klicken reibungslos ineinander.

Gäbe es nur solche Familien im Land, müssten sich die Hüter der Sozialkassen keine Sorgen machen. Denn gesamtgesellschaftlich betrachtet privatisieren die von Zeddelmanns manche Probleme, die von anderen Bürgern lieber vergesellschaftet werden: Wer kümmert sich auf engem Raum schon um die Pflege von Mutter und Ehemann? Wer schlängelt sich tagtäglich durch Gehhilfen, wäscht Bettbezüge, hantiert mit Wundcremes und Hygienematerial? Diese Aufgaben hängen seit Jahren überwiegend an Heidemarie, die sich als Krankenschwester drei Bandscheibenvorfälle einhandelte.

Ja, die von Zeddelmanns schöpfen Kraft aus ihrer kleinen Bastion. Doch mit Romantik hat das Vier-Generationen-Wohnen wenig zu tun, sehr viel mehr mit präziser Planung, mit dem Verzicht auf Selbstverwirklichung und mit der Hoffnung, dass möglichst alles lange gut geht. Denn das Modell wankt, sobald Heidemarie ausfällt, so wie vor ein paar Jahren, als sie entkräftet zusammenklappte. Da kamen dann Neffe und Onkel, um zu helfen. Eine gemeinsame Kur für sich und ihren gelähmten Mann lehnt die Krankenkasse ab – keine Notwendigkeit. Eine Reha, die Wolf-Dietrich so gern hätte, wird ebenfalls verwehrt. Das bringe ja doch nichts, erfuhr Heidemarie vom Berater am Telefon.

In ihren stärksten Momenten funktioniert das generationenübergreifende Geben und Nehmen wie in einem Prospekt des Bundesfamilienministeriums. Oma Lo bringt ihrer Urenkelin Brettspiele und Patiencen bei, die Kleine erklärt der alten Dame, was da gerade im Fernsehen vor sich geht. In den schwachen Momenten hegt Heidemarie verschärfte Fluchtphantasien, weil ihr der tagtägliche Dienst an der Familie ebenso zusetzt wie die notorisch knappe Haushaltskasse.

Wer »von Zeddelmann« liest und »Reitsport-Zubehör«, der denkt natürlich an karierten Tweed, großzügige Stallungen und Heerscharen von Personal. Doch nach der Flucht aus Ostpreußen ist nichts geblieben von der früheren Herrlichkeit. Schnöde Arbeit ist gefragt, die eigene Doppelhaushälfte sollte vor einem Vierteljahrhundert die sichere Burg der Familie bilden. Mehrgenerationenwohnen war gar nicht geplant.

Doch dann kam Oma Lo: Sie hatte ihren Mann, der an Alzheimer erkrankt war, bis in den Tod gepflegt. Ins Heim? Niemals. Dann der Schlaganfall von Wolf-Dietrich. Ins Heim? Niemals. Plötzlich hockte eine Großfamilie aufeinander, finanziell so spärlich ausgestattet, dass die Schulsekretärin Nadine und ihr Mann Jens einen zweiten Job annahmen.

Oma Lo und Wolf-Dietrich bekommen Rente, Heidemarie 700 Euro Pflegegeld für zehn bis zwölf Stunden Rackerei am Tag, die sich immer wieder um drei Themen dreht: Stuhlgang, Essen, Fernsehen. Wahrscheinlich wäre es bequemer, alle Heimarbeit einzustellen und den Sozialstaat zu bemühen. Aber so ticken die von Zeddelmanns nicht. »Wir kämpfen«, sagt Heidemarie. Oma Lo nickt entschlossen.

Es hat eine Weile gedauert, bis die alte Dame sich an eine Grundregel des Zusammenlebens gewöhnt hatte: das klare Äußern von Bedürfnissen. Kriegsteilnehmer neigen nun mal nicht dazu, ihre Wünsche oder Abneigungen direkt auszusprechen. Statt »Mach doch bitte das Fenster zu« heißt es »Ist dir nicht auch kalt?«. Für derlei Interpretationsaufgaben ist keine Zeit im alltäglichen Geflirre. »Klare Ansagen«, weiß Heidemarie von Zeddelmann, »die sind nicht unhöflich, sondern respektvoll, weil ich meine Mitmenschen nicht im Unklaren lasse.« Zweite Regel im Haus von Zeddelmann: »Tür zu« heißt: Bitte Ruhebedürfnis respektieren. Wenn kaum Rückzugsraum besteht, muss man sich eben welchen erkämpfen.

Was Heidemarie von Zeddelmann erbost, ist der mangelnde Respekt von Behörden, Ämtern oder Krankenkassen vor den Leistungen einer häuslichen Pflegerin. »Mein Job ist es, all die Steine aufzusammeln, die mir in den Weg gelegt werden.« Selbst der Kirchgang zu Weihnachten gerät zum Kraftakt, weil keine Rollstuhlrampe an den Treppen hängt. Und will sie, ein Mal im Jahr, ein paar Tage allein an die Ostsee fahren, wird für diese Zeit das Pflegegeld gestrichen. Die Krankenkasse verweigert eine zusätzliche Haushaltshilfe, und sei es nur für ein paar Stunden in der Woche. »Man wird allein gelassen, überall«, sagt Heidemarie von Zeddelmann. Und sie ist wirklich kein Opfertyp, sondern eine Anpackerin. Aber irgendwann auch mal müde, sehr müde.

Kraft bezieht sie aus den Momenten unvergleichlicher Herzlichkeit, Sekunden der Wärme für Jahre des Aufopferns. Zu Weihnachten bekam sie von ihrer Tochter ein selbst gebasteltes Herz mit den Worten: »Du bist für mich so besonders, weil du meine beste Freundin bist.« Auf Postkarten klingen solche Sätze unerträglich kitschig. Hier nicht.

So liebevoll es intern bisweilen zugeht, so feindselig empfinden die von Zeddelmanns manchmal ihre Mitmenschen, etwa ihren Nachbarn aus der anderen Hälfte des Doppelhauses, von Beruf Sozialdemokrat. Doch die solidarische Gesinnung verlässt den Politiker offenbar, sobald er nach Hause kommt. Seit die von Zeddelmanns eine kleine Rampe an die Terrasse gebaut haben, damit Wolf-Dietrich mit dem Rollstuhl in den Garten gelangt, ist die einstmals gute Nachbarschaft dahin. Über ein Jahr Kleinkrieg mit dem juristisch beschlagenen Lokalprominenten haben die Großfamilie zermürbt. Mal geht es um die Sandkiste, dann um die gemeinsame Heizung oder andere Kleinigkeiten. Inzwischen läuft die Korrespondenz nur noch über Juristen. Kein Gruß, kein Gespräch mehr, obgleich die Haustüren keine zwei Meter weit auseinanderliegen. Heidemarie von Zeddelmann schüttelt immer wieder den Kopf. Sie will nicht mehr über den täglichen Kampf reden. »Es geht weiter«, sagt sie, »immer weiter.«

Weil sich die Probleme im Doppelhaus nicht lösen lassen, bauen die von Zeddelmanns noch mal neu, ein Einfamilienhaus mit angrenzendem barrierefreiem Bungalow, rollstuhl- und pflegegerecht. »Dann habe ich endlich ein eigenes Zimmer«, sagt Heidemarie, zum ersten Mal seit vielen Jahren. Tochter Nadine hat übrigens dafür gesorgt, dass der Neubau durchgehend barrierefrei gebaut wird, auch dort, wo die Enkel wohnen sollen. Obwohl gerade mal 30 Jahre alt, denkt die Tochter an später, »wenn wir dann mit vier Generationen unter einem Dach wohnen und unsere Kinder sich um uns kümmern«. Heidemarie von Zeddelmann ist da etwas skeptischer. »Ich möchte dieses Leben keinem zumuten«, sagt sie. Die Familie am Tisch lacht. Es geht weiter.

- **Kosten**: Durch gemeinsames Wohnen und Verpflegen überschaubar. Allerdings wird häusliche Pflege durch Familienangehörige lausig entlohnt. ****
- **Aufwand**: Mittel. Man kann zu Hause bleiben, aber dafür muss das Haus barrierefrei umgebaut werden, oder man benötigt einen barrierefreien Neubau.
- **Risiken**: Hängt von den finanziellen Möglichkeiten der Angehörigen ab. Konflikte sind nicht zu unterschätzen; Pflege in der Familie ist eine psychisch und physisch hoch anstrengende Aufgabe. ***
- **Privatsphäre**: Ja, wenn eigenes Zimmer. ***
- **Bequemlichkeit**: Allzu viel Service dürfen Senioren in der eigenen Familie nicht erwarten. Mithilfe versteht sich von selbst. **
- **Gesamtbewertung**: Schwer zu sagen. Wenn die Atmosphäre stimmt und die Rollen klar verteilt sind, ist Mehrgenerationenwohnen eine gute Lösung. Schwelen allerdings unausgesprochene Konflikte, kann der Alltag zur Hölle werden. * bis *****

Stand März 2016: Die Familie von Zeddelmann ist aufgrund der vormals schwierigen Nachbarschaftssituation inzwischen nach Dallgow-Döberitz umgezogen. Sie wohnen jetzt Wand an Wand in einem neu gebauten, behindertengerechten Bungalow (Oma Lo, Heidemarie und Wolf-Dietrich) und in einem »normalen« Haus (Nadine, ihr Mann Jens und ihre Kinder).

Haus Erbenschreck

Das Tertianum in Berlin gehört zu den luxuriösesten Senioren-Residenzen der Republik. Nach einer Nacht Probewohnen steht fest: auch nur ein Wartesaal, aber immerhin ein feiner.

Merkwürdiges Gefühl: Was soll ich anziehen? Was nehme ich mit? Wie mögen mich die anderen Bewohner empfangen? Was geschieht mit mir? Woher kommt plötzlich diese Abschiedsmelancholie?

So muss sich meine Mutter gefühlt haben, als klar war, dass sie nicht mehr allein in ihrem Haus bleiben konnte: Ab sofort wird alles anders. Du kannst mitnehmen, was in den Miettransporter passt. Die Nachbarn, das Essen, der Blick aus dem Fenster – alles wird sich ändern. Nur das Fernsehprogramm bleibt.

Bei mir ist es bloß ein Tag und eine Nacht und nicht der Rest des Lebens. Und dennoch tickt Beklommenheit: Kaum 500 Meter zwischen unserer Schöneberger Wohnung und einer der edelsten Seniorenresidenzen Deutschlands – ein paar Schritte, die in ein gänzlich neues Universum führen.

Das Tertianum ist von den technischen Daten her ein Paradies für Ruheständler. Mitten in Berlin gelegen, gleich neben dem KaDeWe, mit täglichem Kulturprogramm, über hundert großzügigen Wohnungen, vergleichsweise üppig mit Personal ausgestattet, mit Conciergeservice und täglichem Drei-Gänge-Menü. Die eigene Pflegeabteilung ist im Haus untergebracht. Wer allein nicht mehr zurechtkommt, muss nur den richtigen Knopf im Fahrstuhl drücken.

Hier residiert die Generation Aufbau: Wirtschaftswunderkapitäne, Professoren und Doppeldoktoren, Schauspieler und eine Sopranistin von ehemaligem Weltrang. Ein Tertianum gibt es in Berlin, München und Konstanz, betrieben seit Oktober 2014 von der DPF AG (Deutsche Pflegefonds AG).

Seit über zehn Jahren fahre ich fast täglich an der geschwungenen Fassade in der Passauer Straße vorbei, ohne mir je Gedanken gemacht zu haben, was sich dahinter wohl verbirgt. Jetzt weiß ich: Es ist ein Grandhotel. Das Entree führt in einen großzügigen Innenhof mit Glaskuppel, sieben Stockwerke hoch, eine flüchtige Anmutung von Havanna. Im Café sitzt eine sehr alte Dame mit kühn verfärbten Haaren und knabbert Kuchen. Hier gibt es einen Flügel, Blumen, Büsten – die Insignien gehobener Lebensart.

Im Klub wird am Nachmittag ein Vertreter der SOS-Kinderdörfer referieren, mein Unterhaltungsprogramm für heute. Manchmal kommen auch Schauspieler, Autoren, Wagner-Experten, Komödianten oder die Repräsentanten der deutschen Traumschiff-Reedereien. Hundert Prozent Kernzielgruppe halt. Vielleicht gehe ich nachher noch ins Schwimmbad. Oder auf die Dachterrasse. Ist ja wie Urlaub hier.

Wer in eine der mindestens 70 Quadratmeter großen Wohnungen mit Eichenparkett und Marmorbad zieht, sollte vorher kurz mit dem Finanzberater geplaudert haben, der eine schlichte Rechnung aufgemacht hat: Das kleinste Gedeck hier kostet monatlich circa 3600 Euro, dazu kommen die individuellen Betriebskosten wie Versicherungen, Abonnements oder Autounterhalt. Wer also mit 70 samt Partner ins Tertianum zieht und noch zehn Jahre zu leben gedenkt, der sollte eine Million Euro auf der Bank haben. Und wer es gern weitläufig hat, mit Dachterrasse, der legt schnell das Doppelte hin. Dieses Haus ist ein Erbenschreck, denn die Nachkommen müssen fürchten, dass vom Nachlass wenig bleibt.

Tertianum, für statusbewusste Senioren ist das eine Prestigesache. Einige Bewohner leben eigentlich noch zu Hause in Düsseldorf, Hamburg oder Soest, finden es aber schick, daheim mit einer Wohnung an Berlins feinster Adresse angeben zu können. Der Älteste ist 105 Jahre alt, doppelter Weltkriegsteilnehmer. Der bizzarste Bewohner dürfte ein Lottogewinner sein. Einige Kunden sind schon mit Anfang 50 eingezogen, wenn der Ehepartner etwa mit einer schweren chronischen Krankheit wie MS kämpft und ständige Betreuung braucht.

Erst ein einziges Mal ist hier jemand lebend rausgekommen, durch späte Heirat. Aber eigentlich ist das Tertianum als gediegene Wartehalle gedacht. Man vertreibt sich die Zeit bis zur eigenen Trauerfeier. Zwischenstation ist eventuell die Pflege im ersten Stock, mit über 80 Prozent Demenzpatienten. Werde ich mir später mal anschauen, so mein Vorsatz, wenn ich mich stabil genug fühle, der eigenen Zukunft ins Auge zu blicken.

Im edlen Heim dürfen sich die Bewohner so wichtig fühlen wie zu ihren besten Zeiten. Das feine Ambiente nimmt den früheren Höchstleistern, Machern und Bühnenmenschen ein wenig vom Schmerz des fortschreitenden Bedeutungsverlusts. »Herr Professor«, »Verehrteste«, »Euer Ehren« – das sind die Beschwörungsformeln, die vom Personal stoisch mehrere hundert Mal am Tag gesprochen werden, um das Gestern weiterleben zu lassen. Manche haben in der Malerei eine neue Aufgabe gefunden, andere fiebern den gesellschaftlichen Ereignissen entgegen wie dem Tanztee. Dafür werden rüstige Einzeltänzer als Stimmungsaufheller von der Heimleitung engagiert, die sich die Alleinstehenden nachher auch privat gönnen dürfen.

Ich sitze in meinem Probewohn-Apartment auf dem Sofa wie Vicco von Bülow. Eichenparkett also. Breite Türen, keine Schwellen, alles amtlich barrierefrei, alles perfekt wie die Einweisung durch die Heimleitung. Jeder Wunsch wird erfüllt – ob Besuch von Komischer Oper, Philharmonie oder Museumsinsel, auf Wunsch auch mit dem eigenen Limousinenservice (gegen Aufpreis).

Das leise Klacken der Wohnungstür hallt nach wie eine tibetische Klangschale.

Und jetzt?

Bin ich im Heim.

Meine Möbel würden sich hier fremd anfühlen, aber das ist Gewohnheitssache.

Was die anderen Bewohner wohl am Nachmittag machen? Kreuzworträtsel? Fernsehen? Lesen? Es ist still. Das Café unter der Kuppel ist fast leer. Man sitzt auf dem Sofa, wahrscheinlich sogar auf dem eigenen, das von zu Hause herbeigeschafft wurde. Und fragt sich: Wann gibt's Essen?

In einer halben Stunde beginnt der Powerpoint-Vortrag über die Kinderdörfer. Bis dahin gucke ich in die Schränke, Schubladen, Ablagen. Leere. Wer mag hier vorher gewohnt haben? Der Zitronenreiniger hat jeden Vorgängergeruch abgetötet. Bewegungen verlangsamen sich ganz unbewusst, als wolle die Seele einfach Zeit gewinnen.

Im Klub sitzen fünf interessierte Zuhörer, zwei dösen im Dämmerlicht. Tapfer redet der Spendenmann gegen das leise Schnarchen an. Er zeigt Bilder von Kindern, an Computern, beim Zähneputzen, in der Schule. Putzig. »Wie groß ist denn der Verwaltungsaufwand?«, will eine rüstige Dame wissen.

»Minimal«, erklärt der Kinderdörfler.

»Und wie alt ist dieser Gmeiner?«

Tja, sagt der Vortragende, der Gründer der SOS-Kinderdörfer sei schon tot, seit 1986. Leises Gekicher aus der hinteren Reihe. So was weiß man doch, als Spendenprofi.

»Jaja, wie die Zeit vergeht«, sagt ein Herr aus dem Publikum.

Alle nicken.

Ich auch.

Noch mehr süße Bilder, Prospekte werden verteilt, dazu handgemachte Filzherzen aus einem südamerikanischen Kinderdorf. Der Vortrag ist vorbei.

Eine Dame zeigt ihren mächtigen Verband, viel zu groß für einen lädierten Mittelfinger. Sie sei heute bei einer Handchirurgin in Spandau gewesen. Spandau sei ja eine Weltreise, erst mit der S-Bahn und dann noch Bus.

Zwei Mitbewohnerinnen nicken pflichtschuldig.

Man könne sich ja ein Taxi genehmigen, sagt eine, für die Kreuzfahrten wird es ja wohl trotzdem noch reichen.

Die Entzündung sei immer noch nicht raus, sagt die Lädierte, nun werde der Knochen langsam angegriffen.

Taxi ist bequemer, sagt die andere.

Den »Stinkefinger« brauche man eh nicht so dringend, sagt die Patientin.

Man wünscht sich einen schönen Abend.

Umherstreifen in gediegener Einsamkeit. Im Beschwerdebuch im Restaurant wird »zu wenig Salz« moniert und das fehlende Angebot kalter Suppen an heißen Tagen, zum Beispiel Gazpacho. Die Gedecke auf den Tischen unterscheiden sich in Nuancen: Professor X möchte nur ein Besteck, wegen der Umwelt, Kollege Y möchte zu jedem Gang eine frische Gabel. Manche wünschen ein Stielglas fürs Wasser.

In der Bibliothek steht ein Spielbrett Mensch-ärgere-Dich-nicht, mit Figuren fast so groß wie Bowlingkegel. Im Schwimmbad ist niemand, die Sauna ist kalt, der Fitnessraum leer. Im Halbdunkel sind Hocker zu erkennen, für die beliebte Hockergymnastik. Der Pool ist rund um die Uhr geöffnet. Der erste Schwimmer kommt um vier Uhr morgens.

Lieber Gott, lass hier sofort eine Orgie steigen. Diese Ruhe macht mich schon nach zwei Stunden wahnsinnig. Aus manchen Zimmern dringt der heitere Klang vom Vorabendfernsehen. Warum springen die faltigen Herrschaften mit ihrem Bildungshintergrund nicht einfach nackig in den Pool, einen feinen Tropfen aus dem hauseigenen Weinkeller in der Hand? Warum flippen sie nicht einfach mal aus zu Pink Floyd oder Rammstein oder wenigstens Helene Fischer? Wieso züchtet keiner Marihuana auf dem Dachgarten, um es gleich dort mit den Kameraden zu inhalieren, mit Blick auf die Gedächtniskirche? Wieso habe ich das Gefühl, dass nur Anarchie die richtige Antwort auf diesen geschlossenen Kosmos der Förmlichkeiten sein kann?

Abendessen. An den meisten Tischen sitzen schweigsame Singles, an den restlichen schweigsame Paare. Der ehemalige

Wehrmachtsoffizier referiert lautstark das letzte Buch, das er über den Ausbruch des Ersten Weltkriegs gelesen hat. Fazit: So viel Schuld hatten die Deutschen gar nicht. Ach ja, wie hieß noch mal die Protokollchefin von Adenauer? Meint er Erica Pappritz, Co-Autorin des Standardwerks *Buch der Etikette*, das sehr detailversessen Benimmregeln diktierte, bis hin zu Anregungen, in welcher Frequenz die Toilettenspülung zu betätigen sei? Nicht ohne Stolz berichtet der Mann nun über seine Zeit als vorgeschobener Beobachter eines Raketenabwehrregiments, der die Kameraden rechts und links sterben sah. Zwei Damen nicken. Wie oft er das wohl schon erzählt hat?

Die Frau mit der gestärkten Bluse neben mir hält ihr Wasserglas mit beiden Händen und starrt ins Nichts. Meine Versuche, ein Gespräch herbeizucharmieren, scheitern kläglich. Sie hat ein Buch dabei, Saint-Exupérys *Nachtflug*. Das Werk handelt von einem Piloten, der wegen eines Unwetters nicht landen kann und abstürzen wird. Zitat: »Wir wollen nicht ewig leben, aber wir wollen nicht alles Tun und alle Dinge plötzlich jeden Sinn verlieren sehen. Dann zeigt sich die Leere, die uns umgibt.« Sie blättert, aber liest nicht.

Vom Hecht hat sie kaum gegessen. »War zu viel«, erklärt sie der netten Kellnerin, die Seniorenchiffre für »Schmeckt mir nicht«.

Den Nachtisch, Johannisbeeren mit Vanillesoße, löffelt sie genüsslich.

Tapfere Dame, Gesichtsausdruck zwischen kurz vorm Heulen und angestrengtem Lächeln.

Im Hinausgehen bleibt sie für einen Moment bei einer Bekannten stehen, die ihren Mann drei Gänge lang angeschwiegen hat. Tuscheln. »Kann doch nicht sagen, dass es nicht geschmeckt hat ... Kekse auf dem Zimmer ... Verstehen die das hier denn nicht ... Widerstand irgendwann ermattet.« Verschwörerisch nicken sich die Damen zu. Die Freude auf die Kekse schweißt zusammen.

Warum hat diese Generation eigentlich nie gelernt, ihre Bedürfnisse klar zu äußern? Warum quälen sie sich und würgen und leiden, wo doch ein offenes Wort für alle Beteiligten hilfreich wäre, für Koch und Kellner und Gast? Warum dieses Etikettengehabe, die Duldungsstarre, das verzweifelte Klammern an eine Rolle Kekse?

Edle Heime wie das Tertianum erfüllen jede gesetzliche Forderung, sie halten Regeln und Vorschriften vorbildlich ein. Wie im Hotel ist das Personal darauf getrimmt, Wünsche zu erfüllen. Die einfachsten Bedürfnisse allerdings kann eine Pflegekraft bestenfalls punktuell bedienen und schon gar nicht per Dienstanweisung. Eine Dame greift immer wieder nach der Hand der Kellnerin, streichelt und drückt ihren Unterarm.

Im Foyer verabschiedet sich ein Ehepaar von der Mutter.

»Bis bald.«

»Dann kommt mal gut nach Hause.«

Letztes Winken.

»Haben Sie heute Abend noch was vor?«, fragt höflich der Concierge.

Philharmonie und Oper liegen doch so nah.

»Nein, heute nicht«, erwidert die alte Dame. »Ich bin müde.«

Die Sopranistin säbelt im Restaurant einsam an ihrem Wiener Schnitzel. »Dann will ich mal ...«, sagt ihre Tischnachbarin. Will sie wirklich? Hat sie noch Termine? Pflichten? Nein. Aber Floskeln gehören zu den bewährten Strategien des Alters, um ein wirkliches Gespräch zu vermeiden.

Abendliche Runde über die Flure des mediterranen Ensembles. Kein Kulturprogramm heute. An anderen Tagen gibt es Schubert, Sizilien, Wibke Bruhns, eine Hildegard-Knef-Parodie, Käthe Kollwitz und A-cappella. Im siebten Stock stehen Wägelchen mit Geschirr und den silbernen Halbkugeln der gehobenen Gastronomie. Ganz oben wird gern allein gespeist.

Auf dem Pflegeflur ist es hell, aber still. Endstation. An den Wänden Fotos von Geburtstagen. Die Namen der diensthabenden Pfleger klingen polnisch, spanisch und nordafrikanisch. »Herbst« steht auf der Jahreszeitenuhr. An der Wand neben Filmplakaten von *Casablanca* und *Feuerzangenbowle* ist ein »Erlebnisparcours der Sinne« angeschraubt: Spülschwämme, Äste, Kacheln, die man anfassen darf, um den Tastsinn anzusprechen. Demenzstationen und Kindertagesstätten haben viel gemeinsam, mit dem Unterschied, dass die Kleinen eine Perspektive haben.

Jede Woche gibt es einen Erzählsalon, wo die Verbliebenen sich an die Verstorbenen erinnern sollen, in Anekdoten. Das ist gut fürs Gedächtnis, so wie die Biografie-Arbeit: Wer bin ich? Wer war ich? Wen kenne ich noch? Die Attraktion des Flures ist das Hochzeitskleid in der Vitrine, dazu die »25« aus silberner und eine »50« aus goldener Pappe. Eine Gedächtnishilfe, die offenbar starke Emotionen weckt.

Massive Einschlafschwierigkeiten, trotz des Rotweins. Soll ich die Schwester kommen lassen, mit einer Schlafpille? Ich traue mich nicht. Man will ja nicht zur Last fallen.

- **Kosten**: Ab ca. 3600 Euro für zwei Zimmer allein bewohnt, einschl. Nebenkosten, Essen, Teilnahme an Veranstaltungen, wöchentliche Wohnungsreinigung, weitere Dienstleistungen. *
- **Aufwand**: Umzug.
- **Risiken**: Es geht viel um Status und Rollentheater, eher weniger um alltägliche Bedürfnisse wie Nähe und Wärme. Gefahr gemeinsamer Einsamkeit. **
- **Privatsphäre**: Eigene Wohnung. *****
- **Bequemlichkeit**: Entspricht einem Luxushotel. *****
- **Gesamtbewertung**: **

Kontaktdaten:
Tertianum Residenz Berlin, Passauer Straße 5–7,
10789 Berlin. Telefon: +49 30 21 99 20.
E-Mail: info@berlin.tertianum.de.
Website: www.tertianum-berlin.de.

»Auf dem Weg«

Im Ökodorf Sieben Linden werden erste Erfahrungen mit dem Altern gesam-melt. Es gibt keine fertigen Konzepte, aber ein tiefes Vertrauen in die Kraft der Gemeinschaft. Die Senioren sind zuversichtlich.

Der Plan klingt bekannt. Eine Eigentumswohnung kaufen, einrichten, aus dem Fenster schauen und sich fest vornehmen: »Hier wirst du alt.« Als Hanne Kaiser-Gottwald dann in ihren eigenen vier Wänden saß, beschlich sie plötzlich dieses Gefühl, dass eine eigene Immobilie vielleicht doch nicht ausreicht, um glücklich zu altern.

Heute wohnt Hanne Kaiser-Gottwald in einer WG, ihr Zimmer hat 16 Quadratmeter, die Menge ihrer Besitztümer empfindet die aparte Dame mit dem langen grauen Haar »noch immer als zu viel«. Die Menge ihrer Zufriedenheit hat freilich immens zugenommen. Das komplexe soziale Gefüge im Ökodorf Sieben Linden, die vielen neuen Menschen, die Balance zwischen individuellen Bedürfnissen und den Anforderungen der Gemeinschaft, die tägliche Spannung – dieses Mixtum aus Abenteuer und Geerdetsein empfindet die frühere Buchhalterin als Geschenk. Nein, im Ökodorf gibt es kein fertiges Seniorenkonzept, eigentlich Grund genug für die Lieblingsbeschäftigung des deutschen Ruheständlers: Zukunftssorge. Gleichwohl macht Hanne Kaiser-Gottwald nicht den Eindruck, als ob sie sich vor der Zukunft fürchte. »Wir werden hier Lösungen finden«, da ist sie sicher.

Das Ökodorf Sieben Linden ist ein einzigartiges gesellschaftliches Experiment. In der Altmark, einem einsamen Landstrich in Sachsen-Anhalt, haben sich kurz nach dem Mauerfall Menschen zusammengefunden, die anders leben wollen: ökologisch, nachhaltig, basisdemokratisch, im Einklang mit den Jahreszeiten, hierarchiearm und in Holz-Lehm-Häusern. Was als Freak-Projekt in ein paar Bauwagen begann, hat sich zu einem ambitionierten Pilotprojekt entwickelt, einem Reallabor für ein Zusammenleben jenseits der Hochgeschwindigkeitswelt in den Städten. Hier haben sich Radikale und Pragmatiker, Esoteriker und Allergiker, alte Bhagwan-Jünger und einheitsenttäuschte Ost-Idealisten zusammengerauft, um ein neues Miteinander zu probieren. Ursprünglich sollte sogar der Privatbesitz abgeschafft werden, aber das funktionierte nicht. Heute zahlen die Dörfler sieben Euro am Tag für Essen, Duschen, Waschen. Selbstversorgung ist für die meisten Menschen hier das Ziel, materielle Bescheidenheit keine Qual, sondern akzeptierte Grundlage des Miteinanders.

Großstadtzyniker finden in Sieben Linden unendlich viele Anlässe zum Spott, ob Bäume-Umarmen, Verweigern von Impfungen oder Rohkost-Ideologie. Hier gelten Handys als notwendiges Übel, die Menschen sind stolz auf ihre Trocken-Trenn-Toilette und die zertifizierte Kompostieranlage. Die Glatzen aus der Nachbarschaft bleiben skeptisch, die Politik kapiert dagegen langsam, dass Sieben Linden womöglich ein attraktiverer Standortfaktor ist als die Ruinen der Solarindustrie. Die Bewohner betrachten sich als soziale Innovatoren, die dem wachsenden Bedürfnis der Menschen nach Entschleunigung und Miteinander, nach Mitbestimmung und sinnhaftem Leben entgegenkommen. Und weil die Revolutionäre von einst so langsam der Rente entgegensehen, wird sich Sieben Linden sehr bald auch um praktische Fragen des Alterns kümmern müssen. Zwar ist das Dorf mit seinen 140 Bewohnern, davon 40 Kinder, demografisch sehr viel jünger als der deutsche Durchschnitt. Aber der Umgang mit dem Altern muss dennoch gelernt werden: Drei Bewohner sind bereits verstorben, ein Pflegefall ist zu betreuen. Und in der WG von Hanne Kaiser-Gottwald sind alle über 60.

Das Interesse älterer Kandidaten wächst. Von den 50 bis 100 Besuchern, die zur sonntäglichen Führung anreisen, ist der überwiegende Teil 50plus und steckt in Goretex. Die Hürden klingen für Neulinge erst einmal abschreckend: Da sind das Probejahr, die Kennenlern-Rituale, die Aussicht, die erste Zeit womöglich in einem zugigen Bauwagen zubringen zu müssen. Wer in Sieben Linden ankommen will, muss sich vom All-inclusive-Denken verabschieden.

Warum eignet sich Sieben Linden dennoch zum glücklichen Altern? Weil das Dorf, eine Mischung aus Hobbit-Siedlung und mittelalterlichem Weiler, viele Bedingungen erfüllt, die ruhiges Reifen ermöglichen. Die Menschen kümmern sich umeinander. Sie leben in einem überschaubaren Kosmos, haben sich achtsame Kommunikation verordnet und üben sich in bescheidenem Leben. Auch wenn es weder Pflegestation noch täglichen Seniorentanz gibt, werden die Bedürfnisse älterer Menschen hier nahezu automatisch berücksichtigt. Die Weltsicht der Ökodörfler entspricht oftmals dem Rentnerblick – behutsam, langsam, rücksichtsvoll.

»Mir geht es wirklich gut«, sagt Monika Würfel, die wegen mehrerer gesundheitlicher Probleme die Tage und Nächte dauerhaft in ihrem Pflegebett zubringt. Gemessen an den Regelwerken der deutschen Betreuungsbürokratie könnte man Monika Würfel bemitleiden. Ihr Zimmer ist klein und vollgestellt, es könnte mal wieder feucht durchgewischt werden, die Gerätschaften um sie herum sind improvisierte Basteleien ihres Sohnes. Über ihrem Kopf, dort wo sonst der Galgen zum Hochziehen baumelt, schwebt eine runde Holzplatte mit Wetterstation, Sprachsteuerung und TV-Senderliste. Der Halter fürs Telefon ist selbstgedrechselt. Das Faszinierende: Was nach Bastelstunde aussieht, erfüllt seinen Zweck besser als manches sündteure und durchnormierte Industrieprodukt.

Sohn Michael, Jahrgang 1972, ist ein angenehm pragmatischer Öko. »Es muss praktisch sein und funktionieren«, sagt er. Die bedarfsgerechte Pflegestation hat er ohne DIN-Normen, dafür nach den Bedürfnissen seiner Mutter gebaut. Michael Würfel hat mal Zimmermann gelernt, wie es sich für einen ordentlichen deutschen Grünen gehört. Gleich nach der Wende, er hatte noch nicht mal das Abitur, war er zum ersten

Mal in Sieben Linden. Seitdem hat ihn das Projekt nicht mehr losgelassen. Nach einigen Abenteuern in Pflegeheimen hat er entschieden, die Mutter aus dem Allgäu in die Altmark zu verfrachten. Die sozialen Kontakte in die alte Heimat lösen sich zwar langsam auf, dafür hat sich das Ökodorf als Mikrokosmos bewährt, der auch einen schweren Pflegefall menschenwürdig aufnimmt. Das Heimweh lindert ein Abo der *Allgäuer Zeitung*, mit Lokalteil Füssen.

Im Gegensatz zur Pflegeindustrie sind die Tarife im Ökodorf überschaubar: 160 Euro Miete fürs Zimmer, 200 Euro fürs Essen, dazu die Pflegekosten. Mit ihrer Rente von unter 2000 Euro kommt Monika Würfel bestens aus, sagt sie. So preiswert und gleichzeitig angenehm versorgt kein Pflegekonzern seine Kunden. Michael Würfel teilt sich die Pflege mit zwei Betreuern aus dem Dorf, einer davon ein Lateinlehrer, der in Berlin arbeitet, und einem externen Dienst.

Wie so häufig bei familiärer Pflege schwelen auch bei den Würfels ewige Konflikte. »Ich bin ja in zwei Rollen hier«, erklärt Michael, »einmal als empathischer Sohn, einmal als pragmatischer Pfleger.« Bisweilen fühlt Monika sich unverstanden oder bevormundet. Diese Spannungen lassen sich nicht lösen, die beiden können sich allenfalls so arrangieren, dass die täglichen Reibereien nicht an Dramatik gewinnen, sondern sich beilegen lassen, am besten mit einem Lachen.

Der Nachweis, dass das Ökodorf auch für Pflegefälle funktionieren kann, ist erstmals erbracht: Monika Würfel geht es besser, die Einsamkeitsdepression hat sich deutlich abgemildert, der quälende Alltag im Pflegeheim erscheint inzwischen wie ein böser Traum. Zugleich hat die gelernte Krankenschwester ihre Ansprüche angepasst: Sie liest viel, sie schaut aus dem großen Fenster ins Grün, sie freut sich, wenn die Vögel Sonnenblumenkerne aus dem kleinen Silo picken, der auf der Terrasse vom Balken baumelt. Scheint die Sonne, wuchtet Michael seine Mutter in den Rollstuhl, manchmal kommen die Kleinen aus der Kita vorbei, danach ist wieder Ruhe. »Ich kann gut allein sein«, sagt Monika Würfel. An der Wand gegenüber hängen die Fotos ihres Lebens: die beiden Söhne, sie selbst als junges Mädchen, die lange in Kanada arbeitete und lebte, Michael am Grand Canyon. Im Notfall kommt Jürgen vorbei, ein Arzt, der ein paar Häuser weiter wohnt. Und für die tägliche Hilfe findet sich immer ein Dörfler, der rasch mal anfasst. Auch wenn es keinerlei Regeln oder Konzepte für schwere Pflegefälle gibt, bewährt sich das Prinzip Sieben Linden mit seinen Gesprächskreisen und Gruppentreffen, bei denen Probleme zügig angesprochen werden.

»Dabei bin ich gar kein Öko«, sagt Monika Würfel entschuldigend. Dafür war in ihrem anstrengenden Leben keine Zeit. Mit 20 Jahren wurde sie von ihren Eltern in ein Heim für schwer erziehbare Mädchen gesteckt, weil sie im Berlin der Viermächtezeit mit einem GI angebandelt hatte. Es muss wie im Knast gewesen sein. Endlich wieder in Freiheit erfüllte sie sich einen Traum und fuhr mit dem Zug nach Rom, wo sie einen Mann kennenlernte, der sie nach Kanada mitnahm. Ihre beiden Söhne hat sie dann allein erzogen: Arbeit und die Jungs, das waren ihre Lebensinhalte. Nun, mit kaum 70, ist der Körper verschlissen. Monika Würfel braucht allerdings nicht nur Schulmedizin, sondern das Gefühl von Geborgenheit.

Die alternative Sicht aufs Leben hat Michael mitgebracht. Früher fürchtete die Mutter, dass ihr Sohn in eine Sekte abgedriftet sei. Inzwischen akzeptiert sie, dass er nicht den ewigen Müttertraum erfüllt hat und Jurist oder wenigstens Architekt geworden ist. Stattdessen studierte Michael Würfel Dokumentarfilm in Babelsberg und hat sich als Autor einen Namen gemacht für alle Themen rund um alternatives Zusammenleben. *Dorf ohne Kirche* heißt sein Buch über Sieben Linden, das die Entwicklung der Ökokommune ohne viel Romantik nachzeichnet.

Wie andere Projekte, seien es die Gemeinschaft Schloss Tempelhof oder die Kommune Niederkaufungen, hat auch Sieben Linden eine Reihe bisweilen schmerzhafter Lernprozesse hinter sich. Am Anfang standen die Radikalen, die am liebsten komplett autark gelebt hätten, ohne Geld, ohne Besitz, ohne Konventionen. Viele Prozesse später haben sich kommunitaristische Träume und Realität angenähert. Vielfalt gilt inzwischen als Wert, Hardcore-Veganer und Fleischesser haben Wege gefunden, nicht aus jedem Wurstbrötchen eine Grundsatzdebatte zu machen. Manche Menschen wohnen fast ausschließlich im Dorf, andere arbeiten ganz konventionell als Arzt oder Lehrer. Esoteriker in Tibet- oder Indio-Kostümen leben hier ebenso wie Eltern, die sich einfach nur ein naturnahes Aufwachsen ihrer Kinder wünschen und mit Religion nicht viel anfangen können. In Seminaren wird bioenergetisches Tanzen angeboten oder eine Einführung in das Konzept der »deep democracy«.

Inzwischen kommen täglich Gäste, um das alternative Leben zu beobachten oder einen Workshop zu besuchen. Sieben Linden fühlt sich bisweilen wie ein Museumsdorf an. Von Dogmatismus ist nicht allzu viel zu spüren für diejenigen, die keine grundsätzlichen Bedenken gegen gesellschaftliche Innovationsversuche hegen. Zusammenhalt schafft der gemeinsame Wunsch, möglichst wenig Schaden anzurichten auf dem Planeten, der ja nur geliehen ist, wie jeder Öko weiß. Gemeinsam bauen die Dörfler Häuser aus Stroh und Lehm, sie sind stolz, wenn die Verbrauchszahlen für Energie gesunken sind, sie stehen zum Prinzip der Komposttoilette und sehen mit Freude, dass der Obstbauer im Dorf eine weitere historische Apfelsorte aufgetrieben hat. In gut zwanzig Jahren hat das Ökodorf Sieben Linden eine Entwicklung vom Spinnerhaufen zum Expertenpool durchgemacht. Die Firma Raw Living versendet erfolgreich Weizengraspulver, Chia-Samen und allerlei andere Rohkostköstlichkeiten an die wachsende Zahl von Veganern. Das Dorf wird von UNESCO und EU gefördert, als Pilotprojekt für soziale und ökologische Transformation.

»Wir sind auf einem Weg« – so lautet das Mantra in Sieben Linden, wo die Kinder im Februar barfuß und in kurzen Hosen herumrennen. Das Vertrauen in die eigene Lösungskompetenz ist immens. Selbst die zu Altersskepsis neigenden Senioren in

Sieben Linden haben bislang keine Fluchtszenarien geplant. Denn die Erfahrungen sind beruhigend: Von den drei verstorbenen Dörflern musste keiner ins Pflegeheim, es gilt, wie für andere moderne Seniorensitze auch: Wenn die Gemeinschaft funktioniert, wird der staatliche Betreuungsapparat nahezu automatisch auf eine erträgliche Mindestgröße reduziert.

Von den Senioren wird allerdings auch ein Lernprozess erwartet. Wer jahrelang allein gelebt hat, wer sich daran gewöhnt hat, seine individuellen Bedürfnisse zum alleinigen Maß des Lebens zu machen, der wird im Ökodorf kaum glücklich. »Kompromisse machen«, das sei die Kunst, die hier zu kultivieren sei, sagt Hanne Kaiser-Gottwald. Sie hat damals, beim Auszug aus der Eigentumswohnung, viele ihrer Besitztümer verschenkt. Sie hat die Wende zum Weniger gelernt, die ihr aber nicht wie Verzicht vorkommt. Das Wechselspiel von Festhalten und Loslassen, der Widerstreit von Ich und Wir, das Miteinander von Öffnen und Abgrenzen empfindet sie nicht als Last, sondern als wertvollen Wachstumsprozess. Als Luxus erlebt sie das stundenlange Buddeln im Garten rund um das Holz-Lehm-Haus namens »Libelle«, die Ausfahrten mit ihrem Elektrodreirad, das ihr ein relatives Easy-Rider-Feeling gibt, die Zeit, sich mit ihren Mitbewohnern auszutauschen. Manche Dörfler sind monatelang verschwunden, weil sie in der »richtigen Welt« zu tun haben, andere kehren nach Jahren der Ökodorf-Abstinenz zurück, weil sie Sieben Linden als ihr wahres Zuhause entdeckt haben. »Immer Bewegung«, sagt Hanne Kaiser-Gottwald.

Ob sie eines Tages ins Heim geht oder mit ihrer Skoliose, die ihre Lungenfunktion spürbar einschränkt, doch im Dorf leben kann, das weiß sie nicht. Aber Hanne Kaiser-Gottwald hat das gute Gefühl, bei den Entscheidungen mitwirken zu können. Demokratische Mehrheiten erarbeiten und gleichzeitig die Sichtweise anderer kennenzulernen, das empfindet sie als bereichernde Aufgabe. Zumal ihre Fähigkeiten als Buchhalterin im Dorf hochgeschätzt sind. Derzeit überlegt sie mit einer Arbeitsgruppe, wie das leidige Thema einer fairen

Bezahlung für Gemeinschaftsarbeit neu zu regeln sei. Altersweisheit ohne eigenes ökonomisches Interesse bildet eine ideale Voraussetzung für allseits akzeptierte Lösungsvorschläge. »Keiner weiß, wie es endet«, sagt Hanne Kaiser-Gottwald, »aber wir wissen, dass wir auf einem gemeinsamen Weg sind, der uns zusammenhält.«

- **Kosten**: 700 bis 1000 Euro (Miete, Nebenkosten, Essen, Infrastruktur etc.). Einmalig Siedlungsgenossenschaftseinlage von 12300 Euro, Wohnungsgenossenschaftseinlage von mind. 6000 Euro und Eintrittsgeld von 1500 Euro. ****
- **Aufwand**: Der Umzug nach Sieben Linden erfordert den Abschied von Gewohnheiten und womöglich eine Wartezeit.
- **Risiken**: Das dörfliche Leben mit seinen Regeln ist gewöhnungsbedürftig. Ein paar Jahre des Annäherns und Eingewöhnens sind nötig. Einordnen will geübt sein. **
- **Privatsphäre**: Zwar wird Engagement für die Gemeinschaft erwartet, zugleich gibt es allerlei Rückzugsräume. ***
- **Bequemlichkeit**: Anpacken ist Pflicht, Rundumservice wird nicht geboten – ein Ökodorf ist keine Luxuskreuzfahrt. **
- **Gesamtbewertung**: Wer mit dem weltanschaulichen Ansatz im Dorf zurechtkommt, kann hier durchaus seinen Frieden finden. Anpassung ist unverzichtbar. ****

Kontaktdaten:
Freundeskreis Ökodorf e. V., Sieben Linden 1, 38489 Beetzendorf OT Poppau.
Telefon: +49 39 00 05 12 35. E-Mail: info@siebenlinden.de.
Website: www.siebenlinden.de.

97

Erfahrungen eines Pflegepraktikanten

Wie geht es wirklich zu in einer ganz normalen Pflegeeinrichtung, wo Alte aus der Nachbarschaft, Sozialfälle, chronisch Kranke und ziemlich Fitte zusammenleben? Das Protokoll einer Frühschicht aus dem Senioren-Domizil Prenzlauer Berg, mitten in Berlin.

6:18 Uhr

Ich bin ein Kollegenschwein. Die Schicht hat vor 18 Minuten begonnen, und ich hechele aus den nassgeregneten Klamotten: »S-Bahn vor der Nase weggefahren.« Christian lächelt milde. Er hasst Zuspätkommen, aber mit seinem Pflegepraktikanten ist er gnädig. Die Kollegen haben sich bereits auf die erste Runde gemacht. Jede Minute zählt. Pflegeheim funktioniert wie Lufthansa-Flugplan: Eine einzige Verspätung löst einen verheerenden Dominoeffekt aus.

Christian, 45, ist geprüfter Pfleger, ein freundlicher, reflektierter Mensch, der seit seinem Schlaganfall weiß, wie es ist, auf andere Menschen angewiesen zu sein. Christian idealisiert nicht, er dramatisiert nicht, er macht seine Arbeit, so gut er kann. Seine Einführung ist erschreckend klar: richtig anfassen, keine Hetze, nichts aufschieben, Gefühle im Griff behalten. Wie im normalen Leben also. Klappt bestimmt.

Ich habe schon viel mitgemacht: Klettern im Himalaya, die drei letzten Kanzler interviewt, Drogenkuriere im Knast in Bangkok besucht, eine Familie gegründet, den Bhagwan gesehen, zwei Jahre Elternvertreter, mich von Uli Hoeneß anpfeifen lassen. Vor einem Abenteuer aber habe ich mich 50 Jahre lang gedrückt: Pflegeheim. Die Besuche bei meiner Mutter waren deprimierend genug. Pflege, das hätte ich gern übersprungen.

Mir ist unwohl. Ich fürchte mich vor dem Verfall, dem

Leid, der Depression, den Ausscheidungen fremder Menschen und meinen eigenen Empfindungen.

Nichts da: Ich will meine Zukunft kennenlernen. Also hinein in die Realität des Vierten Alters: Im Senioren-Domizil Prenzlauer Berg schiebe ich als Praktikant eine Frühschicht, von 6 bis 15 Uhr.

6:29 Uhr

Erste Runde. »Guten Morgen, Herr Schuster.« Ein Männchen von vielleicht 45 Kilogramm dreht sich Richtung Tür. Herr Schuster lacht, das Sprechen hat er weitgehend eingestellt. Im Nachbarbett liegt Herr Weber, in einer Wolke aus Spirituosendunst. Er grummelt vor sich hin, seit Jahren schon. Zwei alte Männer verdämmern auf weniger als 20 Quadratmetern ihr Restleben. Keine Sentimentalitäten jetzt – Gefühle kontrollieren.

»Erst mal Tetris«, sagt Christian fröhlich und schiebt Betten, Beistelltische und Stühle blitzschnell hin und her, damit wir zu beiden Seiten von Herrn Schusters Bett Platz finden. Herr Schuster freut sich offenbar auf die Morgentoilette. Viele Zähne hat er nicht mehr, die Lippen sind nach innen gefallen, wie bei Methusalix, dem anarchischen Opa aus dem kleinen gallischen Dorf.

Christian wirft einen Blick auf den Urinbeutel, der an der Seite des Betts baumelt. Ich fürchte, der Schlauch führt unter der Bettdecke exakt dorthin, wo ich bestimmt nicht hingucken möchte. »Er hat noch gar nicht gemacht«, meldet Herr Weber. Aha. Gegenseitige Pullerkontrolle plus Petzen.

Als Pfleger entwickelt man schnell ein funktionelles Verhältnis zu Sonden, Kathetern und saugfähigen Unterlagen. Vom Infektionsrisiko her ist es zum Beispiel deutlich gesünder, die Blase durch ein Loch in der Bauchdecke anzuzapfen, statt einen Schlauch durch die Harnröhre zu pressen. »Sonst sind Piercings doch auch kein Problem«, sagt Christian grinsend.

Christian hat eine rote Spielzeugbadewanne mit warmem Seifenwasser gefüllt. Wir ziehen Gummihandschuhe über und

99

bearbeiten mit dem Waschlappen je eine Körperseite: Füße, Waden, Oberschenkel ... Christian schlägt die Decke ganz zurück. Der Schlauch führt exakt dorthin, wo ich nicht hingucken wollte, aber nun den Blick nicht abwenden kann. Ich fühle mich wie ein Unfallspanner auf der Autobahn ... Becken, Bauch, Oberkörper, Arme.

»Die Fingernägel müssen mal wieder«, stellt Christian fest. Um die Fingernägel kümmert sich eine Kollegin. Jeder Pfleger hat seine Spezialgebiete. Die eine kann keine Fäkalien sehen, der andere hat Probleme mit Nackten (Nackte übrigens auch mit Pflegern), einige sind besonders einfühlsame Sterbebegleiter, manche geduldige Essensverabreicher, wenige haben die Gelassenheit, sich von garstigen Kandidaten beschimpfen zu lassen.

Herr Schuster gehört zur Kategorie der angenehmen Bewohner. Vorwiegend grunzt er wohlig und lächelt. Er ist Jahrgang 1926, hat den Krieg mitgemacht, in der DDR lange in der Verwaltung gearbeitet und starrt nun überwiegend an die Decke. Müßig, definieren zu wollen, ob er im Wachkoma liegt, dement ist, altersschwach oder eine Art von Locked-in-Syndrom hat. Herr Schuster lebt. Er lächelt, und er muss jeden Morgen gewaschen und gewickelt werden.

»Was bekommt er noch mit?«, frage ich später. Christian lehnt die Frage ab. »Mehr als wir glauben, weniger als wir glauben – wir wissen es nicht. Zeitverschwendung, darüber nachzudenken. Was hilft es denn, wenn wir vermuten, dass es 20, 50 oder 70 Prozent sind?«

Gefühlskontrolle. Herr Schuster ist nicht zu retten aus seinem Gefängnis, aber wir können sein Dasein einigermaßen würdevoll gestalten; den Mann einfach noch ein paar Tage mitnehmen, da sein, anfassen. »Basale Stimulation«, heißt das, was wir gerade machen. Das Waschen, Umdrehen, jede Berührung gibt Herrn Schuster einen Reiz, der ihm guttut. Lektion gelernt: Der Laie fürchtet, den alten Menschen werde in der Pflege zu wenig Aufmerksamkeit zuteil. Der Profi bewertet jede Handreichung als Gewinn.

Christian prüft die Windel. Leer. Verdauungsprobleme hat so ziemlich jeder Bewohner. Eine Woche lang nicht abführen, das bedeutet eine Qual für alle Beteiligten. Aus Kissen bauen wir eine Brücke, um Druckstellen am Rücken zu vermeiden. Das Wundliegen, der Dekubitus, ist eines der größten Probleme im Pflegealltag. »Wie eine Blase an der Hand vom Schippen«, erklärt Christian.

Herr Schuster genießt. Er hat sich offenbar daran gewöhnt, dass andere Menschen sich um seine Ausscheidungen und Entzündungen kümmern. Der Schlauch führt übrigens 25 Zentimeter tief in die Harnröhre, bis hinter die Prostata, erklärt Christian, der meinen ebenso faszinierten wie erschrockenen Blick bemerkt hat.

Aus dem Nachbarbett klingt trockenes Gemurmel. Hoffentlich müssen wir Herrn Weber nicht auch basal stimulieren. Als wolle er sogar im Schlaf noch schlechte Laune verbreiten, schnarcht Herr Weber wie ein Sägewerk. Der ultimative Überlebenstrick für Mehrbettzimmer bestehe darin, als Erster einzuschlafen, weiß der Opern-Intendant Jürgen Flimm. Seit er nach einem Schlaganfall vorübergehend Pflegefall war, hat der Kulturschaffende gelernt, dass Tage in der Pflege weniger von großen Gefühlen als von kleinen Überlebensstrategien bestimmt werden. Stundenlang wachliegen und aufsteigenden Zorn auf den Mitbewohner zu spüren, das sei verheerend, sagt Flimm. Das Problem: Im Mehrbettzimmer schläft immer nur einer als Erster.

Die Pfleger im Senioren-Domizil Prenzlauer Berg stehen vor dem Problem, sehr verschiedene Charaktere möglichst sozialverträglich zu kombinieren. Herr Weber und Herr Schuster repräsentieren die beiden Pole der Seniorenlaune: den Altersmilden und den Grantler. Nur im arithmetischen Mittel ergibt sich daraus ein emotional halbwegs ausgeglichenes Zimmer.

Herr Schuster ist das nette Gesicht der Altenpflege, offenkundig dankbar für jede Aufmerksamkeit. Er greift in die Sprossen, um uns beim Wenden zu helfen und ganz nebenbei zu zeigen, wie fit er noch ist. Christian fordert mich auf, mit Herrn Schuster Armdrücken zu spielen. Kräftiger Griff. »Na, Sie können aber noch zupacken«, sage ich mit gespielter Anerkennung. Christian wird mir später erklären, dass ich solche Komplimente nur verteilen soll, wenn ich sie ernst meine. Mitleid sei eine besonders perfide Form der Altersdiskriminierung, Respekt und Ehrlichkeit wiederum der einzige Weg, den Pflegealltag zu bestehen.

Herr Weber ist das schlechtlaunige Gesicht der Altenpflege. Wie begegnet man einem notorisch Mauligen mit Respekt? »Na, gehen die Vorräte zu Ende?«, fragt Christian und deutet auf die Weinflaschen neben dem Bett von Herrn Weber. Der Mann nickt. Zum Monatsende wird das Taschengeld knapp, der tägliche Pegel aber will gehalten werden. Herr Weber guckt stumm auf den Flachbildschirm. Im *ZDF-Morgenmagazin* laufen die Fußballmeldungen. Christian schiebt die Möbel an ihren Platz zurück und gibt Herrn Schuster seinen Elektrorasierer. Mit dem Kampf gegen die Stoppeln ist der Mann den halben Vormittag beschäftigt.

Eine Viertelstunde Pflege, zwei Schicksale, der Kopf bereits gefüllt mit Emotionsdurcheinander. Und das war erst der Anfang.

8:49 Uhr

Erster eigenständiger Einsatz: Füttern von Frau Pagel. Sie gilt als ziemlich garstig. Die Pfleger lachen, wenn sie wieder mal »alte Fotze« ruft.

Theoretisch soll man ja alle Menschen halbwegs mögen, sagt der Humanist. Manche Senioren machen ihren Betreuern die Zuneigung ziemlich schwer. Wer pöbelt, wird einsam werden. Wer seine Familie ein halbes Leben lang verprügelt hat, wird auch im Pflegeheim kein Kuscheltier. Respekt erweisen ist eine harte Pflegeaufgabe.

Heute ist Frau Pagel ruhig. Sie mag den Joghurt, den ich ihr Löffel für Löffel in den Mund schiebe. Nur die Pille drückt sie mit der Zungenspitze immer wieder zurück auf den Löffel,

102

egal wie viel Joghurt ich darüberdecke. »Na, wir wollen doch unsere Medizin nehmen«, sage ich. Eigentlich will ich nur die Pille in ihrem zahnlosen Mund unterbringen. Frau Pagel guckt abwehrend. Faszinierend, wie eindeutig sich Missfallen und Zustimmung auch bei einem unbekannten Menschen lesen lassen, ganz ohne Worte.

Christian reicht mir das Glas mit Orangensaft. Frau Pagel saugt kräftig am Strohhalm. Süß geht immer. Wieder trojanischer Joghurt mit der Pille darin. Schnell den Löffel an der Oberlippe abgestreift und den Orangensaft hinterher. Geschafft. Jetzt Marmeladenbrot. »Ja, das schmeckt uns aber«, sage ich, glücklich, dass sie widerstandslos das rindenlose Brotstück lutscht. »Orale Stimulation« heißt diese Dienstleistung.

8:59 Uhr
Schnelle Hof-Zigarette im Nieselregen. Rauchen im Dienstleistungsgewerbe bedeutet rituelle Pausen. Ich erwarte Lob für meinen geduldigen Frühstückseinsatz bei Frau Pagel »Füttern kostet echt Nerven«, sage ich. Christian guckt milde kritisch. »Füttern«, sagt er, »füttern gehört in den Zoo.« Ich verstehe nicht gleich. Christian hilft. »Die Begriffe bestimmen dein Handeln«, erklärt er. »Wenn wir Worte aus der Säuglingssprache oder aus dem Stall gebrauchen, dann betrachten wir die Menschen irgendwann auch als Babys oder Tiere.« Tatsache. Ohne viel darüber nachzudenken, bin ich in die Dutzi-Dutzi-Falle getappt: »Schnäbelchen auf, noch ein Löffelchen für Vati, so ist fein!«

Untrügliches Indiz ist das »Pflege-Wir« – ein wunderbarer Begriff für eine Haltung, die Kümmern vorgibt, aber Verachtung meint. Der Klassiker: Tür auf, kurzer Gruß, dann die Frage des Tages: »Wie geht's uns denn heute?« Und: »Jetzt wollen wir mal Zähne putzen.«

Viele Pflegefälle sind hilflos, als Betreuer gleitet man unbewusst in die Rolle des Überlegenen. Wie aber sprechen wir unsere Pflegefälle respektvoll an? Haben wir es mit Kunden zu tun, mit Patienten, mit Hilflosen? Christian hat sich für den Begriff »Bewohner« entschieden. Das klingt ebenso neutral wie respektvoll. »Wir reichen den Bewohnern das Essen«, das klingt würdevoller als »Wir füttern den alten Zausel.« Ich werde das Pflege-Wir aus meinem Sprachschatz tilgen. Der Vorsatz hält allerdings nicht mal bis zum Mittag. »Immer wachsam sein«, sagt Christian. Ich bin müde.

9:05 Uhr

Pause. Sechs Pflegekräfte und ich drängeln sich um einen kleinen, runden Resopaltisch. Es ist eng wie in einem U-Boot. Ein Ruheraum, um mal fünf Minuten abzuschalten? Kein Platz. Eine Zigarette auf dem Hof ist Pause genug. Es gibt Stullen, Pulverkaffee, ein paar Kekse, die eine Kollegin für alle mitgebracht hat. Schweigen. Kleine Kommentare zum Tag, eher entspannt heute.

Keiner von ihnen wollte Altenpfleger werden. Dieser Beruf ist ein klassischer zweiter Anlauf, wenn es mit dem ersten Job nicht lief, wenn Arbeitslosigkeit drohte oder Perspektiven fehlten. »Ich kratze doch alten Knackern nicht die Scheiße aus dem Hintern«, lautet die klassische Reaktion vieler Menschen. Sie alle kennen diesen Spruch. Aber warum eigentlich nicht? Wer Kinder aufgezogen hat, ist im Umgang mit Exkrementen halbwegs abgehärtet, auch wenn die Kruste manchmal den halben Rücken hoch klebt. Der Kot steht womöglich für ein anderes Problem. Pflege heißt Konfrontation mit sich selbst, mit tief sitzenden Ängsten, mit der Furcht vor Verfall und Autonomieverlust. Wer pflegt, braucht starke Nerven oder intensive eigene Erfahrungen.

Christian war 34, als ihn der Schlag traf. Bis dahin führte er eine kleine Firma. Nach dem Schlaganfall war alles anders. Er kam zwar wieder halbwegs auf die Beine, aber der alte Schwung war weg. Selbstmitleid, Hartz IV, schleichende Verwahrlosung. Mit 38 stand Christian an einer großen Gabelung seines Lebens: Tankstellenschnaps und Opfersein auf Staatskosten oder noch mal Attacke.

Christian erhob sich zum Angriff. Drei Jahre Ausbildung, wovon das Arbeitsamt nur zwei bezahlt. Mag der Staat den Pflegenotstand erkennen, so gibt es doch wenig Anzeichen dafür, dass dieses Problem auch konsequent angegangen wird. Stattdessen werden Arbeitssuchende in Schnellkursen zu Pflegehelfern ausgebildet, 200-Stunden-Kurse für 500 bis 2000 Euro, die das Arbeitsamt bezahlt.

Allein das Durchstehen der schlecht bezahlten Lehrzeit zum staatlich geprüften Altenhelfer ist eine gewaltige Prüfung, von Anerkennungskultur keine Spur. Christian hat durchgehalten. Und er ist angekommen in seiner neuen Arbeit. Er nimmt seine Aufgabe ernst, kein bisschen berufsbedingter Zynismus, der viele andere Branchen beherrscht.

Die Arbeitszeiten sind berechenbar, das Senioren-Domizil Prenzlauer Berg gilt als angenehme Arbeitsstätte, die Kollegen sind okay, der Lohn ist nicht üppig, kommt aber pünktlich. Im allerbesten Fall verdient ein Altenpfleger 2500 Euro brutto, oft sind es weniger als 2000, womit Fernreisen, Auto, Flachbildschirm zum schwer erreichbaren Luxus gehören. Immerhin: Die Nachfrage nach examinierten Altenpflegern wie Christian ist immens, innerhalb von 24 Stunden hätte jeder am Tisch einen neuen Job. Die Fluktuation ist zugleich beträchtlich: Zwei von drei Pflegern möchten nicht in dem Haus wohnen, in dem sie selbst arbeiten, ergab eine Umfrage des Medizinischen Dienstes der Krankenkassen.

»Arme Sau« – so hören sie es immer wieder von Bekannten. Kann man so sehen. Andererseits haben Deutschlands Pflegekräfte dem Rest der Bevölkerung ein paar Erkenntnisse voraus: Wer pflegt, der weiß, was im Dritten und Vierten Alter möglich ist und was nicht. »Du verlierst viele Ängste«, sagt Christian. Dafür gibt es ein paar neue. Vor der eigenen Familie zum Beispiel, die die Pflegekosten möglichst niedrig halten will, um das spätere Erbe zu erhalten.

9:38 Uhr

Frau Walter sitzt senkrecht im Bett. Sie liest konzentriert, mit einem Bleistift in der Hand. Fast sieht es aus, als lerne sie eine Rolle. Früher war sie Schauspielerin, hat mit Heiner Müller gearbeitet, kennt Claus Peymann, war im Team des Berliner Ensembles, das sie wie alle Schauspieler »Angsambel« nennt. Sie ist eine zierliche, gleichwohl energische Person. Christian beginnt die ersten Worte von Goethes *Osterspaziergang*: »Vom Eise befreit sind Strom und Bäche durch des Frühlings holden belebenden Blick, im Tale grünet Hoffnungsglück ...« Frau Walter fällt ein und bringt das Gedicht nahezu fehlerfrei zu Ende. Stolzer Blick. Bald werde sie wieder auf der Bühne stehen, sagt sie. Jetzt gerade allerdings fühle sie sich etwas schwach. »Tolle Frau«, sagt Christian im Rausgehen. Frau Walter liest weiter.

9:54 Uhr

Verschwörerisch lockt mich Christian in einen leeren Raum, keine Betten, keine Bewohner, stattdessen die Einrichtung eines evangelischen Jugendheims der Achtzigerjahre: Matratze, Kerze, Diskokugel, Leuchtsterne an der Decke, eine Stereoanlage. Der »Snoezel«-Raum wurde in Holland erfunden. Die Idee: Statt immer neuer teurer Gerätschaften und Bespaßungstechnologie brauchen Bewohner eines Pflegeheims eine vertraute, warme Umgebung, ein bisschen Musik, das Bild einer Strandlandschaft an der Wand und ein paar vertraute Menschen um sich. Niederländisch »snoezelen« ist eine Wortschöpfung aus »schnüffeln« und »schlummern«, neudeutsch »chillen«. Hier herrscht kein therapeutischer Überbau, kein wissenschaftliches Konzept, sondern einfach nur Entspanntheit. »Können wir Pfleger auch nutzen«, sagt Christian. Wie oft kommt das vor? Praktisch nie. Keine Zeit.

11:07 Uhr

Aufregung. Die Hygienekontrolle ist erschienen, natürlich unangemeldet. Frau Wiesner-Andersch, die herzlich-resolute Heimleiterin, bleibt entspannt. »Die finden immer was«, weiß sie. Und das sei auch gut so. Überraschende Kontrollen halten ihr Team wach. Diesmal lag ein fettiger Topfdeckel in der Spüle, keine Katastrophe, aber eben doch ein Verstoß. »Abspülen, weitermachen«, sagt die Chefin. Sie ist eine Meisterin des Machbaren, die dem Betreiber des Heims tapfer die Personalkosten darlegt und abtrotzt: 52 Mitarbeiter auf 86 Bewohner, damit liegt ihr Haus über dem gesetzlich geforderten Schnitt. In anderen Heimen dienen täglich andere Leasingkräfte. Pflegeheime sind oft Renditeobjekte, Investitionen aber killen Rendite. Eine eigene Küche wäre toll, sagt die Chefin, aber das Geld für Umbau und Personal ist nicht drin. Also gibt es weiter Eintopf aus der Großküche. Genießbar, man wird nicht krank davon, man kann sogar Bestandteile erkennen, zumindest die Karotte.

Das Essen ist ein variabler Kostenposten, der schnellen Gewinn verspricht. Wer statt der gängigen fünf Euro pro Mensch pro Tag 50 Cent weniger ausgibt, kommt bei 1000 Bewohnern auf ein Plus von 500 Euro am Tag, 15 000 Euro im Monat, 180 000 im Jahr. Da lacht der Investor. Klar, dass Problempatienten nach der Logik des Marktes am wenigsten Personal brauchen, wenn sie ruhig sind. Etwa eine Viertelmillion Demenzkranker wird in Deutschland dauerhaft pharmazeutisch sediert.

11:17 Uhr

Manchmal ist Sterben eine ungerechte Angelegenheit. Denn es geht nicht immer der Reihe nach. Frau Riedel ist 100 Jahre alt, topfit und hat soeben erfahren, dass ihr Enkel an Krebs gestorben ist. Er wurde nicht mal halb so alt wie seine Großmutter, die nun mit ihrer Tochter, 80, im Zimmer sitzt und weint. Christian drückt das Kreuz durch und die Klinke nieder. Er nimmt Frau Riedel wortlos in den Arm; sie hält sich an ihm fest. Frau Riedel ist vor dem Ausbruch des Ersten Weltkriegs geboren, als Kaiser Wilhelm II. noch regierte. Sie war Packerin, hat sich zur Filialleiterin einer Bäckerei hochgerackert und braucht bis heute kaum Hilfe, allenfalls bei den engen Kompressionsstrümpfen. Auf ihrem Tisch stehen Kastanienmännchen. Zum 100. Geburtstag hat der Bundespräsident gratuliert.

Spätestens ab dem 90. Lebensjahr gilt ein Mensch als weise, würdevoll und unantastbar. Niemand käme auf die Idee, diese Super-Senioren als Kostenposten einzuordnen. Doch gesellschaftliche Anerkennung kann Einsamkeit kaum kompensieren. Hohes Alter heißt immer auch: Nahestehende verabschieden sich vorher. Was ist eigentlich brutaler, der eigene Tod oder das eigene Überleben?

11:28 Uhr
Manche Türen bleiben Praktikanten und Auszubildenden verschlossen. Die zum Morphinschrank zum Beispiel. Und die Zimmertüren, hinter denen gestorben wird. Morphin und der nahende Tod gehen häufig Hand in Hand. Dass Opiate abhängig machen, ist bei einem Sterbenden kein Argument.

Selten verläuft das Sterben so, wie wir uns das wünschen: abends ins Bett und morgens nicht mehr aufwachen. Wer in ein Pflegeheim verbracht wird, der weiß, dass es kaum mehr eine Chance gibt, hier lebendig rauszukommen. Ein einziges Mal gelang einer Seniorin die Flucht: Sie hatte sich verliebt, geheiratet und einen unerwarteten Schub an Lebensfreude bekommen. Normalerweise wird hier das Vierte Alter abgewickelt. Sie sind gekommen, um zu bleiben, bis zum Ende. Dass die Alten plötzlich aus dem Fenster springen und sich sagen, »dass sie ja ein andermal und woanders sterben« könnten, so wie der 100-jährige Allan Karlsson aus dem Besteller, das kommt nie vor.

Man merke, wer sich verabschieden wolle, sagt Christian. Das Gesicht verändere sich, die Kommunikation, die Körperspannung. »Kann man nicht erklären, spürt man aber sofort.«

Wie geht das Pflegepersonal mit dem allgegenwärtigen Tod um? Christian sagt von sich, er sei nicht zum Sterbebegleiter geboren. Zwei seiner Kolleginnen aber seien echte Profis, sie setzen sich Tage und Nächte lang daneben, schweigen, lesen vor, halten welke, kühle Hände, sind einfach da.

Gestorben wird immer, man weiß nur nie, wann. Manchmal gibt es zwei Todesfälle die Woche, mal ein halbes Jahr gar keinen. Mal heult die ganze Belegschaft, weil sie einen Menschen über die Jahre ins Herz geschlossen habt, mal wird das Ableben eher erleichtert hingenommen. Es ist wie früher in der Schule: Mit manchen kann man eben besser.

Bisweilen sind Angehörige da und kümmern sich rührend, mal sterben Menschen so einsam, wie sie gelebt haben. Sie haben nichts, nicht mal ein Parfüm. Alles versoffen, verzockt oder nie etwas besessen. Viele haben die letzten Jahre im Heim als gute Zeit empfunden, mit Ordnung, Sicherheit, Gemeinschaft. Manchmal kommt ein Laster, um die Möbel zu holen. Manchmal passt der Nachlass in zwei blaue Müllsäcke, die nicht mal mehr für den Altkleidercontainer taugen.

12:16 Uhr
Zweite Zigarettenpause, immer noch Nieselregen. Die Pflegerinnen und Pfleger haben keinen richtigen Arbeitsplatz, sondern allenfalls Aufenthaltsorte: den Schreibtisch mit den Ordnern, die Küche mit dem runden Tisch, die Raucherecke im Hof, den Flur, die Zimmer. Lässt man die Emotionen mal beiseite, gibt es in diesem Beruf vor allem eines – keine Pause. Dauernd dieses Gefühl, da wartet noch eine Aufgabe, ein Mensch, eine Pflicht, ein Dokument. 7 Uhr Waschen, 8 Uhr Frühstück, 9:30 Uhr Zwischenmahlzeit, 12 Uhr Mittag, 14:30 Uhr Kaffee und Kuchen, 18 Uhr Abendbrot, 21 Uhr Spätmahlzeit. Das Essen bestimmt den Tag, zwischendurch gibt es Pillen oder Waschlappen. Baden ist nur einmal die Woche drin. Alles dokumentieren. Und dann wieder von vorn. Hinzu kommen allerlei Aktivitäten, die Abwechslung und Aufregung in den Alltag bringen sollen: das Sportfest mit

den Kita-Kindern, der Ausflug in den Zoo, das Grillfest, der Besuch der Gärtnerei, der Therapie-Hund, Massage, Gymnastik, Spieleabend, Vorlesen.

Die wichtigste Fähigkeit für das Personal: selbst die kleinsten Aufgaben sofort zu Ende bringen. Niemals denken, erst recht nicht sagen: Das machen wir gleich, später, nachher. Eine harte Aufgabe, wenn man nur zwei Minuten Zeit hat für Frau Walter, die unbedingt noch eine Geschichte loswerden will und unendlich traurig guckt, wenn man wieder geht. Jetzt kein schlechtes Gewissen entwickeln und sich auf keinen Fall emotional »kolonialisieren« lassen. Sondern Klinke drücken, ein abschließendes »Schönen Tag noch« und raus zur nächsten Aufgabe.

Gute Pfleger haben die Mentalität eines Dieselmotors: entspannte Zügigkeit. So nehmen sie sich und den Bewohnern das Hetze-Gefühl: ankommen, begrüßen, Aufgabe ankündigen, erledigen, verabschieden, gehen. Die perfekte Zen-Übung: Hier und Jetzt und fertig. Präsent sein, da sein, kein Gleich oder Später.

Wie geht das? Mit sehr einfachen Tricks: Es sich bequem machen, sich so hinstellen oder -setzen, dass kein Arm übers ganze Bett reichen oder ein Knie auf die Kante gesetzt werden muss. Fühlt sich der Pfleger wohl, geht's dem Bewohner wahrscheinlich auch halbwegs gut.

»Man muss Menschen mögen, darf sie aber keinesfalls mit nach Hause nehmen wollen«, sagt Christian. Die Kunst des Abgrenzens wird in der Fortbildung immer wieder gepredigt, freundliche Professionalität wie im Hotel-Restaurant, nicht aus emotionaler Kälte, sondern als Selbstschutz.

Ich ahne, warum Burn-out bei Pflegekräften ein gewaltiges Thema ist. Christian und seine Kollegen kümmern sich in einer Neun-Stunden-Schicht zu dritt um dreißig Bewohner. »Stell dich nicht so an«, war früher das Pflege-Mantra. Aber die Kollateralschäden des Verdrängens sind immens. Wer steckt schon so locker weg, dass Frau Riedel laut heult, weil die Schicht ihres Lieblingspflegers zu Ende geht? Belastendes muss verarbeitet werden, Abgrenzen ist eine Überlebensstrategie. Ja, es geht um Achtsamkeit, sich und anderen gegenüber, dieses in Intellektuellenkreisen so gern verspottete Wort. »Mit Zynismus kommst du nicht bis zur Rente«, weiß Christian. Zumal der Job noch härter werden dürfte. Bis zum Jahre 2020 fehlen etwa 200 000 Pflegekräfte in Deutschland.

Noch ist der Markt gerecht, Heime mit lausigem Personal stehen zur Hälfte leer. Bisweilen machen Häuser mit schlechtem Ruf sogar dicht oder werden grundlegend erneuert. Doch Rationalisierung wird unter dem Druck von demografiebedingter Knappheit kaum aufzuhalten sein. Die 30-Tage-Windel ist bereits erfunden, erste Tests mit Pflegerobotern laufen.

Die Industrialisierung von Pflege ist das nächste große Ding. Erste Studien erbringen, dass sprachgesteuerte Vollautomaten mehr Herzlichkeit verbreiten als Leichtlohn-Leasingkräfte und dass Demenzpatienten auf kulleräugige Plüschpuppen ausgesprochen positiv reagieren.

Natürlich geht es wieder um Geld. Im Demografiebericht der Bundesregierung heißt es: »Die Pflegeversicherung ist als Kernsicherungssystem konzipiert. Einen Teil der Kosten tragen die Pflegebedürftigen oder ihre Familien selbst. Eine vollständige Abdeckung aller Pflegeleistungen würde die Leistungsfähigkeit der Solidargemeinschaft übersteigen.« Was vergessen wurde: Das Personal trägt seinen Teil zur Kostendeckung bei, durch oftmals lausige Löhne.

12:47 Uhr
Helmut schnürt mal wieder über den Flur, eine Plastiktüte unterm Arm. Frischer Fusel. Helmut saß zu DDR-Zeiten zehn Jahre lang im Zuchthaus wegen unsozialistischer Umtriebe. Alle hatten rote Klamotten an, das erzählt er jeden Tag, Erich Honecker war auch mal da, und es gab Hinrichtungen und alles. Helmut spricht undeutlich durch zwei allein stehende Schneidezähne.

Alkoholkonsum wird weder geschätzt noch gefördert, aber

111

geduldet. Soll man einen Menschen mit lebenslanger Sucht-
biografie trockenlegen? Wer sich an die Regeln hält und einigermaßen sozialverträglich benimmt, kann saufen, bis er gelb
wird, weil die Leber schlappmacht.

Besuch bei Frau Stefan. An der Wand die Schwarz-Weiß-
Aufnahme einer attraktiven Blondine. »Aus den Achtzigerjah-
ren?«, werde ich später fragen, und Christian wird antworten:
»Keine zwanzig Jahre alt.« Frau Stefan ist polytoxikoman,
also druff auf allem, was dröhnt, Alkohol, Zigaretten, Pillen,
früher noch vieles andere. Was von ihr übrig ist, sitzt am Tisch
und stopft Zigaretten.

In diesem Zimmer braucht man einen Nebelscheinwerfer,
so dicht stehen drei Sorten Qualm nebeneinander: der alte,
muffige, der in Polstern und Gardinen hängt, der eher bittere,
den der Körper ausströmt, und kalter, frischer Rauch. »Soll
ich mal das Fenster aufmachen?«, fragt Christian. Frau Stefan
protestiert: »Habe gerade erst zugemacht.«

Das Heim ist Endstation für Suchtkranke, die sich als the-
rapieresistent erwiesen haben und vom Rentenalter nicht
mehr allzu weit entfernt sind. Wohin sonst mit diesen Menschen, die keine Angehörigen haben und auf der Straße keine
drei Tage überleben würden? Hier gibt es etwas Druck, etwas
Ordnung, etwas Zuhause. Trinken ja, aber erst Essen oder Duschen oder Nägel schneiden. Und hinterher fühlen sich alle
Beteiligten ein wenig besser.

»Haut ab«, sagt Frau Stefan. Es gehört eine gewisse Größe
dazu, sich von Menschen, die ihr ganzes Leben lang wenig
zustande gebracht haben, anraunzen zu lassen. »Krank«, sagt
Christian später, »verpfuschte Lebensläufe, arme Schweine.«
Abgrenzen.

13:12 Uhr

Auf dem Flur begegnen wir Frau Friedrich. Sie wohnt gleich
um die Ecke und ist jeden Tag hier, um ihren Mann zu besuchen. Frau Friedrich ist eine schlanke, ernste Frau, sehr klar,
sehr müde. Als die Mauer fiel, bekam ihr Mann einen Schlag-

anfall. Alle Pläne von Reisen und Entdecken waren dahin. Herr Friedrich konnte nicht mehr sprechen, hat keine Zahlen mehr erkannt, nicht mal mehr die eigene Wohnung.

Über zwanzig Jahre hat Frau Friedrich seither ihren Mann gepflegt – gewaschen, angezogen, in den Rollstuhl gewuchtet und abends wieder zurück – und parallel noch gearbeitet, für die eigene Rente. Jeden Tag.

Frau Friedrich gehört zu den unzähligen stillen Helden im Land, die klaglos ihr Schicksal annehmen, ohne viel Geld, unter weitgehender Aufgabe eigener Bedürfnisse. Bange Frage: Würde ich das auch schaffen, zwanzig Jahre lang? Würde das jemand für mich machen?

Eines Tages war es dann so weit: Frau Friedrich konnte nicht mehr. Sie hat sich ein Dutzend Häuser angeguckt und dann das Heim im Kiez ausgewählt, das diesen spezifisch ostigen Charme von pragmatischem Miteinander verbreitet.

Wenn Frau Friedrich gegangen ist, rollt ihr Mann wortlos und sehr langsam die Flure entlang, als suche er sie. Er parkt am Ausgang, dort, wo er sie zum letzten Mal gesehen hat.

13:48 Uhr
Zu den großen Missverständnissen in der Altenpflege gehört die romantische Idee von der treusorgenden Familie. Sicher, es gibt Menschen wie Frau Friedrich oder die Töchter von Frau Pagel und Frau Riedel, die fast jeden Tag vorbeischauen, und sei es auf einen schnellen Kaffee. Aber es gibt auch die anderen, die Gleichgültigen und die Gierigen.

Ganz emotionslos betrachtet, kostet jeder Tag im Heim Geld. Der Monatsaufwand setzt sich zusammen aus Kosten für Wohnen und Essen, also die Vollpension. Hinzu kommt die Pflegeleistung von Stufe I (etwa 1000 Euro) bis Stufe III (Härtefall fast 2000 Euro), die vom Medizinischen Dienst der Krankenkassen eingeteilt wird. Alkoholiker sind die überschaubarsten Fälle, Pflegestufe I. Sie können vieles selbst erledigen, die Kosten übernimmt zuverlässig das Sozialamt, Taschengeld wird meistens vom Betreuer ausgezahlt und geht

113

drauf für billigen Sprit. Die billigsten Bewohner kosten etwa 2000 Euro im Monat, die teuersten das Doppelte.

Bei der Finanzierung sind die Behörden so hart wie bei der Hartz-Regelung. Erst wenn alle Ersparnisse und Vermögenswerte wie das Auto aufgebraucht sind, springt die Staatskasse ein und zahlt die Differenz zwischen Rente plus Pflegesatz und tatsächlichen Kosten.

Wer mit der pflegebedürftigen Oma Geld verdienen will, der pflegt zu Hause, dann bleibt das Vermögen quasi in der Familie. Je höher die Pflegestufe, desto höher das Einkommen der Pflegenden. Die künstliche Ernährung per Magensonde zum Beispiel gibt es nur als Pflegestufe II, weil das zeitaufwendige Essenreichen wegfällt. Demenz wiederum bedeutet laut Paragraph 87b des Sozialgesetzbuches einen Zuschuss, ebenso der Nachweis von erhöhtem IKM-Aufwand. »IKM« steht für Inkontinenzmaterial. Es gibt also ein wirtschaftliches Interesse, die Oma dem beurteilenden Mediziner möglichst inkontinent und dement zu präsentieren.

Mag es in deutschen Heimen viele Pflegeskandale geben, in deutschen Familien dürften die Dramen keinen Deut geringer ausfallen. Rein wirtschaftlich betrachtet bedeutet das zeitige Ableben einen geldwerten Vorteil für die Hinterbliebenen. Erweist sich der Senior als zäh, lässt sich zumindest beim Taschengeld noch was drehen. 200 Euro Selbstbehalt sind üblich, für tägliche Ausgaben wie Drogerieartikel, Zeitung, ein Stück Kuchen. Manche Bewohner im Senioren-Domizil Prenzlauer Berg müssen mit 30 Euro im Monat zurechtkommen, mehr rückt die Familie nicht raus.

»Ich möchte später mal einen amtlichen Betreuer«, sagt Christian. Er hat zu viel familiäres Elend bei den Bewohnern miterlebt. Der Betreuer verwaltet das Geld nach Rücksprache mit dem Bewohner, spart oder zahlt aus. Betreuer sind transparent, rechenschaftspflichtig und wohltuend emotionslos. Das Pflegepersonal wiederum hat mit den Finanzen der Bewohner nichts zu tun. Maximal fünf Euro Trinkgeld sind erlaubt. Dass Pfleger im letzten Moment als Erben eingesetzt werden, kommt vor, aber etwa so oft wie ein Lottogewinn. Warum nur? Beim Pflegepersonal weiß man wenigstens, wofür sie belohnt werden.

14:12 Uhr

Papierkram. Jeder Bewohner hat eine Akte, ein Mensch in dreizehn Kapiteln, jedes mit einer eigenen Farbe. Wie hat sich die Mobilität entwickelt? Welche Medikamente werden verabreicht? Stuhlgang? Jeder Tag wird protokolliert, jeder Handgriff hat eine Nummer, jeder Atemzug einen Wert. So geht Pflege in Deutschland, mit Lebenslisten. Mediziner, Pfleger, Kontrolleure erkennen auf einen Blick, wie es um den Menschen steht, wo Probleme liegen, wie sich der Verfall entwickelt. Und die Kosten.

Alle drei Monate wird der Status begutachtet und ein neues Ziel festgelegt. Stabilität gilt als Erfolg, Verbesserung als Ausnahme. Umso stolzer ist Christian, dass bei Frau Hahn der Dekubitus geschrumpft ist, von der Größe einer CD auf die Fläche einer 2-Euro-Münze. Zwei Jahre hat diese Schlacht gegen das Wundsein gedauert, an sich nur einige Quadratmillimeter, aber ein immenser Raumgewinn für ein menschliches Hinterteil.

Das Wundliegen ist eines der hartnäckigsten Probleme bettlägeriger Patienten, zumal die entzündeten Stellen nur schlecht verheilen. So werden aus Decken und Kissen kunstvolle Brückenpfeiler gebaut, um den Kontakt von Haut und Laken zu vermindern. Der Dekubitus hat inzwischen einen eigenen Beruf hervorgebracht, den Wund-Manager, Fachkräfte, die täglich hunderttausendfach um die Rückseiten von Senioren kämpfen. Mit kleinen Triumphen wie bei Frau Hahn motiviert sich das Pflegepersonal; im Fernsehen läuft zugleich die x-te Enthüllungsreportage über den Pflegenotstand in deutschen Heimen.

Missstände lassen sich mit dem Listenwesen nicht verhindern, aber womöglich minimieren. Andererseits erfasst kein Fragebogen die weichen Faktoren der Pflege. Was ist

denn mehr wert: ein Pfleger, der robotergleich seine Listen-
punkte abarbeitet und eine perfekte Akte produziert? Oder
ein warmherziger Mensch, der die Buchhaltung hier und da
etwas schleifen lässt, aber dafür eine angenehme Atmosphäre
verbreitet? Eine liebenswürdige Rumpelbude kann allemal le-
benswerter sein als ein eiskaltes Grandhotel, das alle forma-
len Ansprüche übererfüllt. Aber wie sonst als mit den täglichen Kreuzchen, die das Personal von ihrer eigentlichen
Arbeit abhalten, will man Qualität sicherstellen und über-
prüfbar machen? Es gilt für die Pflegeakten dasselbe wie für
die Demokratie: Das System ist alles andere als optimal, aber
konkurrenzlos, solange kein besseres gefunden ist.

14:48 Uhr
Vor drei Jahren hat Frau Meyer ihre Memoiren geschrieben
und im Selbstverlag herausgebracht. Sie handeln von einer
Kindheit im Krieg. Frau Meyer ahnte offenbar, dass es Zeit
wurde, alles festzuhalten, was da war in ihrem Leben. Sie wäre
gern Schriftstellerin geworden. Stattdessen war sie Ehefrau
und Mutter.

Seit einem guten Jahr spricht sie kaum noch, sitzliegt in ihrem Bett und starrt auf den Fernseher, wo das ZDF-Programm
läuft. Die Fernbedienung liegt links, der Notrufdrücker rechts.
Tiefe Traurigkeit. »Parkinson-Demenz« lautet die Diagnose,
einhergehend mit einer mächtigen Depression. Frau Meyer
hat die große unruhige Leere kommen sehen, jeden Tag ein
bisschen näher, wie eine Unwetterfront, die in Zeitlupe he-
ranzieht.

Demenz sei die »Pest des 21. Jahrhunderts«, hat der britische Premier David Cameron gesagt. 2013 haben die G8-Ge-
sundheitsminister erstmals globale Strategien gegen die Demenz diskutiert. 60 Prozent aller Pfleger von Dementen
werden selbst depressiv. Die Leistungsfähigkeit der Patienten
sinkt nach Verlegung in ein Heim rapide.

Frau Meyer hat das gute Kaffeeservice im Eichenschrank
ausgestellt, falls jemand zu Besuch kommt. Es kommt aber

116

keiner. Demnächst wird sie umziehen, auf den Demenzflur. Die Dementen haben ihre eigene Abteilung, mit Tierbildern an den Türen. Die Ausgänge sind fürsorglich gesichert, wie bei einer Kindertagesstätte. Warum gibt es diese ausgeprägten Fluchttendenzen? Wollen die Kranken einfach weg? Oder an einen bestimmten Ort? In einer bayerischen Demenzklinik steht im Garten eine Bushaltestelle, mit Wartehäuschen. Es kommt nie ein Bus, aber verschwundene Patienten finden sich zuverlässig auf der Bank.

Demenzpatienten gelten als überwiegend pflegeleicht, laden allerdings zu Respektlosigkeiten ein. Was antworten wir, wenn ein Bewohner jeden Tag mehrfach behauptet, seine Mutter käme heute zu Besuch, obgleich die Gute seit dreißig Jahren tot ist? Darauf eingehen? »Jaja« sagen? Gar nichts antworten? Oder die Wahrheit. Immer raus damit, immer ehrlich, immer klar, wird Christian sagen, aber er weiß auch: »Demenzpatienten sterben nicht an ihrer Krankheit, sondern am Stress.« Schwer vorzustellen, dass ein Mensch fünf Mal am Tag zum ersten Mal erfährt, seine Mutter sei gestorben.

15:12 Uhr

Schichtende. Christian sagt, ich sei eine Hilfe gewesen. Er wird jetzt einkaufen, nach Hause gehen, etwas essen, etwas fernsehen und dann ins Bett. Morgen um fünf muss er wieder raus.

Ich stehe allein im Nieselregen, die Bilder des Vormittags rasen durchs Hirn: die Schläuche, der Eintopf, Menschen in Rollstühlen, schweigend, traurig, verwirrt. Und dazwischen eine Handvoll Pfleger, die jeden Tag aufs Neue Lebensenden begleiten. Abgrenzen, hat Christian gesagt.

- **Kosten**: Ab ca. 1500 Euro (bei Pflegestufe I, enthält Eigenanteil und Investitionskosten). ****
- **Aufwand**: Der Umzug ins Heim bedeutet Abschied von Möbeln, Büchern, Kleidung. Ein Heim im gewohnten Kiez mildert die Umstellungsprobleme.
- **Risiken**: Wer ins Heim kommt, so besagen zahlreiche Studien, muss mit einem Abbau von Körper und Geist rechnen. Auch wenn das Personal noch so engagiert ist, es fehlt fast immer an Training aller Lebensbereiche. **
- **Privatsphäre**: Je nachdem, ob Einzel- oder Doppelzimmer. **
- **Bequemlichkeit**: Heime sind nicht luxuriös, aber allemal angenehmer als der einsame Kampf in den eigenen vier Wänden. ***
- **Gesamtbewertung**: Es ist unmöglich, eine generelle Bewertung abzugeben. Die Qualität der deutschen Heime reicht von Spitzenklasse bis Katastrophe. Das Senioren-Domizil Prenzlauer Berg gehört zu den angenehmen Häusern. ****

Kontaktdaten:
Senioren-Domizil Prenzlauer Berg GmbH,
Danziger Straße 245, 10407 Berlin. Telefon: +49 30 2 40 74-13 00.
E-Mail: prenzlauerberg@senioren-domizile.de.
Website: www.senioren-domizile.de.

Ab in den Süden

Der Medienberater Peter Hoenisch, Jahrgang 1934, war Mitte 50, als er sein Haus in Italien renovierte. Jetzt, mit 80, schätzt er seinen preiswerten Zweitwohnsitz in einem ligurischen Dorf, den er mit seiner Frau Monika vier Monate im Jahr nutzt. Inzwischen ist er sogar Mitglied der Kommunistischen Partei. Ein Erfahrungsbericht.

Unser italienisches Abenteuer begann so wie bei den meisten Deutschen: Im Urlaub verliebt man sich, in eine Gegend, das Licht, das Essen, die Menschen. Die Ferien bedeuten allerdings einen emotionalen Ausnahmezustand – da ist immer alles toll. Ob man einen Landstrich und seine Menschen wirklich mag, entscheidet sich aber nicht im Urlaub, sondern an einem nieseligen Februarmorgen, wenn man auf seiner Baustelle fröstelnd in die dritte Schlammpfütze getreten ist.

Unser Vorteil war es, dass wir kein Konzept hatten, keine Pläne fürs Alter, keine Renditeerwartungen, keinen Wunsch, uns künstlerisch zu betätigen. Es war vor allem die Neugier, die uns trieb: Was würde dieses Experiment mit uns machen? Und was wir mit ihm?

Wir hatten das Glück, zwei fundamentale Fehler instinktiv vermieden zu haben: abschotten und hochnäsig sein. Wer in ein Dorf in der Provinz zieht, darf sich nicht abgrenzen, sondern muss Lust haben einzutauchen. Die Menschen in Ligurien kommunizieren gern – und wir auch. Wir haben uns bei den Nachbarn vorgestellt, wir haben von Anfang an versucht, Italienisch zu sprechen, wir haben den Wein getrunken, den alle tranken, und dieselben Tomaten gegessen. Dass ich im Blaumann herumgelaufen bin und am Haus gewerkelt habe, fanden die Dorfbewohner in Ordnung. Einer, der den ganzen Nachmittag Holz hackt, so lange, bis er nicht mehr stehen kann, das muss ein Deutscher sein. Der kann kein Dolcefarniente, aber immerhin macht er was.

Viele Teilzeitauswanderer glauben, die Dörfler im Süden hätten auf reiche Klugscheißer gewartet. Davon gibt es reichlich, und die werden manchmal ausgenommen, ausgelacht und selten akzeptiert. Was wäre denn mit einem Scheich, der sich in Vorpommern ein Anwesen kaufte? Angeber sind nirgendwo wohlgelitten. Wenn man allerdings nicht als Kolonialherr auftritt, sondern als Kumpel, findet man Anschluss. Es ist wie überall: Die Nachbarn, die Kneipe, die Kirche, irgendwo gibt es immer ein Schwätzchen zu halten.

Vor einiger Zeit fragte mich der pfiffige Sohn meines Nachbarn, ein kerniger Bauer, ob ich nicht Lust hätte, ein Konzept zu entwerfen für einen digitalen Fernsehkanal, der sich um lokale Kultur drehen sollte. Das habe ich gern gemacht, auch wenn aus dem Projekt niemals etwas geworden ist. Zum Dank bin ich von der örtlichen Kommunistischen Partei als Mitglied aufgenommen worden – in Deutschland schwer vorstellbar.

Wir legen Wert darauf, dass schon die Anfahrt ein Erlebnis ist. Mit dem Auto schlagen wir uns auf vielen verschiedenen Wegen durch, mal Bernhard und Gotthard, mal über die Alpen und durch das herrliche Piemont; unterwegs halten wir oft an und schauen uns um. Mit dem Flugzeug landen wir in Nizza; von dort geht es mit dem Zug nach Imperia, wo ein klappriger Fiat Panda steht, der uns von der Küste in die Berge nach Tavole bringt. Weil wir von Ferienzeiten unabhängig sind, können wir die billigsten Flugtickets für uns buchen.

Rückblickend war es ein wirklich gutes Timing. Wir haben später ein zweites Haus in Tavole in einem miserablen Zustand, aber für kleines Geld gekauft und über ein paar Jahre ausgebaut. Die Kinder waren aus dem Haus, die Arbeit im Büro inzwischen überschaubar. So habe ich Teile der Ferien auf meiner ligurischen Baustelle zugebracht und wirklich jeden Moment genossen. Es war kein Stress, sondern Spaß, weil wir rechtzeitig angefangen haben.

120

Insofern spielte auch die Zeit keine Rolle. Wer in eine fremde Welt eintauchen will, muss sich Zeit nehmen. Zehn Jahre, das klingt viel, ist aber nach unseren Erfahrungen eher das Minimum, um sich wirklich einzuleben.

Als dann die Rente kam, war das Haus fertig, die großen Posten waren bezahlt. Heute haben wir die laufenden Kosten zu bestreiten. Inklusive Versicherungen, Steuern, Auto und Holzpellets zum Heizen kommen wir auf 300 Euro im Monat. Würden wir das Haus im Sommer vermieten, könnten wir womöglich Gewinn damit erzielen. Aber wir können es uns leisten, nur Freunde oder Familie zu beherbergen.

Wir haben auch keinen festen Tagesablauf, sondern lassen uns treiben. Im Garten gibt es immer was zu tun, wir gehen einkaufen, ich übe Klavier und lese viel; manchmal fahren wir die halbe Stunde runter an den Strand oder gehen essen – Lungern in Ligurien. Dank des WLAN sind wir dennoch mit der ganzen Welt verbunden.

Es wäre allerdings romantisch zu glauben, dass hier alles einfacher, besser, billiger sei. Die Lebenshaltungskosten sind in etwa gleich, Qualität hat überall ihren Preis. Immobilien werden nicht verschenkt, und Residenten von auswärts sind nichts Besonderes mehr. Bei uns in Tavole wohnen Deutsche, ein Luxemburger, ein Schotte, ein Russe und ein Schweizer, die ich allerdings kaum sehe. Mir sind Fabrizio oder Enzo lieber.

Was ich schätze, ist das große Grundvertrauen, das die Menschen sich hier bewahrt haben. Wer kein Geld dabeihat, zahlt morgen. Der Handwerker sagt: »Du brauchst einen Lieferwagen, dann nimm doch meinen.« Wir schließen unsere Haustür ebenso wenig ab wie unseren Panda. »Ich bin okay, du bist okay«, das ist das gemeinsame Motto hier. Großzügigkeit, Freundlichkeit und Ehrlichkeit sind sozialer Kitt, der Dorfgemeinschaft und Zuwanderer zusammenhält. Klar, dass wir bei den lokalen Festivitäten mitmachen, ob beim Fußballspielen vor der Kirche oder bei der traditionellen Haus-zu-Haus-Prozession am Silvesterabend.

Altersforscher sagen ja, dass drei Dinge wichtig sind für einen erfolgreichen Ruhestand: möglichst viel Arbeit, soziale Kontakte und reichlich Bewegung. Davon bekommen wir in unserem kleinen Dörfchen in den Bergen mehr als genug, mehr auch als in Berlin.

Schlechte Erfahrungen? Ganz wenige. Und das waren meist Missverständnisse. Was die Handwerker betrifft, habe ich fast nur Gutes zu berichten. Nur die Behörden mit ihrer zum Teil kafkaesken Bürokratie sind wirklich eine Pest. Da wissen wir in Deutschland oft gar nicht, wie gut wir es haben.

Ob ich die kommenden Jahre häufiger oder seltener in Ligurien bin – ich weiß es nicht. Es ist ein gutes Gefühl, diese Option zu haben, ohne sie nutzen zu müssen. Wenn ich mich zwischen Berlin und Tavole entscheiden muss, bin ich hin und her gerissen. Beides, das ist für mich das Optimum.

Das Einzige, was ich heute vielleicht anders machen würde – ich würde so ein Projekt gemeinsam mit guten Freunden angehen. Das hält die Kosten niedrig und gäbe mehr Menschen die Chance, an verschiedenen Orten zu leben.

- **Kosten**: Sehr unterschiedlich, je nach Finanzierungsbedarf. ***
- **Aufwand**: Anreise nach Bedarf.
- **Risiken**: Je länger die Wurzeln gewachsen sind, desto besser. Wer erst nach dem Ruhestand sein Häuschen im Süden sucht, braucht Glück. ***
- **Privatsphäre**: Reichlich vorhanden. *****
- **Bequemlichkeit**: Kochen, Putzen, Heizen, Reparieren – hier ist der Selbermacher gefragt. **
- **Gesamtbewertung**: Natürlich eine Frage der Finanzen, aber: Ein leicht erreichbarer Fluchtort im Süden ist ein Geschenk. *****

Die Chaospiloten

Im hintersten Allgäu ist aus ein paar zufälligen Begegnungen und tagtäglicher Kompromissarbeit ein Mehrgenerationenhaus entstanden. Mit Romantik hat das Zusammenleben dieser etwas bockigen Individualisten wenig zu tun, aber viel mit der Kunst, dauernde Unsicherheit auszuhalten.

Die Geschichte mit dem Hahn war eigentlich keine große Sache. Freddy hatte das stolze Federtier getreten, das dauernd mit Hühnern und Enten durch den Garten rennt. Der Hahn nervte. Freddy ist auch ein Hahn, stolz, knapp vierzig Jahre alt, energiegeladen, selbstbewusst. Er ist der Chef dieses Mehrgenerationenprojekts im Allgäu.

Die Kinder hatten mitbekommen, wie Freddy dem Tier einen Tritt versetzte, und waren geschockt. Bruno, dem der Hahn gehört, war erbost. Aber er war klug genug, nicht zu explodieren. Er hängte stattdessen einen besinnlichen Text in den Flur, über die verletzende Macht von Fußtritten. Bruno ist die intellektuelle Kraft im Hause.

Freddy sah widerwillig ein, dass der Tritt keine Lappalie war, die einfach vergessen werden würde. Schließlich entschuldigte er sich in der Gruppenrunde bei Bruno. Die Mitbewohner nickten anerkennend. Damit war die Sache erledigt.

Heute lachen alle über die Hahnentritt-Story, die gleichwohl illustriert, wie das Zusammenleben von Bruno, 75, Freddy, 38, Noëmi, 28, Maria, 42, Michelle, 5, Wilhelminia, 81 (Pflegestufe I), und Hubert, 72 (Pflegestufe III), funktioniert. Mit dem sofortigen Bereinigen von Konflikten zum Beispiel.

»Verantwortung, Klarheit, Respekt, Vertrauen, vor allem in sich selbst – das sind die konkreten Aufgaben des Miteinanders«, erklärt Bruno, der Philosoph. Er backt jeden Tag

Brot für die Gruppe, eine Kleinigkeit vielleicht, aber einer dieser Stabilitätsanker, die Halt geben in einem Projekt, bei dem nur eines gewiss ist – permanente Unsicherheit. Jeder von ihnen kann jeden Tag gehen, so wie es einige getan haben, manche Kurzentschlossene sogar über Nacht. Die Pflegefälle können von ihren Angehörigen abgeholt werden, jemand verliebt sich und zieht aus, es gibt Streit. Ein Zusammenleben im Paradoxen: Alle Bewohner sehnen sich nach Halt und Zuverlässigkeit, wollen andererseits aber ihre individuellen Freiheiten behalten.

Freddy und Bruno behelfen sich mit buddhistischen Einsichten. Erstens: Was ich von anderen erwarte, muss ich selbst einbringen. Zweitens: Emotionale Regungen sind oft Spiegelungen – was man bekämpft, betrauert, verhöhnt, das ist man selbst.

»Vor vier Jahren haben uns alle verspottet«, sagt Freddy, heute kommen Neugierige aus allen Teilen Deutschlands und wollen wissen, wie das Projekt mit dem sperrigen Titel »Mehrgenerationenwohnen mit Inklusion« in Untermühlegg bei Bolsterlang gelungen ist. Was die Gruppe im Allgäu seit vier Jahren zu leben versucht, wird von Experten als ideale Wohnform der Zukunft gepriesen. Alt und Jung hilft einander, man schafft Synergien und senkt die Kosten. Nimmt man die Familie als traditionelle Keimzelle von Fortpflanzung und Emotionen, als praktische Addition von Bedürfnissen und Fähigkeiten, dann ist das Mehrgenerationenwohnen die ideale Antwort auf die zersplitternde Gesellschaft der Zukunft. Die Blutsfamilie wird ersetzt durch eine pragmatisch zusammengestellte Gemeinschaft, die das Familienprinzip lebt, ohne verwandt zu sein.

Die ältere Generation ist integriert und hilft, wo sie kann, die mittlere schafft das Geld heran, Menschen in Übergangsphasen wie Eltern, Arbeitssuchende oder Studenten finden Aufgaben in der täglichen Gemeinschaftsarbeit. Kinder sind behütet, Schwache und Pflegebedürftige umsorgt. Selbsthilfe tritt an die Stelle behördlich organisierten Lebens, die Kosten sind überschaubar, im besten Fall werden auch die emotionalen Bedürfnisse bedient.

»Betrachte jeden Menschen als Bruder, Schwester, Vater, Mutter«, so lautet das Motto. Klingt gut, wären da nicht die Tücken des Alltags. Insofern geht es hier weniger um Mehrgenerationenwohnen als um ein soziologisches Experiment – den Stresstest. Denn Erwartungen und Realität passen nicht immer zueinander, eigentlich nie.

Sie wollten das ideale Miteinander, eine Art sozialistische Insel inmitten des Turbokapitalismus, aber sie streiten sich über Hähne und andere Kleinigkeiten. Dennoch: Die merkwürdige Kommune im Feriengebiet Allgäu funktioniert. Jeder hat seinen privaten Rückzugsraum, je nach Budget zwischen 15 und 80 Quadratmeter. In der geräumigen Küche mit Sitzecke und Tischen, mit Kinderspielecke, Klavier und Terrassenausgang treffen sich die Bewohner vom Frühstück bis zum letzten Bier des Tages.

Bis vor einigen Jahren kannten sich diese Menschen zwischen fünf und 81 Jahren nicht einmal, heute leben sie bisweilen harmonischer zusammen als manche Familie. Sie essen, planen, verreisen gemeinsam. Und häufig genug streiten sie auch.

Mehrgenerationenwohnen bedeutet ja in den seltensten Fällen eine ideale Konstellation. Zunächst einmal prallen Menschen mit sehr verschiedenen Geschichten, Eigenheiten und Vorstellungen aufeinander. Und schon beginnen die Fragen, die schnell ins Grundsätzliche umschlagen: Inwieweit lässt sich ein moderner Individualist in eine Gruppe zwängen? Wie sind Ich und Wir dauerhaft zu integrieren? Wie viel ist jeder Einzelne bereit aufzugeben? Und wer nimmt mehr, als er gibt?

Die Bewohner kommen nicht umhin, Liebgewonnenes zu verabschieden, und sei es nur das eigene Auto, Hausrat, Bücher, Geschirr. Einordnen zum Wohle eines höheren gemeinsamen Ziels erfordert Disziplin und Langmut, zwei rare Tugenden. Eruptionen aller Art sind zu akzeptieren. Der Zufall, das Unerwartete sind immer dabei. Es lebe die Gelassenheit, die Fähigkeit, jeden Tag als neues Abenteuer zu akzeptieren.

Den vielen praktischen und ökonomischen Vorteilen des Mehrgenerationenkonzepts steht eine unberechenbare Macht gegenüber – der menschliche Faktor. Was Goethe als »Wahlverwandtschaft« romantisiert hat, dreht sich unversehens in Richtung Zwangsgemeinschaft. Mehrgenerationenwohnen braucht erfahrene Chaospiloten, die Freude haben am Balancieren.

Freddy Orazem ist so ein Chaospilot, der beharrlich den Ausgleich zwischen Flexibilität und Stabilität sucht – und manchmal sogar findet. Für eine Weile sitzt er in der Küche und bespricht die Einkäufe. Dann eilt er zu Hubert, der eine frische Windel braucht. Dann bimmelt das Handy, weil wieder mal eine Behörde Ärger macht. Derweil läuft Mina der Spinat aus dem Mundwinkel.

Orazem, Kind serbisch-kroatischer Eltern, ist ein Leben in fortwährender Unsicherheit gewohnt. Aufgewachsen bei seiner alleinerziehenden Mutter, eine Lehre als Industriemechaniker abgeschlossen, Fotografie versucht, Model-Agentur, Gelegenheitsjobs, dann Pflegehelfer. Er hat in Behinderteneinrichtungen gejobbt, Vorgesetzte mit Beschwerden traktiert, hat sich nebenberuflich zum Heilpraktiker ausbilden lassen, ist schließlich in der 24-Stunden-Pflege einer alten Dame gelandet.

Eigentlich, so fand der Pragmatiker, wäre es doch schlau, mehrere solcher Patienten gleichzeitig und gemeinsam zu betreuen. So spart man Kosten, Wege, Zeit. Und verhindert Einsamkeit. Erste Versuche, eine Wohngruppe mit Pflegefällen zu realisieren, scheiterten an der üblichen Skepsis der Angehörigen, die fast immer der Ansicht sind, dass nur ein Heim professionelle Betreuung gewährleiste.

Auf der Suche nach einem Platz für seine pflegebedürftige Mutter stieß Freddy Orazem auf eine leer stehende Pension im Allgäuer Feriengebiet. Die Gegend hat ihre beste Zeit hinter sich. Ein paar Skilifte gibt es hier, aber die Berge sind nicht hoch genug, um dem Klimawandel Schneesicherheit abzutrotzen. Acht Pächter waren in zehn Jahren an der Immobilie verzweifelt, auch deswegen, weil die Besitzerin fand, dass die Ausstattung aus den Siebzigerjahren viel zu kostbar sei, um sie zu verändern.

Einige Monate später fand sich Freddy Orazem als Oberhaupt eines Mehrgenerationenhauses wieder, ohne dass er viel geplant hatte. Plötzlich lebten seine damalige Partnerin, die Kinder und ein paar überraschend aufgetauchte Menschen in dieser Pension zusammen, wie sie sich auch John Irving hätte ausdenken können.

Keiner wusste genau, wie diese Form von Wohnen funktioniert, Verlass war nur auf die Krisen. Nach zwei Jahren waren sie noch zu dritt, das Haus sollte verkauft werden, der neue Eigentümer setzte die Miete von 800 auf 1300 Euro herauf. Zum Glück tauchte Bruno auf. Freddy besuchte Tagungen, holte sich Hilfe von Experten, probierte, scheiterte, machte weiter. Wie teilt man die Räume auf? Wie findet man neue Bewohner? Wie wird man Querulanten los, die sich beim Probewohnen noch ganz umgänglich gezeigt hatten? Wie besänftigt man Nachbarn, Behörden, Angehörige?

Eine Demenzkranke erwies sich als nicht integrierbar, Konflikte in der eigenen Partnerschaft kamen hinzu. Aber es ging weiter, irgendwie, und der Optimismus wuchs mit jedem Tag, da das Zufallsprojekt weiterlief. »Lernen, lernen, lernen«, sagt Freddy, das ist sein tägliches Mantra. Jeden Fehler muss man als Fortbildung begreifen.

Die deutsche Lust, das Leben in Kästchen zu packen, macht das Projekt nicht einfacher. Ja, sie wollen eine Familie sein. Nein, die klassischen Rollen passen nicht. Darf ein Mann an einem Kind, das nicht seines ist, einfach so herumerziehen? Was ist, wenn sich zwei Bewohner partout nicht leiden können? Wie bringt man einen notorischen Müßiggänger dazu, seine tägliche Stunde Gemeinschaftsarbeit abzuleisten?

In der klassischen Familie sind Rollen und Aufgaben in einem oft jahrzehntelangen Lern- und Gewöhnungsprozess eingespielt, nicht immer fair, aber das Blut hält die Sippe über

Generationen zusammen. Die vielen ungeschriebenen Gesetze, die jede Familie entwickelt hat, müssen Zufallshorden wie diese in kürzester Zeit halbwegs verlässlich aufstellen, befolgen und Verstöße sanktionieren. Einsicht, Mitgefühl, Verantwortungsbewusstsein sind nette Ideen, aber nicht immer realitätstauglich.

Freddys kleine Farm ist nie gefördert worden, mal abgesehen von 2000 Euro, die der Landrat ganz am Anfang spendierte. Aber vielleicht liegt genau hier das Erfolgsgeheimnis, warum gerade ein ärmliches Projekt funktioniert, das kein politischer Würdenträger so richtig vorzeigen mag. Knappheit diszipliniert und zwingt zu Kreativität. Ein Mehrgenerationenprojekt im Nachbarort hat unlängst 25 000 Euro Fördergeld für eine neue Küche bekommen. Freddy lacht bitter, das wäre sein halber Jahresetat. Mit Genugtuung weist er darauf hin, dass in jenem Luxusprojekt unentwegt gestritten, aber nichts entschieden werde.

Gibt es eine goldene Regel, die lautet: Sobald Politiker mit Medienbegleitung vorbeikommen und fettes Fördergeld spendieren, ist das Projekt so gut wie erledigt?

Womöglich schafft gerade der äußere Druck, die tägliche Furcht, es könnte nicht reichen, jenen emotionalen Kitt, der grundverschiedene Charaktere zusammenhält. Das permanente Bedrohungsszenario sorgt immer wieder dafür, dass der Wille zum Zusammenhalt siegt und nicht die Lust am Rechthaben oder, schlimmer noch, am Opferhabitus.

Für den Halt im dauernden Wanken sorgen Figuren wie Bruno. Er trägt die Gruppe wie ein Brückenpfeiler. »Bruno hat uns gerettet«, sagt Freddy. Der graue Weise erschien just in einem Moment, da Orazem mal wieder nicht wusste, wie es weitergehen sollte. Überraschend waren Leute ausgezogen, die Finanzierung wankte, die Laune drehte Richtung depressiv.

Da stand Bruno mit Rad, Maria und Kind am Bahnhof. Durch Zufall hatte er von »einem Chaoten namens Freddy« gehört, der im tiefsten Allgäu ein irres Wohnprojekt betreibt.

Klang spannend. Bruno brachte Neugier mit, eine ordentliche Rente und den unerschütterlichen Glauben, dass es weitergeht.

Wenig später holte Bruno seinen alten Kumpel Hubert ins Haus, eine Freundschaft aus Revolutionszeiten. Hubert war Siebdrucker, Berliner, Duzfreund von Rudi Dutschke, Drehorgelspieler, später einer dieser Menschen, die für kleines Honorar beim Privatfernsehen die scheinbare Realität der Nachmittagsshows nachstellen.

Dann traf Hubert der Schlag. Eine Hirnblutung beförderte ihn in einen Zustand, den der Laie als Wachkoma bezeichnen würde, der routinierte Pfleger Freddy dagegen als »eigentlich noch ganz gut«. Hubert kann nicht mehr reden, muss künstlich ernährt werden und hustet alle paar Minuten erbärmlich, weil sich im Hals pausenlos Schleim sammelt.

Hubert liegt im Zimmer neben dem Gemeinschaftsraum; durch die Durchreiche hört er Tag und Nacht, was die anderen reden und treiben. Auf einem Bildschirm bekommt er Filme vorgespielt. Manchmal hebt er seine Hand, worüber sich die anderen freuen.

Alle packen mal mit an. Ein Pflegedienst, der von weither käme und jede gute Tat mit der Stoppuhr abrechnete, wäre womöglich etwas professioneller, könnte Hubert aber niemals geben, was er hier bekommt – das Gefühl, dabei zu sein. Immer wieder gehen Freddy oder Bruno ins Zimmer nebenan, behandeln das wundgelegene Hinterteil mit neuseeländischem Honig, der heilsam wirken soll, reden ein paar Worte mit Hubert, der zur Antwort rasselnd hustet. »Mein Kumpel«, sagt Bruno.

Das Leben von Bruno Fischer ist so bunt wie diese Republik. Fast fünfzig Jahre hat er als Spengler auf deutschen Dächern gearbeitet, auf Neubauten, Fachwerkhäusern, Kirchtürmen. Er hat vier Kinder großgezogen und sich mit ihnen zerstritten, wohl auch, weil er sein Erbe in eine Stiftung verwandelt hat, mit das Ärgste, was man Erben antun kann.

Der Zitherspieler Fischer ist Querkopf und Gemeinschaftsmensch zugleich. Er war Kommunist, einer der ersten Grünen, Revolutionär, aber hat sich nie vereinnahmen lassen. 1968, als sowjetische Panzer auf Prag rollten, hat er sich vor eine große Menge linker Genossen gestellt und seiner Scham darüber freien Lauf gelassen, dass er je an diese Betonsozialisten in Moskau hatte glauben können. »Charaktersprünge« nenne er solche Entwicklungsmomente, die ihn Freunde gekostet, ihm aber innere Freiheiten eingebracht haben.

Damals, 1968, habe seine innere »charismatische Revolution« begonnen. Bruno verfasst philosophische Texte, in denen es viel um Glauben, Atheismus, Agnostiker geht und immer wieder um den »Prager Frühling«. Was er einzubringen habe ins Allgäuer Projekt? »Mein Charisma«, sagt er gelassen. Alle nicken andächtig. Bruno, 75, grauer Bart, grauer Zopf, graues T-Shirt, graue Hose, ist der Prototyp eines würdigen Senioren, ein Alltagsweiser zwischen Gandalf, Dumbledore und Erhard Eppler.

Wenn die Sonne die Berge bescheint, wenn die klare Luft über die Terrasse weht, wenn alle beim Essen um den Tisch sitzen, wenn Hubert und Mina in ihren Rollstühlen im Schatten dösen und Kinder im Garten tollen, dann besteht die Gefahr, dass man diese Momente für einen ganz wundervollen Dauerzustand halten könnte, ziemlich nah dran an Bullerbü.

Aber Obacht: Romantik-Alarm! Es gibt ganz andere Tage, an denen Wut und Verzweiflung regieren. Manchmal sind Bewohner holterdiepolter ausgezogen, wie oft richtete sich Zorn gegen Freddy, wie häufig gab es Ärger, Neid, Eifersucht? Wie war die Geschichte mit dieser Familie, die sie aus Mitleid und Geldmangel aufgenommen hatten, weil zufällig gerade vier Zimmer leer standen? Nach wenigen Wochen war das Klima vergiftet, weil die Neuen verbreiteten, Freddy sei ein Päderast. Das hörten die skeptischen Nachbarn gern. Die Ureinwohner vermuteten von Anfang an Bordell, Sekte oder sonst etwas Unkatholisches hinter den roten Vorhängen.

Überall im Land gibt es Modellprojekte, kaum eines wurde nicht von der früheren Familienministerin Ursula von der

Leyen besucht. Viele Studien und Statistiken wurden für Millionenbeträge erstellt, aber kein Mensch weiß, wie viele der durchaus gut gemeinten Mehrgenerationenhäuser aus der Hochphase der politischen Aufmerksamkeit längst wieder geschlossen sind oder niemals in die Tat umgesetzt wurden.

Als Freddy sich vergangenes Jahr mit einem Berliner Ministerialen unterhielt, hat er verstanden, wie Politik funktioniert. Die Zuständigkeiten für Projekte liegen im Familienressort, die Pflege wird im Gesundheitsministerium verwaltet, soziale Fragen ressortieren im Arbeitsministerium. Unzählige Verantwortlichkeiten, verschiedenste Fördertöpfe, endlose Anträge, keine Koordination. Es gibt nur eine Chance: loslegen, ohne den starren Blick auf öffentliche Förderung.

Freddy kennt allein drei Versuche im Allgäu, alle mit vielen guten Absichten und reichlich Geld gestartet, um dennoch nicht ins Laufen zu kommen. Designte Gemeinschaftsräume mit hochwertiger Ausstattung sind prima, aber die Menschen müssen hinein- und zusammenpassen.

Wenn die Traumatisierten, die Hochemotionalen oder Therapiebedürftigen in der Mehrzahl sind, gerät so ein WG-Experiment rasch außer Kontrolle. »Wir sind keine Notaufnahme für Problemfälle, das schaffen wir gar nicht«, sagt Freddy. Neulich kam erst wieder ein Brief von einem Inkassounternehmen, das über 300 Euro Handyschulden eintreiben wollte. Für ein paar Wochen hatte ein junger Mann im Haus gewohnt, den die Gemeinschaft für integrierbar hielt. War er aber nicht. Kurz vor seinem Verschwinden hatte er seinem Mobilfunkanbieter noch die Adresse in Bolsterlang gegeben, für die Rechnung. Auf der sitzt nun Freddy. Wieder eine Erfahrung mehr und damit die Aufgabe, nicht zum Menschenfeind zu werden, sondern jedem Kandidaten aufs Neue mit Vertrauen und Optimismus zu begegnen.

Offenbar eine Übungssache. So weiß Freddy inzwischen, dass jeder Neue auch neue Flausen mitbringt. Wellnessbereich, Kräutergarten, eigenes Gemüse, weil ja Selbstversorgen im Trend ist, eine Massagepraxis, ein kleiner Hotelbetrieb,

131

Passivhaus aus Recyclingmaterial. Alles gut gemeint, aber die Erfahrung lehrt: Zunächst einmal muss das Überleben gesichert sein, und das ist anstrengend genug.

Langsam entwickelt die Allgäuer WG ihre eigenen Krisenreaktionsmechanismen. Zuerst einmal ist das die klare Kommunikation, selbst wenn es um scheinbare Lappalien geht. Die wöchentliche Gruppensitzung wird mit einer Gefühlsrunde eröffnet; jeder äußert offen, wie es um das eigene Befinden steht. Klingt nach Stuhlkreis aus dem evangelischen Fortbildungskosmos, hat sich aber bewährt, um jene kleinen Konflikte zu lokalisieren, jene Knallerbsen, die bisweilen zu Bomben werden.

Hilft auch das einfühlsame Gespräch nicht, muss der Mediator ran. Immer wieder holen Freddy und Bruno einen Psychologen zu Hilfe, der Streitigkeiten und Missstimmungen aus möglichst neutraler Perspektive auszuräumen versucht. Eine Investition, die sich lohnt. Der Blick von außen ist unbezahlbar.

Daher hat Orazem auch eine Evaluation erstellen lassen, von dem unabhängigen Sozialforschungsinstitut VIA aus Ravensburg. Ergebnis: »Damit wurde ein neues Wohn-Pflege-Modell kreiert, das bei größtmöglicher Flexibilität und Selbstbestimmung des einzelnen Pflegebedürftigen ein gemeinschaftliches Wohnen mit jüngeren Erwachsenen, älteren Menschen und Kindern ermöglicht. Gegenüber den herkömmlichen Pflegeeinrichtungen stellt das Modell durch die große Einbindung der Patienten in familienähnliche Abläufe eine Verbesserung ihrer sozialen Situation dar. [...] Jede Gemeinde kann von einem solchen neuen Wohn-Pflege-Modell profitieren, sofern es daran interessierte Menschen gibt.« Klares Lob, auch wenn vieles nicht lief wie geplant.

Freddy Orazem, im Herzen ein Romantiker, hat sich in den vier Jahren Allgäu von mancher Schönwetterannahme trennen müssen. Beim nächsten Mal, sofern es das gibt, würde er von Anfang an professionelle Hilfe bemühen – Wirtschaftsexperten, Architekten, Psychologen. Die Idee, sich alle Spezialkenntnisse im laufenden Betrieb aneignen zu wollen, ist naiv bis größenwahnsinnig.

Orazem plädiert heute für abgeschlossene Wohneinheiten ohne viel Hotelcharakter, dafür wünscht er sich einen Gemeinschaftsbereich, der wirklich in der Mitte des Anwesens liegt; Wohnen angeordnet wie Indianerzelte, die jedem Privatheit gewähren, rund um das Lagerfeuer, wo sich alle treffen. Zwanzig Menschen hält Orazem für die ideale Größe, je vier Senioren, Kinder, Hilfsbedürftige, Werktätige, Pflege- und Haushaltskräfte.

Natürlich ist eine solche Konstellation illusorisch, da die Fluktuation unkalkulierbar ist und die Nachfrage von Neuen ebenso. »Eigentlich müssten sich die Menschen doch reißen um einen Platz bei uns«, sagt Orazem. »Wir sind besser, billiger, herzlicher als die meisten anderen Wohnformen.« Mag sein, aber andererseits erfordert der Umzug in ein solches Lebensprojekt exakt die Eigenschaften, die humane Mangelware sind: Konflikte aushalten, Sicherheiten aufgeben, Fluchttunnel vermauern, ein Bekenntnis abgeben. Lieber doch noch ein paar Jahre allein. Später vielleicht.

Immerhin: In der Allgäuer Chaos-WG herrscht seit einiger Zeit so etwas wie Stabilität. Bruno und Freddy bilden die männliche Achse – der milde Patriarch und der energiegeladene Jungbauer, der den Hof am Laufen hält. Die gebürtige Bolivianerin Noëmi, die in einer Großfamilie aufwuchs und eine bemerkenswerte Gelassenheit verströmt, übernimmt den weiblichen Part, weniger als Mutter, eher als älteste Tochter. Die Physiotherapeutin gibt wöchentliche Yogastunden für die Mitbewohner, sogar Bruno macht mit. Er muss was tun gegen die Taubheit in den Fingern, Spätfolge des halben Jahrhunderts auf dem Dach. Noëmi überlegt, ihren Job zu reduzieren, um mehr Zeit ins gemeinsame Projekt zu stecken.

Verglichen mit den üblichen Heimtarifen ist das Allgäuer Modell konkurrenzlos preiswert. Die Privaträume liegen bei etwa sechs Euro pro Quadratmeter plus zwei Euro Nebenkosten, hinzu kommen 25 Quadratmeter Gemeinschaftsfläche, die jeder anteilig übernimmt. 20 Quadratmeter Privatfläche und 25 Quadratmeter anteiliger Gemeinschaftsfläche machen insgesamt 45 Quadratmeter mal acht Euro: 360 Euro Mietkosten plus Verpflegung und gegebenenfalls die Pflege, für die Freddy zuständig ist. Die siebenköpfige Gruppe lebt mit einem Budget von deutlich unter 5000 Euro im Monat – so viel zahlt ein einzelner Pensionär schon im gehobenen Heim.

Die Finanzierung ist ein Dauerthema. Die Bewohner haben sehr unterschiedliche ökonomische Hintergründe, Sicherheiten für ein Darlehen gibt es nicht, größere Investitionen müssen oft aufgeschoben werden. Der schicke VW-Bus, den sich die Zufallsfamilie einige Jahre für Dienst- und Ausflugsfahrten gönnte, steht zum Verkauf. »Können wir uns nicht leisten«, sagt Freddy. Es gibt ja noch Brunos Elektroauto, das allerdings keinen Platz für die sperrigen Rollstühle von Hubert und Mina bietet.

»Abenteuer pur hier«, sagt Freddy und zwingt sich zu einem Lachen. Er hat gelernt, die Überraschung zu lieben. Erst neulich war ein Experte zu Besuch, der den Gemeinschaftsbereich als mustergültig lobte: Küche, Tische, Kinderspielecke, die Verbindung zu Hubert – das sei ja nach den neuesten Erkenntnissen gestaltet. Freddy und Bruno haben nur gegrinst. Dieser Raum ist eine reine Zufallskonstellation, geboren aus den täglichen Notwendigkeiten.

Zweimal die Woche kommt Marion aus der Nachbarschaft und kocht. Die handfeste Mutter und Hausfrau gibt nichts auf das Getratsche im Dorf. Die Eingeborenen regen sich gern über den Zirkuswagen auf, den Freddy für die Kinder hinters Haus gestellt hat. Dann geben Brunos Enten wieder Anlass zum Streit, weil sie aufs Grundstück nebenan gewatschelt sind. Eine Weile wollten die Nachbarn das Grundstück der WG durch tückische Ankäufe verkleinern. »Schandfleck«, sagten die Leute.

Marion, die Köchin, lacht über die Kleingeister. Sie betrachtet die WG als einen Abenteuerurlaub. Einmal nicht das bequeme All-inclusive-Hotel am Strand, sondern mit dem Rucksack in die Ungewissheit des Landesinneren. Marion hat den Job über eine Zeitungsanzeige gefunden, ihre Freunde fragen sie seither aus, wie das Zusammenleben bei den Verrückten funktioniere. »Spannend«, sagt sie dann. Gerade die jungen Leute hätten viel Verständnis für diese Lebensform, die gar nicht so neu ist. Auf dem Land lebten die Großfamilien jahrhundertelang mit Knechten und Mägden und Anhang unter einem Dach. Das Prinzip Horde, Stamm, Clan, Sippe ist dem Menschen seit der Steinzeit vertraut.

Die bürgerliche Kleinfamilie ist eine Erfindung des 18. Jahrhunderts. Der einzige Unterschied: Früher wuchsen Gruppen über Generationen zusammen. Heute gleicht das Mehrgenerationenwohnen trotz allerlei Kennenlern-Aktionen eher einer Lotterie. Freiheit und Selbstverwirklichung braucht eben auch Sicherheit und Geborgenheit.

Hubert röchelt wieder, Mina sabbert, Michelle kräht, Maria steht etwas abseits, Noëmi schaut ernst, Bruno doziert und Freddy ist geschäftig. Nächstes Jahr werden sie umziehen, in ein besseres Haus, vielleicht mit neuen Menschen, neuen Regeln. Die Situation mit Nachbarn und Vermieterin hat zu viel Sprengpotenzial. Vielleicht ist aber morgen auch alles vorbei? »Quatsch«, sagt Freddy, »wir machen weiter.« Bruno nickt entschlossen. Zumal die Geschichte mit dem Hahn nun auch erledigt ist. Freddy hat das Tier geschlachtet, mit Brunos Erlaubnis. Manches erledigt sich halt ganz von allein.

Das Wohnprojekt in Bolsterlang wurde nach Ende des Zeitmietvertrages im Oktober 2014 beendet. Freddy Orazem hat einen Projektauftrag in Kirchheim am Ries angenommen und ein Planungsbüro in Nördlingen eröffnet. Seine letzte Projektplanung im Allgäu ist mittlerweile mit 20 Personen bewohnt (Gemeinschaft Sulzbrunn). Orazem entwickelte das Konzept »Gemeinschaft Klosterhof« in einem ehemaligen Zisterzienser-Kloster, wo Wohnungen für 30 Bewohner in Planung sind. Baubeginn im Frühjahr 2016. Ein weiteres Mehrgenerationen-Wohnprojekt für 13 Bewohner mit inkludierter Pflege-WG startet ab Februar 2016. Weitere Projekte sind in Planung.

Kontaktdaten:
Mehrgenerationenprojekt mit Inklusion –
WPS (WohnProjektSchwaben) gemeinnützige UG.
Ansprechpartner: Freddy Orazem.
Refugium im Klosterhof 16/1,
73467 Kirchheim am Ries.
Telefon: +49 9081 272 38 85.
E-Mail: info@inklusionsraum.de, info@wps-immobilien.de.
Website: www.wohnprojekt-allgaeu.de, auch:
www.inklusionsraum.de.

»Unser Laden«

Wohnungsbaugenossenschaften gibt es in jeder Stadt. Doch bislang hat kaum eines dieser Traditionsunternehmen die alternden Mieter im Blick. In Braunschweig wird erstmals lebenslanges Wohnen in der Gemeinschaft probiert.

Nach einigen mageren Jahren, als Genossenschaften nicht übermäßig im Trend waren und die Wohnungen nicht auf dem neuesten Stand, erlebt das Wohnen im Verein derzeit neue Popularität. Die Idee, dass Mieter zugleich auch Mitbesitzer und Mitbestimmer sind, gewinnt an Popularität in Zeiten steigender Mieten.

Die Braunschweiger Baugenossenschaft (BBG) hat sich auf die veränderten Bedürfnisse und Biografien der Mieter eingestellt. Natürlich wirbt die BBG um Nachwuchs, um Studenten und junge Familien, aber zugleich werden die Bedürfnisse älterer Mieter mit bemerkenswerter Konsequenz bedient, »von der Wiege bis zur Bahre«. Seit 2007 bietet die BBG als erste deutsche Baugenossenschaft ihren 23 000 Mitgliedern einen Rundumservice: Vom Conciergedienst bis zu betreutem Wohnen, von der Kurzzeitpflege bis zur Demenzstation haben die Braunschweiger für alle Stufen der Bedürftigkeit ein bezahlbares Angebot. Ein eigener Catering-Service bringt das Essen auf Wunsch an die Tür, bewirtet die Senioren im Heim und nebenbei noch die umliegenden Schulen.

Älteren Braunschweigern bieten sich eine ganze Reihe von unschlagbaren Vorteilen. Weil im neu eingerichteten Seniorenzentrum tägliche Angebote warten, von Friseur bis zum Gedächtnistraining, lernen die Mieter das Seniorenangebot frühzeitig kennen, sie bleiben in ihrer vertrauten Umgebung, behalten ihre Nachbarn und können sich den Umzug ins Heim auch leisten. Die BBG-Pflege bekommt Bestnoten, und liegt vom Preis her doch im unteren Bereich des lokalen Angebots. »Wir bieten etwas mehr als Wohnen«, sagt der Marketingleiter Andreas Gehrke stolz, die Nachfrage ist gewaltig.

Die Genossenschaft erweist sich als passender Rahmen für Mehrgenerationenwohnen ohne Gruppenzwang. Die Mieter haben alle Freiheiten, aber zugleich die Sicherheit des Miteigentümers: Genossenschaftsmitglieder können nicht gekündigt werden, sie fühlen sich als Teil eines starken Vereins und mithin verantwortlich für ihre Häuser. Zugleich rekrutiert sich etwa ein Drittel des Personals in Catering und Pflege aus den Mitgliedern.

Der Zufall kam den Braunschweigern zu Hilfe. Zum einen musste ein klassisches Altenheim im Bestand der BBG dringend renoviert werden, zum anderen stand ein zentrales Areal zur Bebauung bereit. Anstatt das Heim zu sanieren, entschieden sich Vorstand und Aufsichtsrat für einen Neubau, der mehr bieten sollte als Pflege und Hockergymnastik. Eine Art Dorfzentrum sollte entstehen, wo sich Senioren, Schüler und ganz normale Bewohner begegnen würden. Der Schlüssel zur generationenübergreifenden Akzeptanz war die Küche. Obgleich ohne Erfahrung im Betreiben eines Catering-Unternehmens, gründete die Genossenschaft ihr eigenes Versorgungsunternehmen.

Nach einigen Anlaufschwierigkeiten hat sich Kulina in Braunschweig inzwischen als Essenslieferant etabliert. Mit eigener Fahrzeugflotte werden täglich 200 Essen ausgeliefert, auf Wunsch auch geeignet für Diabetiker oder Allergiker. Das Bestellsystem funktioniert generationenübergreifend auf allen Kanälen, online, per Fax, Anruf oder Bestellzettel: 1600 Essen bilden eine tägliche Großaufgabe.

Inzwischen werden nicht nur Senioren versorgt, sondern auch drei Schulen der näheren Umgebung, die zugleich aufgewertet wurden. Denn erst ein anständiges Mittagessen verwandelt eine normale Grundschule mit klassischem Vormittagsbetrieb in eine Ganztagsschule. Täglich spazieren nun klassenweise 140 Schüler in die Tuckermannstraße 14, um mit den Rentnern zu speisen, allerdings außer Hörweite. Von der

138

ursprünglichen Idee der gemeinsamen Mehrgenerationen-speisung hat sich die BBG verabschiedet. Der Lärmpegel bei den Kleinen stresst die alten Herrschaften, die Speiseräume sind getrennt.

Das tägliche Zusammentreffen beim Essen hat Schüler und Senioren trotz des Lärmschutzes einander nähergebracht. Für Theater- oder Chordarbietungen dienen die Senioren als dankbares Publikum, beim gemeinsamen Kürbisschnitzen treffen sich Omas und Enkel. Die Vorlese-Oma wurde indes wieder gestrichen, mangels Artigkeit der jungen Zuhörer.

Markus Mayr, 41, leitet das Seniorenzentrum seit fünf Jahren. Der gelernte Kaufmann hat am Chiemsee und in Sachsen den Betrieb von Pflegeheimen gelernt, er kann ausgiebig die »Heimmindestbauverordnung« zitieren und all die anderen Vorschriften, die den Betrieb einer Seniorenbetreuung zum bürokratischen Geländeritt machen. Besonders lästig sind die Heimgesetze, die jedes Bundesland selbst verabschiedet. Während den Heimbewohnern in Bayern 18 Quadratmeter Wohnfläche zustehen, sind es in Niedersachsen nur zwölf. »Gigantischer Unsinn«, sagt Mayr über die föderalistische Regelei, die ihm andererseits egal sein kann. Seine Bewohner haben im Schnitt über 20 Quadratmeter.

Mayr hätte überall in Deutschland einen gut dotierten Job als Heimleiter finden können, aber »das Braunschweiger Konzept ist so spannend, dass ich da mitmachen wollte«. Es gab keine Vorbilder, keine Pläne, keine Blaupausen, Mayr und die BBG mussten das genossenschaftliche Wohnen gleichsam neu erfinden. Als hilfreich erwies sich das über Generationen gewachsene Zusammengehörigkeitsgefühl der Mitglieder. Genossenschaftsmieter haben ihre eigene, typisch deutsche Kultur geprägt, die Freiheit und Sicherheit zu vereinen sucht wie die soziale Marktwirtschaft Menschen und Kapital.

Oft kommt es vor, dass Großeltern ihren Enkeln zur Geburt eine Mitgliedschaft schenken. Da Wohnungen strikt nach Beitrittsdatum und der entsprechenden Mitgliedsnummer vergeben werden, hat sich der Enkel bis zum Studienbeginn also bereits zwanzig Jahre Zugehörigkeit erworben und kann gleich eine eigene Studentenbude beziehen, bei Quadratmeterpreisen zwischen vier und sieben Euro durchaus attraktiv. Braucht der junge Mensch wegen Familiengründung oder gewachsener Ansprüche eine größere Wohnung, findet sich fast immer etwas Passendes im Bestand der 6500 Einheiten. Nur für das Alter war die BBG lange Zeit nicht gut gerüstet. Wer nicht mehr allein wohnen konnte, musste ins Heim.

Heute können die Mieter länger in ihren Wohnungen bleiben, das freut die Genossenschaft. Und ältere Mieter haben keine Angst mehr, eines Tages an den Stadtrand abgeschoben zu werden. Mit 1350 Euro monatlichem Eigenanteil ist das betreute Seniorenwohnen bei der BBG vergleichsweise preiswert, hinzu kommt das meist über Jahrzehnte gewachsene Vertrauen in eine stabile Gemeinschaft. »Das ist unser Laden«, beschreibt Andreas Gehrke den Geist der BBG-Mitglieder. Bisweilen müssen Senioren nur über die Straße, um von ihrer langjährigen Wohnung in die Pflege umzuziehen. Eine Win-win-Situation.

Die Tuckermannstraße 14 hat sich heute zum Treffpunkt des ganzen Stadtviertels entwickelt. Mal berichten Ältere, die schon lange an Multipler Sklerose leiden, frisch Erkrankten von ihren Erfahrungen. Ein Beatbox-Seminar lockte überraschenderweise auch Senioren an, für Assistenz bei den Hausaufgaben revanchieren sich Schüler mit Nachhilfe im Umgang mit dem Internet oder mit iPad-Workshops. Besonders gefragt ist derzeit das Thema »Skype«; die Enkel übers Netz zu hören und zu sehen, das begeistert die älteren Bewohner.

Geschäftsführer Mayr, der eine Gesangsausbildung machte und selbst einen Chor leitete, legt viel Wert auf Musik und Bewegung. »Wir scheuchen unsere Bewohner manchmal mit voller Absicht«, sagt der Oberbayer, ob mit Therapiestunden, Vorträgen zum Säure-Basen-Haushalt oder dem morgendlichen Zeitungskreis. Mitarbeiter sind übrigens gehalten, ihre Haustiere möglichst oft mitzubringen. »Ersetzt oft den Psychologen«, weiß Mayr. Ein Dutzend Bewerbergespräche führt der Heimleiter inzwischen pro Woche und lotst zudem Scha-

140

ren neugieriger Genossenschaftskollegen aus anderen Städten über die Flure. Die Braunschweiger gelten als Avantgarde für kostengünstiges Wohnen, soziale Verantwortung und funktionierendes Miteinander.

Am skeptischsten sind erfahrungsgemäß jene Angehörigen, die fürchten, dass Oma oder Opa bei guter genossenschaftlicher Pflege so alt werden, dass vom Erbe nichts mehr bleibt. Obwohl genug Rente da sei, werden manche Senioren von ihren Kindern tatsächlich in ein kostengünstiges Doppelzimmer gesteckt, um den Nachlass zu optimieren.

Und wie will Heimleiter Mayr alt werden? Hat er sich schon einen Platz im Genossenschaftsbestand reserviert? »Steinhaus in Umbrien, mit Bootssteg«, sagt Mayr lachend, »darauf spare ich hin.« Wenn's nicht klappt, bleibt immer noch die BBG.

- **Kosten**: Ca. 1350 Euro (Eigenanteil einschl. Investitionskosten). ****
- **Aufwand**: Gering. Kurze Wege, bekannte Gesichter.
- **Risiken**: Überschaubar. Die meisten Rentner können schon Jahre im Voraus testen, ob ihnen das Altern in der Genossenschaft zusagt. ****
- **Privatsphäre**: Eine eigene Wohnung — mehr geht nicht. *****
- **Bequemlichkeit**: Die BBG bietet alle erdenklichen Alltagshilfen. ****
- **Gesamtbewertung**: Wer sein Leben in den Wohnungen der BBG zugebracht hat, findet hier die ideale Lösung für eine vertraute Ruhestandszeit. *****

Kontaktdaten:
BBG-Senioren-Residenz, Tuckermannstraße 14,
38118 Braunschweig. Telefon: +49 531 24 132-900.
E-Mail: tuckermannstrasse@bbg-senioren.de. Website:
www.seniorenzentrum-tuckermannstrasse.de.

Mythos Mandelauge

Wem die Karibik zu teuer ist, Deutschland zu kalt, Florida zu amerikanisch und Spanien zu europäisch, der träumt sich nach Thailand: immer Sonne, gutes Essen, Pharmazie ohne Rezept und hingebungsvolle Mädchen, die angeblich nichts lieber tun, als vorwiegend deutsche Männer zum Spartarif zu verwöhnen. 1,2 Millionen Deutsche lassen sich die Rente bereits ins Ausland überweisen, 3500 davon nach Thailand, wo es allerdings auch Projekte fernab des Rotlichts gibt. Stimmt das Märchen vom Land des Lächelns tatsächlich? Drei Konzepte offenbaren die Grenzen des erhofften Glücks.

Villa Germania – betreutes Trinken

Wie lecker. Heute gibt es Kassler mit Kartoffelpüree und Sauerkraut. Hans feiert seinen 50. Geburtstag. Auf dem Tisch stehen Whisky und Wodka und lustige bunte Spitzhüte. Heute wird wieder mal gefeiert, so wie fast jeden Abend, mal mit Erbsensuppe, mal mit Schweineschnitzel, aber immer bis zum Vollrausch.

Drei der sechs Männer haben Thai-Mädchen neben sich sitzen, die ihre Töchter sein könnten. Die Mädchen lächeln, auch wenn sie weder die Saufsprüche verstehen noch die Texte der Ballermann-Hits, die angestimmt werden. Die Kneipe heißt »Forever Young« und ist die Trinkhalle der einige hundert Meter entfernt liegenden »Villa Germania«, einem elfgeschossigen Apartmenthochhaus, nah am Strandort Pattaya, knapp zwei Autostunden von der Hauptstadt Bangkok entfernt.

Zwischen Baustellen, Brachen und Müllhaufen leuchten gestreife Markisen und HSV-Fahnen um die Wette. Hier wohnen überwiegend deutsche Männer ab 50: frühpensionierte Polizisten, die den Streifendienst nicht mehr ertrugen, Monteure, die ihre Jobs an osteuropäische Konkurrenten verloren, Bankangestellte, die wegrationalisiert wurden. Die Hälfte lebt dauerhaft hier, die anderen überwintern im Goldenen Dreieck von Balkon, Bier und Bumslokal. Von den oberen Stockwerken kann man das Meer sehen und die »Walking Street« erahnen, das weltweit berüchtigte Rotlichtviertel von Pattaya, das noch immer als Paradies für den alleinstehenden Herrn gilt.

Seit Russen und zunehmend Chinesen die Anmach-Bars und Go-go-Schuppen bevölkern, hat sich das Klima allerdings verhärtet. Deutsche Kneipiers fliehen, es wird viel geschossen. Wo früher wenigstens noch ein Hauch von Exotik die Puffmeile umwehte, herrscht heute organisierte Kriminalität und systematische Abzocke. Die Versuche der Tourismusbehörde, Pattaya zum Familienstrand umzubauen, sind ungefähr so vielversprechend, als wolle man den mallorquinischen Ballermann in ein Literaturcafé verwandeln.

In der Villa Germania wird trotzig am Thai-Traum festgehalten. In 100 Apartments leben überwiegend Herren zwischen 50 und 70plus aus, wovon sie ihr Leben lang träumten: Sonne, Alkohol zum Frühstück, gelegentlich Angeln, Skat und natürlich Bundesliga, dazu rezeptfrei Viagra und Frauen zum Festpreis: Für 400 Euro im Monat mietet sich der Herr eine junge Thai, die so tut, als habe sie kein Problem mit Nagelpilz, Viszeralfett und zweifelhaftem Benehmen.

Der Lebensabend und die Jahre davor als täglicher Junggesellenabschied – forever young bis zur Leberzirrhose. Und Horst und Ingo, beide Jahrgang 1945, immer mittendrin. Horst Thalwitzer hat die Villa Germania erfunden. Vor zwanzig Jahren hatte der frühere Verkaufsfahrten-Einpeitscher den Erbauer des schmucklosen Baus auf dem Golfplatz kennengelernt. Zwei Jahre später waren 60 der 100 Wohnungen verkauft. Thalwitzer hatte mit Anzeigen in deutschen Zeitungen

Besichtigungsflüge angeboten, kleines Spaßprogramm inklusive. Wer kaufte, bekam den Flugpreis erstattet. Ein gutes Investment: Die Immobilien haben ihren Wert seither verdoppelt. Eine Wohnung mit 40 Quadratmetern kostet heute etwa 35 000 Euro.

Die Zukunft allerdings ist ungewiss. Der Zustand der Liegenschaft ähnelt dem seiner Bewohner: Tendenz verfallend. Die Großbaustellen für gigantische neue Apartmenthäuser kommen immer näher, die Furcht vor einer Immobilienblase ist allgegenwärtig. Zugleich wächst in Sihanoukville im nahen Kambodscha die billige Konkurrenz heran, wo Phantasien sprießen wie vor dreißig Jahren in Pattaya.

Ein bizarres Alleinstellungsmerkmal bietet die Villa Germania allerdings noch immer. Hier erzählt man sich ausdauernd das Märchen von einem guten, alten Deutschland: ausländerfrei, frauenquotenfrei, gemütlich halt. Dieses patriarchische Traumland wird nun in Pattaya gelebt. In der Germanenburg herrscht nationalkonservatives Hippietum: Jeder, der findet, dass früher alles besser war, darf mitmachen. Hier verehrt man den deutschen Tugendkanon aus Fleiß und Disziplin und reinem Geblüt, ohne sich eine Sekunde selbst daran zu halten.

Als die Villa Germania 2007 durch eine Doku-Soap auf RTL II in der alten, unbeliebten Heimat populär wurde, setzte eine Flut von 3000 Anfragen ein. Ein Plätzchen in diesem Männerwohnheim mit betreutem Saufen schien manchem Mittfünfziger offenbar als Erfüllung geheimster Träume. Mögen sich Studienräte auch fremdschämen über die tätowierten Eltern ihrer Schüler, so bedient die Villa Germania doch Bedürfnisse und Haltungen, die sich im Alter offenbar heftig Bahn brechen.

Die angstgetriebene Ausländerskepsis ist bei Senioren keine Seltenheit, ebenso wenig die Sehnsucht nach Identität, Übersichtlichkeit und einem generell besseren Preis-Leistungs-Verhältnis; und natürlich das Bedürfnis nach Zuwendung und Liebe, auch wenn sie vielleicht nur gespielt ist und

144

nicht kostenlos. Wen Soziologen in die Kategorie der Modernisierungsverlierer einordnen, wer sein Zugehörigkeitsgefühl in einem komplexen, schnellen und digitalisierten Land verloren hat, der erklärt die Nostalgie zur Vision für die letzten Jahre. Gerade älteren Herren mit traditionellen Frauenbildern und wegrationalisierten Berufen muss die Villa Germania märchenhaft vorkommen.

Der Hohepriester des Kolonialismus ist bis heute Horst Thalwitzer. Der gelernte Werbekaufmann, dessen Boris-Becker-artig aufgetriebenes Gesicht auch die Nutella-Bräune nicht verdecken kann, lebt hemmungslos vor, was in Deutschland zu Recht als prollig gälte, protzt mit einer phantastischen Zahl von erotischen Begegnungen und hangelt sich mit kraftmeiernden Sprüchen durch den Tag.

Was in der Heimat mit einer Therapie gegen Minderwertigkeitskomplexe oder mit der Einweisung in eine Suchtklinik behandelt werden würde, nennt Ingo Kerp ein »unkompliziertes Miteinander«. Und moralische Hilfestellung wird gleich mitgeliefert. Beim Mädchen-Mieten, so erzählt man sich in der Villa, handele es sich ja nicht um Prostitution, sondern um Entwicklungshilfe. Mit dem erwirtschafteten Geld würden ganze Dörfer in der armen Region Isan am Leben gehalten. Billigbumsen als mildtätiges Werk – es lebe die situative Ethik. Aber die ist Standard in der Villa Germania. So schimpft man auf die unfähigen Politiker in der Heimat, um sich bei hochkorrupten Thai-Behörden Führerschein oder Visumsverlängerung zu kaufen.

Man muss die Proll-Kultur der Thai-Germanen nicht mögen, aber eines fällt auf: Die Belegschaft der Villa Germania ist auf eine geradezu erschreckende Weise direkt beim Formulieren und Ausleben ihrer männlichen Bedürfnisse. Dieses Seniorenheim wird durch sehr ähnliche Interessen zusammengehalten; keiner muss sich verstellen, wer die kollektiven Interessen teilt, bleibt nicht lange allein.

Derart gemeinschaftlich gefestigt kann jedermann seine neueste Thai-Eroberung präsentieren, im Unterhemd herumlaufen und den Tag mit einem doppelstöckigen Whisky-Cola beginnen. Es laufen barrierefreie Schlager, die alle mitsingen, es gibt deutsches Essen, Stammtisch und Stammkneipe, Clooneys Kaffeekapseln, Schwarzbrot und Highspeed-Internet, dafür aber keine Emanzen, Ökologie oder ein Europa, wo die Mark dem Euro geopfert wird und das Deutsche angeblich dem Multikulturellen. Zwischen den Wertemustern der »Alternative für Deutschland« (AfD) und der Villa Germania dürfte es einige Überschneidungen geben.

»Wir leben unter einer Zeitglocke«, erklärt Ingo: »Bei uns ist Helmut Brandt noch Kanzler.« Oder Willy Schmidt. Oder Kaiser Bismarck. Egal. Hauptsache, alles wie früher, als sich »der Deutsche an sich« als Krone der Schöpfung fühlen durfte. Einzige Hürde der Behörden: Einmal im Jahr müssen die Fernost-Teutonen 20 000 Euro auf dem Sparbuch nachweisen oder monatliche Einkünfte von etwa 1700 Euro.

Damit keine Missverständnisse aufkommen: Der partyhungrige Senior ist kein deutsches Phänomen. Nahezu jedes westeuropäische Land hat seine Community in Pattaya. Die Interessen von älteren Herren aus dem Euro-Raum scheinen relativ ähnlich gelagert zu sein: Schweizer, Schwaben, Schweden – sie alle leben nach demselben Muster.

Ingo und Horst ergänzen sich ideal als Schamanen dieses Stammes, schon wegen der verschiedenen Tonlagen. Während Horst, ein Millionär, wie man in der Villa raunt, Sätze wie »Thailand ist geil, und in Deutschland ist alles scheiße« in die TV-Kamera dröhnt, sagt Ingo artig: »Ich bin gern in Thailand, weil das Wetter in Deutschland so unbeständig ist.« Ingo ist viel rumgekommen in der Welt, hat in einer kanadischen Nickelmine geschuftet, als bester Reißverschlussverkäufer eines Jahres hängt sein Bild immer noch in der Hall of Fame eines japanischen Unternehmens. Außerdem drückt er sich halbwegs gewählt aus.

Ingo ist für den Einbau eines künstlichen Knies nicht nach Deutschland geflogen, sondern hat sich der Operation in einer Klinik in Pattaya unterzogen, »wie ein 5-Sterne-Hotel«.

146

Der Eingriff, 25 000 Euro teuer, verlief problemlos, allerdings folgte eine Lungenembolie, die ihn fast umgebracht hätte. Weil er trotz der medikamentösen Nachbehandlung tapfer weitertrinkt, umweht ihn der Hauch der Unsterblichkeit.

Während Horst zunehmend vergeblich dem »Forever Young« hinterherkeucht, auf die Fanartikel der Villa hinweist und stolz erzählt, dass der Ballermann-Barde Willi Wedel eine Hymne eingesungen hat, bei der »Viva Colonia« durch »Villa Germania« ersetzt wurde, übt sich Ingo in provozierender Gelassenheit. Er sieht seine Aufgabe weniger darin, den Mythos vom Mandelauge zu verbreiten, sondern weist Neulinge lieber auf die hartnäckigsten Missverständnisse hin, denen viele Deutschland-Flüchtlinge zum Opfer fallen:

Missverständnis 1: Das Land des Lächelns.

Es wäre naiv, aus der Höflichkeit der Einheimischen abzuleiten, dass in Thailand die besseren Menschen leben. Wie in allen Schwellenländern gibt es eine gewaltige Kluft zwischen einem Heer von Niedriglohnarbeitern, die am Tag umgerechnet so viel verdienen, wie ein Frühstück bei Starbucks kostet. Kein Wunder, dass hart arbeitende Thais die vergreisten Schluckspechte vor allem als »Geldautomaten auf zwei Beinen« betrachten, wie Ingo erläutert: »Ohne Kohle bist du hier nichts, das Lächeln verschwindet dann sehr plötzlich.« Zwar achten die Thais ältere Menschen, bevorzugt freilich Landsleute. Die allgegenwärtige Korruption, ein weltweiter Spitzenplatz bei Verkehrsunfällen und hohe Kriminalität trüben das Idealbild vom sanften Asien.

Missverständnis 2: Hartz IV reicht.

Mit 1000 Euro im Monat lässt sich in Thailand überleben, aber dann vorwiegend vorm Satelliten-TV. Annehmlichkeiten wie Restaurantbesuche, Angeltouren oder Inselausflüge fallen aus. Eine internationale Krankenversicherung kostet um die 3000 Euro im Jahr, eine Pflegekraft mindestens 300 Euro im Monat, 24-Stunden-Pflege eher 800 Euro. Ingo empfiehlt »für ein gutes Leben« ein Budget von 2500 Euro im Monat. Immer wieder stranden Naivlinge in Thailand, die mit Touristenvisum einreisen, ihre Minirente in einer Woche versaufen und sich nicht mal mehr die Medikamente für ihre chronischen Beschwerden leisten können. Dann muss der Deutsche Hilfsverein einspringen, eine spendenfinanzierte Organisation aus Bangkok. Klar ist: Wer in Deutschland nicht zurechtkommt, wird auch in Pattaya nicht glücklich werden.

Missverständnis 3: Es ist Liebe.

Man mag die allgegenwärtige Prostitution für widerlich halten, aber sie ist Realität. Ein knallhartes Geschäft, das manchen deutschen Mann offenbar emotional überfordert. »Liebeskasper« nennt Ingo Kerp jene Herren, die »in Deutschland seit Jahren keine Frau mehr angeguckt hat und die glauben, dass die Mädchen hier sie attraktiv fänden«. Man mag es für höhere Gerechtigkeit halten, dass mancher Liebeskasper tatsächlich an die große Liebe glaubte und sein Erspartes in ein Apartment für die vermeintliche Eroberung investierte. Inzwischen häufen sich die Fälle, dass ältere Herren mittellos über die Strandpromenade von Pattaya streunen, von der Polizei aufgegriffen und ins Gefängnis gesteckt werden, was einem Todesurteil gleichkommt für jeden, der nicht über eine äußerst robuste Gesundheit verfügt.

Missverständnis 4: Die Zukunft ist sicher.

Mag Pattaya auch für zwei, drei Jahrzehnte das Phantasialand des europäischen Single-Seniors gewesen sein, so wird das Klima deutlich rauer. In Laos, Kambodscha und vor allem Vietnam fehlt zwar bislang eine angemessene Infrastruktur, aber in einigen Jahren dürften dort Alternativen zum oftmals unappetitlichen Pattaya erwachsen. Zwar ist jede demokratisch gewählte Regierung in Bangkok von der Unterstützung des Militärs abhängig, was eine gewisse Stabilität verheißt. Doch weder der allseits verehrte König noch die Generäle scheinen die oftmals aufflackernden Demonstrationen unter Kontrolle zu haben. Und am schlimmsten: Bier und Schnaps werden ständig höher besteuert. »Das ist für die ganzen Alkis hier eine schlechte Nachricht«, sagt Ingo Kerp.

Der Pattaya-Veteran Ingo hat sich mit den Unwägbarkeiten der neuen Heimat arrangiert. Für sich und seine resolute Gattin Jen hat er in der Provinz eine Villa gebaut, weit weg von Pattaya. Er will kürzertreten. Dauerndes Trinken, das Einweisen der neuen Gäste, der ganze Villa-Germania-Trubel strengen ihn zusehends an.

Und dann? Wie werden die letzten Jahre aussehen, wenn womöglich Pflege und Bettlägerigkeit anstehen, wenn die Leber und der Rest des Körpers die Feierei nicht mehr mitmachen?

Für die Villa Germania und ihre Kumpelkultur werden die ersten Pflegekandidaten zum Ernstfall für die Männersolidarität. Ein erster Demenzkranker wohnt im Haus und behilft sich mit einer Tagesbetreuung. Ob und wie viele Pflegefälle die Villa bewältigen kann und will, ist ungeklärt. Nur eines steht fest: Eines Tages kommt auch das hartgesottenste Feierbiest in die Jahre. Für Ingo Kerp steht fest: »Auf keinen Fall« will er zurück in ein Deutschland, das ihm längst fremd geworden ist: »Gestorben wird hier.«

Etwaige Pflege wird seine Thai-Familie organisieren, zur Beerdigungsfeier werden ein paar verbliebene Kumpel aufkreuzen, in T-Shirt und Flip-Flops. »Und dann kommt der Sarg in den Ofen, alle betrinken sich, und ich bekomme ein Vogelhäuschen mit goldenem Buddha im Garten, so wie das hier üblich ist. Das war's dann.«

- **Kosten**: Man kauft sich sein Apartment (40 Quadratmeter) ab 1400 000 Baht (entspricht circa 35000 Euro). Plus mindestens 1000 Euro monatlich, je nach Ansprüchen (bei Pflegebedarf zzgl. 300 – 800 Euro). ***
- **Aufwand**: Visum, Krankenversicherung, fremde Sprache, das Wetter – wer seinen Lebensmittelpunkt von Europa nach Südostasien verlegen will, sollte erst einmal drei Monate Überwintern üben.
- **Risiken**: Überschaubar: Sieht man von Alltagskriminalität wie Straßenraub und Korruption ab, bleiben nicht allzu viele Unwägbarkeiten. Die medizinische Versorgung ist gut, die Hygienestandards sind es ebenfalls. ***
- **Privatsphäre**: Nach Belieben. ****
- **Bequemlichkeit**: Eine Frage des Geldes: Dienstleistungen aller Art möglich. ****
- **Gesamtbewertung**: Es gilt die Faustregel: Wer noch nie länger weiter von Deutschland entfernt lebte, sollte das Abenteuer erst mal ausprobieren. Wer sich mit Bier und Bundesliga begnügt, ist in der Villa Germania richtig. ***

Kontaktdaten:
Villa Germania, 32 Moo 12, Chaiyapruk 1, Soi 4, Nongprue, Banglamung, Chonburi, 20260 Pattaya-Jomtien, Thailand. Telefon: +66 38 23 29 63. E-Mail: horst@germania.thai.li. Website: www.germania.thai.li.

Brot im Reisfeld

Fernab der thailändischen Strände mit ihren Lustgreisen hat ein Schweizer Ehepaar ein Senioren-Domizil errichtet. In Lanee's Residenz finden schrullige Aussteiger die Ruhe der Provinz, die Wärme der asiatischen Sonne und Highspeed-Internet. Ob Rentnerparadies oder Endlager, darüber entscheiden die Bewohner allerdings selbst.

Fährt man von der Hamburger Reeperbahn Richtung Osten, wird das Land immer leerer und weiter. Kurz vor Polen ist das Maximum an ruhiger Gegend erreicht. So ähnlich verhält es sich mit Lanee's Residenz. Ob von Bangkok oder Pattaya aus, es sind mindestens vier Stunden Autofahrt Richtung laotisch-kambodschanischer Grenze. Dort, wo selten ein Tourist hinkommt, wo bescheidene Dörfer dämmern, ragt plötzlich eine Bungalowsiedlung aus den Reisfeldern. Hühner laufen über die Straße, eine hölzerne Mühle rattert, und manchmal lärmt in der Ferne ein Lautsprecherwagen mit Popmusik und Reklameansagen. Ein gutes Dutzend Häuser steht um einen künstlichen See, Gärtnerinnen bearbeiten Grünflächen, die Boule-Bahn weist frische Einschläge auf.

Was hat das Schweizer Ehepaar Jäger ausgerechnet hierhin verschlagen, in die Provinz Buriram, 120 Kilometer entfernt vom nächsten Flughafen? Ganz einfach: Lanee Jäger stammt von hier, ihre Familie wohnt in der Gegend, sie kennt den Landstrich und die Mentalität der Menschen. Und in Thailand gilt die goldene Regel: Beziehungen schlagen Lage. Fremde laufen dauernd vor die unsichtbaren Wände eines oft archaischen, aber immer korrupten Landes, weil einfach die Kontakte fehlen.

2011 wurde das Seniorendorf in rekordverdächtigen sieben Monaten angelegt, der begnadete Handwerker Hans-Jörg

Jäger hat jeden Anschluss persönlich überprüft. Strom, Wasser, Internet, Pool, Küche – alles auf Schweizer Niveau. Die Botschafterin kam zur Eröffnung persönlich aus Bangkok eingeflogen, Schweizer Presse und Fernsehen berichteten wohlwollend.

Lanee's Residenz ist keines jener Abzockermodelle wie so viele sogenannte Senioren-Residenzen, hinter denen sich vor allem ein Immobilienvertrieb verbirgt. Bei Lanee kostet ein Monat im Einzelzimmer mit Vollpension, einschließlich Strom und Wasser, etwa 950 Euro. Mit 2000 Euro im Monat kommt man gut aus, wenn es nicht jeden Abend Champagner sein muss.

Ein Dutzend Gäste wohnt seither hier, und es werden mehr, langsam. »Die Menschen müssen sich erst einmal an das Gefühl gewöhnen, in einem anderen Land zu wohnen und dort noch in der Abgeschiedenheit«, erklärt Hans-Jörg Jäger. Seine Erfahrung: Wer in Europa holterdiepolter alles aufgibt und nach Na Phang a Na Pho kommt, um dort den Rest seines Lebens zu verbringen, der scheitert zuverlässig. Erwartungen und Realität klaffen zu weit auseinander: Es gibt kein Leben wie im Prospekt, nirgends.

Wer allerdings mit gesunder Skepsis erst mal ein paar Wochen zur Probe wohnt und dann ein zweites, drittes Mal für ein paar Monate kommt, der gewöhnt sich an den Zauber eines sehr speziellen Ortes, an die Ruhe, das Entspannte, Zeitlose.

Oliver Ekmann hat Lanee's Residenz im Internet gefunden, auf der Suche nach einem warmen Plätzchen für den Ruhestand. Der Schweizer, der in Bayern wohnt, hat ein temporeiches Berufsleben hinter sich: Vertriebsexperte, Coach, Autor, immer im Einsatz. Mit 66 will er sich endlich um sich selbst kümmern, zur Ruhe kommen, meditieren, schreiben. Schon in den ersten drei Tagen entspannt sich Ekmann zusehends, wird leiser, langsamer, nachdenklicher. Andere Kandidaten sind nach zwei Nächten schon wieder weg. Sie erwarten 5-Sterne-Bling-Bling und Bespaßungsfeuerwerk. Doch hier gibt es kein

Animationsprogramm: Das tägliche Leben ist so vielfältig wie die Bewohner.

Im Bungalowdorf lebt eine interessante schweizerisch-österreichisch-deutsche Mischung eigensinniger Figuren, eher *Zeit-* als *Bild*-Leser.

Da ist Hildegard, 69, deren Mann mit einem Thai-Mädchen durchgebrannt ist. Ihr Schweigen lässt langsam nach.

Da ist Irma, maximal dement, die von drei Pflegerinnen rund um die Uhr in ihrem Bungalow betreut wird.

Da ist Swami, der mal Karl-Heinz hieß und als Ingenieur arbeitete. Mit 50 wurde er Yogalehrer, arbeitete in Luxushotels mit erlesenen Kunden und strahlt eine geradezu provozierende Gelassenheit aus. Er sieht aus wie 60, ist aber 82.

Da ist Hildegard, die schon fünfzehn Jahre auf der Partyinsel Koh Samui wohnte, die sie mal verflucht wegen der Unruhe und dann wieder vermisst, weil sie sich eingelebt hatte.

Da ist Micki, der seine rechte Körperhälfte nach einem Unfall kaum noch gebrauchen kann, aber gut gelaunt jeden Morgen in die aufgehende Sonne joggt, nachmittags auf dem Rad das Land erkundet und E-Bike-Touren für die Gäste anführt.

Und da ist eine Handvoll weiterer Herrschaften, die alle Eigenarten der menschlichen Spezies repräsentieren.

»Ist doch klar, dass die Menschen ihre Geschichte mitbringen«, erklärt Lanee, 47. Die gelernte Sportlehrerin hat fast zwanzig Jahre in der Schweiz als Krankenschwester und Laborantin gearbeitet. Nun ist sie Managerin, Personalchefin, Behördengängerin, Kummerkasten und Betreuerin. Riecht es beim Abendessen nach verbrannten Gummireifen, springt sie aufs Motorrad, um den Umweltsünder zurechtzuweisen.

Die Residenz ist eine Rund-um-die-Uhr-Aufgabe, die Gäste legen Wert auf Chefbehandlung. Mit bemerkenswerter Geduld erfüllen die Jägers auch exquisitere Wünsche, machen Ausflüge, backen inmitten der Reisgegend deutsches Brot, das Senioren im Ausland so häufig fehlt, sie kochen nach Wunsch, besorgen Filme, Druckerkartuschen, Medikamente und Visa, engagieren eine Thai-Lehrerin, die mit den Gästen das Dorf erkundet. Da können die Residenzbewohner beobachten, wie ihre thailändischen Altersgenossen mit dem Bollerwagen am Straßenrand entlangschuckeln, um Feuerholz zu sammeln, wie sie aus ihren Hütten winken oder entspannt im Schatten dösen.

Morgens um kurz nach sechs ließe sich auch das phänomenale Licht genießen, wenn der Mond gerade verschwunden ist und die Sonne ganz flach über die Felder strahlt. Aber viele gucken lieber Fernsehen gegen die Schlaflosigkeit. Wer zu Hause ein Passivleben führte, wird auch am anderen Ende der Welt kein Energiebündel mehr.

Die größte Herausforderung für ein Wohnprojekt in der Ferne sind daher weder fehlende Herztropfen noch unpassende Adapter. Lässt sich alles besorgen. Nein, es ist die Gruppendynamik, die jeden Tag aufs Neue gepflegt werden will. Dass ältere Herrschaften nicht zwangsläufig zur Kategorie »gute Omi, lieber Opi« gehören, war dem handfesten Werkzeugmacher Jäger bislang so nicht bewusst. Er hat Pipelines in Saudi-Arabien geschweißt, in Japan geschraubt und zwanzig Jahre lang Wasseraufbereitungsanlagen verkauft. Lanee's Residenz dürfte sein bislang forderndster Job sein. Jäger dachte, dass es genügt, wenn die Rahmenbedingungen stimmen, der Strom stabil fließt, das Wasser warm wird, das Essen pünktlich auf den Tisch kommt.

Doch die Jägers sind nicht mit Kunden konfrontiert, sondern mit Biografien. Ohne das vertraute Zuhause entwickeln sich manche Bewohner zu tollen Teamplayern, andere versinken zwischen grauen Gedanken, Nostalgie und Nickeligkeiten.

Trotz, Neid, Angst herrschen bei manchen, Belangloses bekommt immense Bedeutung, Wichtiges wird egal, Entscheidungen fallen immer schwerer, erratisches Verhalten dominiert. Kleinere Zwischenfälle oder Maulereien, die die Gäste schnell vergessen haben, beschäftigen die Jägers oft die ganze Nacht lang. Ist das Essen hier auch frischer, gesünder und wohlschmeckender als in 95 Prozent der deutschen Heime, gibt es doch immer wieder bittere Klagen. Aber fast nie Wünsche. »Einmal ›Danke‹, zweimal lächeln«, sagt Hans-Jörg Jäger, »statt drei neuer Klagen und Beschwerden – das würde uns auch mal guttun.«

Bisweilen reicht ein einziger Meckermensch, um die Stimmung für alle anderen zumindest vorübergehend zu vergiften. Gekkos machen nun mal Geräusche, so wie jedes Land seine nervigen Tiere hat – soll Jäger die kleinen Echsen nun auch noch vom Gelände scheuchen, wie es von einer geräuschempfindlichen Bewohnerin gefordert wurde? Hinzu kommen die Angehörigen, die ihr schlechtes Gewissen gern mit Beschwerden kompensieren. Vergangenes Jahr war RTL da und hat eine Dame so lange vernommen, bis sie schluchzend »Heimweh« sagte.

Was dem einen seine wohltuende Ruhe, ist anderen eben Langeweile und Einsamkeit. Beim Essen werde zu viel geschwiegen, beschwert sich eine Norddeutsche, die seit ihrer Ankunft beharrlich schweigt. Eigenverantwortung und Initiative muss man offenbar im Kindesalter lernen, sonst wird das im Alter nichts mehr. Kein Paradies ohne Eigeninitiative.

In Lanee's Residenz gilt das Gesetz der kritischen Menge. Stellen die aktiven, gut gelaunten, halbwegs entspannten Persönlichkeiten mehr als die Hälfte der Gäste, kippt die Stimmung automatisch ins Angenehme. Und umgekehrt. Wie ein Bundestrainer haben Lanee und Hans-Jörg Jäger darauf zu achten, dass die Komposition der Mannschaft stimmt. Den einen oder anderen Starrkopf kann ein gutes Team ertragen. Aber nicht zu viele.

Für Entlastung sorgt der Künstler Marcel, 50, der vorn an der Straße Atelier und Café aufbaut. Der Exzentriker, der sich einst zum Ziel gesetzt hatte, das Himalaya-Massiv zu umwandern, um sechs Monate in einem russischen Knast zu landen, hat kein Problem, wenn ihm die Senioren bei der Arbeit zusehen oder gar mitmachen. Aber manche Bewohner wagen sich gar nicht erst bis zum Atelier an die Dorfstraße. Angst. Könnte ja was passieren. Dabei ist jedes von der NDP infiltrierte Dorf in Vorpommern gefährlicher als Na Phang a Na Pho.

Um das Klima im Bungalowdorf zu schützen, sagen die Jägers inzwischen Interessenten ab, die sich von Anfang an als Diven oder Berufsopfer aufführen. Wer hochspezielle Therapien braucht oder mit einer komplexen Allergiebiografie aufwartet, die vor allem psychologische Hilfe erfordert, wird hier nicht glücklich werden.

Überraschenderweise macht ausgerechnet die Demenzpatientin am wenigsten Sorgen. Drei Pflegerinnen kümmern sich im 24-Stunden-Betrieb um die alte Dame, der ideale Betreuungsschlüssel von 1:1 ist gewährleistet, für 750 Euro im Monat. Jägers Landsmann Martin Woodtli hat in Chiang Mai, im Norden des Landes, ein reines Demenzheim für Europäer aufgebaut. Thailand mit gutem Wetter, relativer Lebensqualität und überschaubaren Lohnkosten ist ideal für Opfer der Vergesslichkeitskrankheit, die vor allem für Angehörige dramatisch ist. Bleibt die moralische Frage: Darf man Mutti so weit wegschieben?

»Sollen wir uns auf Demenz spezialisieren?«, fragt Hans-Jörg Jäger seine Frau immer mal wieder. Lanee schüttelt den Kopf. Sie wünscht sich einen bunten, lebendigen Austausch. »Und den schaffen wir uns auch langsam, weil die richtigen Leute, die hier sind, die richtigen Leute nach sich ziehen werden.«

Draußen an der Schranke hupt ein Taxi. Die nächsten Kandidaten kommen. Das Abenteuer geht weiter.

- **Kosten**: Ca. 950 Euro für Vollpension, Einzel-Apartment, Reinigung, einschl. Strom und Wasser. Plus 1000 Euro oder mehr, je nach Ansprüchen und Pflegebedarf. ***
- **Aufwand**: Beträchtlich. Wer einen Umzug organisiert, kann allerdings vieles daheim lassen: Der Bedarf an Kleidern ist gering, das Internet liefert Kino, Fernsehen und E-Books.
- **Risiken**: Ob man sich mit den anderen Bewohnern versteht, bleibt offen bis zum Test. Sicherheit und Hygiene können die Jägers bieten; für Harmonie müssen die Bewohner selbst sorgen. ***
- **Privatsphäre**: Prima. Tür zu. Ruhe. ****
- **Bequemlichkeit**: Alles da. Genügend Personal und aufmerksame Gastgeber machen das Leben in der Abgeschiedenheit angenehm. ****
- **Gesamtbewertung**: Die Vorteile Südostasiens werden vereint mit Schweizer Präzision. Wer nicht täglich shoppen muss und sich in Gruppen zurechtfindet, kann hier eine gute Zeit verbringen. ****

Kontaktdaten:
Lanee's Residenz, 99 Moo 6, 31230 Na Phang a Na Pho, Buriram, Thailand. Telefon: +66 92 954 54 93 oder +66 8 62 56 26 27. E-Mail: hj@lanee.ch.
Website: www.lanee.ch.

Anm.: Inzwischen haben die Jägers in Lanee's Residenz auch eine Demenzstation ausgebaut (Stand Januar 2016).

Das Robinson-Projekt

Viele Babyboomer haben ihre Lehrjahre mit billigen Rucksackurlauben an asiatischen Stränden bereichert. Hütte, Wickelrock und ewige Hippiesommer – ein Konzept für die zweite Lebenshälfte?

Peter Heim hat einen der schönsten Arbeitsplätze der Welt. Von seiner Terrasse aus späht er über zwei Computermonitore auf das südchinesische Meer. Eine Handvoll Inselchen liegt am Horizont, tagsüber paddeln hautkrebsrote Touristen in Kajaks vorbei, nachts sieht man die Lichter der Fischerboote. Links und rechts der Terrasse wehen Fahnen des VfB Stuttgart an den Pfosten der Holzhütte, ein Stück Heimat für den Schwaben, der seit zehn Jahren lebt, wo andere ihren Traumurlaub machen. Mit Flatterhosen, Flatterhemd und Flatterzopf erfüllt Peter Heim das Klischee vom lässigen Aussteiger.

1990 begann das Robinson-Projekt. Damals landete Heim auf Koh Chang, wie Koh Samui oder Koh Phangan eine Trauminsel für Rucksackreisende. Was den Eltern der Babyboomer ihr Italien, das war der Generation Rucksack der Strand in Thailand: Bungalows mit Blick aufs Meer, billiges Bier, reichlich Gras, Essen für ein paar Pfennige im Restaurant – Robinson Crusoe mit Vollpension.

Heim freundete sich mit dem Fischer an, der die Hütte vermietete, beriet den Thai in Fragen von Organisation und Marketing. Er fuhr zurück nach Hause, kam aber immer wieder. Der Ausstieg wurde schrittweise vorbereitet. Aus Wochen wurden Monate. Heute gehört Peter Heim zum Clan, der diesen Strandabschnitt kontrolliert.

Heim, Jahrgang 1962, ist ein klassischer Babyboomer. Einst hat er den ehrenwerten Beruf des Schriftsetzers gelernt, er hat aus den mit Schreibmaschine auf Zeilenpapier getippten Manuskripten der Redakteure die Druckplatten für die Tageszeitung erstellt. Die Digitalisierung hat den Setzer zu seinem Ahnherren Gutenberg befördert – ins Museum.

Heim machte eine Umschulung zum Webdesigner, mitten in die Dotcom-Blase der Jahrtausendwende hinein. Das Gefühl verstärkte sich, »dass mich in Deutschland keiner mehr braucht«. Also ab nach Thailand, ein paar Monate lang Abstand gewinnen und sich neu orientieren.

Das Internet hatte damals Koh Chang noch kaum erfasst; gleichwohl begriffen die Einheimischen, dass der Anschluss ans weltweite Netz dringend nötig war. Eher zufällig gelangte der Deutsche auf Selbstfindungstrip an seine ersten Jobs. Er baute Websites, vermittelte Zimmer. Dann kamen die großen Hotelportale, die sein kleines Geschäft zerstörten.

Doch das Internet bietet dem Selfmade-Unternehmer nach wie vor kleine, aber halbwegs zuverlässige Erlöse. Er vermakelt Limousinen-Transfers vom Flughafen zur Insel, betreut Websites, verkauft Tagespässe fürs Internet und berät blauäugige Aussteigewillige, die die damit verbundenen Risiken meist nicht überblicken.

Heim gehört zur besonderen Spezies der Schwaben-Hippies, deren Veranlagung zur Disziplin verhindert, in vollständige Hängerei abzugleiten. »Jeden Morgen klingelt der Wecker«, schwört Heim, »sonst rasen die Tage hier ganz schnell vorbei, ohne dass du was schaffscht.«

Seit fünf Jahren wohnt er auf 24 Quadratmetern, ohne viel Komfort, aber zufrieden; für den Ausstieg hat er sich fast ein Jahrzehnt Zeit genommen. Anfangs hat er sogar das gute Besteck aus Esslingen im Koffer mitgebracht und die stabilen deutschen Steckdosen, weil die Thai-Ware nicht viel taugte. Alle drei Monate muss er für ein paar Stunden über die Grenze nach Kambodscha, um bei der Wiedereinreise ein weiteres Thai-Visum zu bekommen.

Mit deutlich unter 10 000 Euro im Jahr kommt Heim über die Runden, der jährliche Flug in die alte Heimat inklusive. Abends sitzt er mit deutschen Überwinterern beim Bier. Die kleine rostige Küchenzeile auf der Terrasse weist auf die Zeit hin, als ihn eine Thai-Freundin bekochte. Vorbei.

Zu den wichtigsten Lektionen im Leben eines Deutschland-Flüchtlings gehört der Umgang mit Überraschungen. Der ständige Stromausfall bedeutet eine dauerhafte Zen-Übung. Bescheidenheit ist eine weitere Tugend. Heim raucht Thai-Tabak für wenige Cent. Den Luxus von Zigarettenpapier mit Klebefläche gönnt er sich nicht, seit er von den Einheimischen lernte, wie sich Zigaretten ohne Klebe drehen lassen.

Ein paar goldene Ohrringe signalisieren, dass der Fremde es zu einigem Wohlstand gebracht hat. Seine Besitztümer – Rechner, Bildschirme, Moped mit Seitenwagen – zählen in Stuttgart nichts, aber in Thailand eine ganze Menge. Mit dem Moped will Peter Heim alsbald Baumaterial herankarren, um sich oben am Hang ein eigenes festes Haus zu errichten. Schwabe halt.

Und wie stellt er sich das Älterwerden vor? Außer einer Krankenversicherung, die ihm Behandlungen bis zu etwa 12 000 Euro erstattet, hat er wenig Vorsorge getroffen. Krebs im Paradies? Daran mag er nicht denken: »Wer sein sicheres Leben verlässt, muss lernen, mit dem Risiko zu leben. Ich habe eigentlich vor, hier zu sterben.«

- **Kosten**: Etwa 800 bis 900 Euro. *****
- **Aufwand**: Immens. Ein neues Leben eben, billig, einfach, bescheiden.
- **Risiken**: Wer deutsche Rundumversicherung schätzt, wird ein Problem bekommen. Freiheit bedeutet eben auch, auf Sicherheiten zu verzichten. Unfall, Krankheit, Depression sollten schlichtweg nicht vorkommen. *
- **Privatsphäre**: Reichlich. ****
- **Bequemlichkeit**: Wer das Sparprogramm fährt, der putzt, wäscht, kocht selbst. *
- **Gesamtbewertung**: Geschmacksache. Wer das einfache Leben mag und kein ängstlicher Zeitgenosse ist, kann in einer schlichten Strandhütte durchaus glücklich werden. ****

Die Richtigmacher

Wie viel Gemeinsamkeit soll sein, wie viel Autonomie ist gewünscht? Viele Seniorenprojekte scheitern an ungeklärten Grundsatzfragen, an romantischen Erwartungen oder ausgeprägten Egos. Zwei Pädagoginnen aus Münster haben vieles anders gemacht – und deswegen richtig.

Erste Überraschung: Es gibt keinen Bespaßungsstundenplan, weder Vorträge noch Liederabende noch Bastelstunden. Freitagnachmittags eine Kaffeerunde, alle sechs Wochen eine Bewohnerversammlung – das war's. Kulturprogramm? Keins, außer einem kleinen Malkreis, der sich im Teesalon trifft. Wer sich beschäftigen möchte, soll sich seine Mitstreiter selbst suchen.

Rosel Maass, 80, und Gudrun Große Ruse, 70, sitzen am Wohnzimmertisch und lächeln versonnen. »Wir wollen kein Heim sein«, da sind sie sich einig. Die Bewohner hier schätzen Selbstständigkeit, Ruhe und eine Nachbarschaftskultur, die auf dem guten alten Wert der Hilfsbereitschaft gründet. Animation oder Großfamilien-Surrogat sind nicht so wichtig.

Von hier oben im zweiten Stock, aus der Wohnung von Gudrun Große Ruse, hat man einen guten Blick über die drei hell geklinkerten Häuser. Zwanzig Senioren zwischen 60 und 85 wohnen hier und genießen eine entspannte Atmosphäre zwischen autonom und gemeinsam. Wie die beiden Initiatorinnen schätzen die Bewohner das Prinzip Freiwilligkeit. »Uns war von vornherein klar, dass wir nicht gemeinsam kochen und nicht jeden Nachmittag zusammenhocken wollen«, erklärt Gudrun Große Ruse. Aktivitäten sind willkommen, natürlich, aber ohne Plan und Zwang und Gruppendruck.

Obwohl in Wolbeck gelegen, einem Vorort von Münster, nennt sich das Projekt »Die Bremer Stadtmusikanten«. Sie sind keine Wohlstandssenioren mit Kreuzfahrt, Golfklub und Wellnesstagen, sondern bescheidene Herrschaften. Wie Esel, Hund, Katze und Hahn sind sie aus der Erwerbsgesellschaft ausgeschieden. Für die letzten Jahre suchen sie nun nach einem ruhigen, respektvollen, selbstbestimmten Leben.

»Wir haben Glück gehabt«, sagt Rosel Maass. Als die Damen sich im Jahre 2002 überlegten, wie sie im Alter wohnen wollen, stießen sie bei den Verantwortlichen der Stadt auf unerwartet offene Ohren. Es war die Zeit des *Methusalem-Komplotts*, als jede Kommune nach einem Vorzeigeprojekt für seniorengerechtes Wohnen gierte. Der damalige Bezirksbürgermeister Markus Lewe, inzwischen Oberbürgermeister der Stadt, ermutigte die Damen und half beim Ausfüllen der Anträge.

Der Politiker hatte schnell kapiert, dass die beiden Bürgerinnen ernst zu nehmen waren. Sie hatten Veranstaltungen zum »Wohnen im Alter« besucht, sich über gelungene Projekte informiert, sie waren als Pädagoginnen den Umgang mit Gruppen gewohnt und versprachen eine sozial ausgewogene Mischung von Bewohnern. Zwei Drittel der Wohnungen sind öffentlich gefördert, alle wohnen zur Miete, die Wohnungen sind von überschaubarer Größe und natürlich barrierefrei.

Ansteckend ist der Pragmatismus der beiden Ladys. Sie lachen über die Pflegelyrik zwischen »Morgenröte« und »Herbstzeitlosen«, sie wissen, dass »wir uns kein Pflegeversprechen geben können, weil wir das gar nicht schaffen«. Sie sagen klar, was sie für machbar halten, für wünschenswert, für realistisch. Vor allem aber wissen sie genau, was sie nicht wollen.

Mehrgenerationenwohnen wird zum Beispiel strikt abgelehnt. Die »Stadtmusikanten« bringen den Mut zu politischer Unkorrektheit auf und gestehen, dass Kinderlärm eben keine Musik ist, sondern Kinderlärm. Die Pädagoginnen bezweifeln zudem, ob es »ein paar Kindern wirklich guttut, dauernd unter Alten zu sein«. Im kleinen Drei-Häuser-Komplex geht es wohltuend ehrlich, unromantisch und klar zu.

»Sie werden an der menschlichen Natur scheitern«, hatte ein wohlmeinender Zeitgenosse zum Start des Projekts geunkt. Aber die »Stadtmusikanten« waren stärker. Denn ihr Zusammenhalt funktioniert nicht auf Basis wolkiger Illusionen, sondern auf der Grundlage demokratischer Verfahren. Erstens gilt eine Art Grundgesetz, an das sich die Bewohner zu halten haben. Folgende »Präambel« ist von jedem Bewohner mit dem Abschluss des Mietvertrags zu unterschreiben: »Ich bin mir bewusst, dass unser Wohnprojekt auf der Suche nach einer notwendigen Antwort auf neue gesellschaftliche Entwicklungen entstanden ist. Ein Zusammenwohnen, das auf Selbstständigkeit des Einzelnen, im Miteinander auf Partnerschaft, gegenseitiger Unterstützung, Achtsamkeit und Respekt basiert, entspricht meinen persönlichen Wünschen für meine Zukunft. Für das Projekt will ich mich nach meinen Möglichkeiten einsetzen und zu seinem Gelingen beitragen.«

Zweitens werden alle Entscheidungen nach demokratischem Mehrheitsrecht getroffen. Jeder Bewohner hat eine Stimme; wer die Versammlungen schwänzt, zählt nicht. Basta.

Was ein wenig gefühlskalt klingen könnte, ist Destillat aus mehreren Jahren praktischer Erfahrung. Und die waren nicht immer erheiternd. Als im Jahre 2007 die ersten Bewohner einzogen, herrschte noch große Euphorie; es wurde geräumt, gehämmert, eingerichtet. Doch schon nach wenigen Wochen des Aufbruchs begann die Sturmphase. Die Egos erwachten, Machtspiele liefen an, Provokationen, Parteien formierten sich. Und dann brach die »Schlüpferkrise« los, albern eigentlich, aber mächtig genug, das ganze Projekt zu gefährden. Was war geschehen? Eigentlich nichts. Eine Bewohnerin hatte nur einen Ständer voller Unterwäsche zum Trocknen direkt unter das Fenster eines Nachbarn gestellt, der wiederum einen Affront witterte. Die Bewohner formierten sich pro und contra Schlüpfer, Getuschel begann und üble Nachrede. Das Klima verdüsterte sich in kürzester Zeit. Vom Schlüpfer zum Erdbeben, wie in Kishons *Blaumilchkanal*. Es hat fast drei Jahre gedauert, bis der Fall erledigt war.

»Es sind alltägliche Kleinigkeiten, die das Zusammenleben auf die Probe stellen«, weiß Gudrun Große Ruse. Inzwischen

163

ist sie dankbar für die Schlüpferkrise. Denn seither haben die Bewohner eine Menge gelernt: Probleme offen anzusprechen, Grenzen zu respektieren, Eigenarten zu akzeptieren, sich in der hohen Kunst von Gelassenheit und Deeskalation zu üben. So wichtig gemeinsame Aktivitäten auch sein mögen, ebenso entscheidend ist die Fähigkeit, Ruhe zu geben.

Faszinierend, dass sich die Bewohnerschaft nach den holprigen Jahren des Starts nun gleichsam von allein erhält und ergänzt. Fast automatisch finden die Richtigen zusammen. Denn obgleich die Warteliste lang ist, scheuen manche Kandidaten den Umzug dann doch, wenn eine Wohnung frei wird. Viele wollen sich nicht von ihrer Immobilie trennen, manchen ist die Hausordnung zu strikt, wieder andere ziehen ein repräsentatives Heim vor. Keiner ihrer früheren Freunde sei seinerzeit bereit gewesen, den Schritt zum Wohnprojekt mitzugehen, sagt Gudrun Große Ruse. »Heute bewundern uns alle.« Aber wer den Schritt gewagt hat, ist heute stolz auf den Mut von damals.

Das späte Umgewöhnenmüssen bildet offenbar eine gewaltige Hürde. »Fast alle Bewohner müssen sich zunächst einmal resozialisieren«, erklärt Rosel Maass. Das eigene Haus verlassen, sich plötzlich auf weniger Quadratmeter beschränken, die Regeln einer Gemeinschaft akzeptieren – das scheint für viele hyperindividualisierte Senioren abschreckend zu wirken. Die Macht der Gewohnheit ist sicher gewaltig, die Lust am Neuen, Unbekannten jenseits der 70 offenbar nicht übermäßig ausgeprägt. Warum demokratische Entscheidungen erdulden, warum dem Schlichterspruch von Mediatoren folgen, wenn man auch den eigenen Dickkopf durchsetzen kann?

»Manchmal«, erinnert sich Gudrun Große Ruse, »manchmal dachten wir wirklich, wir scheitern an diesem ganzen Kleinkrieg.« Doch immer wieder besannen sich die beiden Lehrerinnen auf die Grundregeln des Miteinanders: höflich sein, Respekt zollen, sich nicht am Klatsch beteiligen und das »Sie« zu pflegen. Das schwierige Wechselspiel von Distanz

164

und Nähe, weiß Rosel Maass, manifestiert sich häufig in Kleinigkeiten wie der Ansprache: »Ein nettes ›Sie‹ kann freundschaftlicher sein als ein falsches ›Du‹.« Aber auch das muss man erst mal lernen.

Inzwischen haben sich die »Bremer Stadtmusikanten« gefunden. Praktisch monatlich kommen Interessenten zu Besuch, die die Geheimnisse funktionierenden Zusammenlebens ergründen wollen. Die gute wie erschreckende Erkenntnis für die Bewohner: Es gibt gar keine Geheimnisse, außer Disziplin und Rücksicht.

Als gute deutsche Pädagogin hat Rosel Maass die gesammelten Erkenntnisse gemeinsam mit ihrem Anfang 2014 verstorbenen Mann Hans in einem schmalen Bändchen festgehalten. *Auf den Spuren des Esels* schildert einfach und klar, warum Demokratie so wichtig ist, warum eine Satzung aber noch lange keine Atmosphäre schafft und wieso offene Kommunikation den Schlüssel zu einvernehmlichem Zusammenleben bedeutet.

Bleibt die heikle Frage, was mit Bewohnern geschieht, die allein nicht mehr zurechtkommen. Denn die »Stadtmusikantinnen« sagen klar: »Kein Pflegeversprechen.« Die ersten Fälle verliefen, soweit sich das sagen lässt, vielversprechend. Eine Mitbewohnerin bekam Hilfe vom Pflegedienst, die Nachbarn kauften ein und schauten vorbei. Als es nicht mehr ging, wechselte die Dame ins Heim, wo sie fünf Tage später verstarb. Das älteste Pärchen, beide über 90, verschied nahezu gleichzeitig, als die Kinder beschlossen hatten, nun sei die Zeit reif für stationäre Pflege. Und Rosel Maass hat ihren Mann Hans bis zuletzt daheim betreut. Die wenigen Fälle lassen wohl keine statistisch zuverlässige Aussage zu, aber offenkundig ist: Mit vereinten Kräften aus ambulanter Pflege und guter Nachbarschaft lässt sich ein langer Heimaufenthalt vermeiden, auch ohne Pflegeversprechen.

»Man muss einfach ein wenig reflektieren«, erklärt »Stadtmusikantin« Rosel Maass, »dann kann man sogar im Alter noch reifen.«

- **Kosten**: Monatliche Warmmiete 380 Euro; bei den frei finanzierten Wohnungen ab 600 Euro. ****
- **Aufwand**: Abschied von der eigenen Scholle, verkleinern, integrieren.
- **Risiken**: Es gibt kein Probewohnen. Daher sollten Kandidaten sicher sein, dass sie sich in einer Gruppe zurechtfinden und Regeln respektieren wollen. ***
- **Privatsphäre**: Garantiert. ****
- **Bequemlichkeit**: So bequem wie selbstbestimmtes Wohnen sein kann. **
- **Gesamtbewertung**: Eine gute Alternative für den, der seiner Einsamkeit entfliehen und das Abenteuer Gemeinschaft versuchen will. ****

Kontaktdaten:
Bremer Stadtmusikanten, Alternatives Wohnmodell
Münster e.V., Nikolausweg 32, 48167 Münster.
Telefon: +49 25 06 27 65 (Gudrun Große Ruse) oder
+49 25 06 13 02 (Rosel Maass). E-Mail: s. Kontaktformular
Website. Website: www.muenster-bremerstadtmusikanten.de.

»Wat willste denn in Polen?«

Darf man Oma in ein Pflegeheim nach Oberschlesien abschieben? Manche deutschen Rentner gehen sogar freiwillig. Denn die Kostenfrage wiegt bisweilen schwerer als der Verlust der Heimat.

1952 war ein bedeutsames Jahr: Uli Hoeneß kommt zur Welt, die Briten geben Helgoland zurück, die erste künstliche Herzklappe wird eingebaut. Und die Theurers heiraten.

Knapp 60 glückliche Jahre später gerät diese Ehe in ihre kritische Altersphase. Frau Theurer erleidet einen schweren Schlaganfall und muss ins Heim, Herr Theurer ist plötzlich allein zu Hause und findet sich kaum noch zurecht. Die Zwangstrennung lastet schwer auf den beiden Senioren, die beide in ihren Achtzigern sind. Ausgerechnet in dieser Krisenzeit, in der Frau Theurer kaum mehr sprechen kann und mit einer rechtsseitigen Lähmung kämpft und ihr Mann einfach nur bei ihr sein will, so lange es geht, werden die beiden auseinandergerissen. Gemeinsames Wohnen in einer Pflegeeinrichtung kann sich das Paar nicht leisten. Anstatt sich gemeinsam zu stabilisieren, verfallen die beiden ohne einander. Zwei Jahre geht das so. Herr Theurer kämpft mit den Tränen, wenn er die Geschichte erzählt.

Eines Tages kam der Schwiegersohn mit einem überraschenden Vorschlag: Er habe im Fernsehen einen Beitrag über ein Heim in Polen gesehen, wo deutsche Rentnerpaare gemeinsam leben, zu einem günstigen Preis. Herr Theurer überlegte nicht lange, ob es wohl korrekt sei, die letzten Jahre im kostengünstigen Ausland zu verbringen. »Wir wurden nicht abgeschoben, sondern konnten wieder zusammenleben«, sagt er.

Wilhelm Theurer sitzt in der Sonne, blickt über die Weide, hinter der die Schnellstraße von Kattowitz in die Tschechische Republik verläuft. Zur Grenze sind es nur wenige Kilometer. Die Oder fließt ganz in der Nähe. Er wurde 1926 hier in der Gegend geboren, seine Frau ebenfalls. Oberschlesien ist ihnen nicht Fremde, sondern vertraut. Seine alten Angelfreunde haben versprochen, dass sie bald zu Besuch kommen und gemeinsam mit ihm zum Fischen gehen. Frau Theurer sitzt oben im Rollstuhl auf der Terrasse.

Seit Herbst 2013 leben die Theurers in der Seniorenresidenz an der Oder in der Nähe von Ratibor, 900 Kilometer vom heimischen Hanau entfernt. Herr Theurer war 87, als er den Mut fasste, sein Leben noch einmal grundlegend zu ändern. Heimweh? Ach wo: »Zuhause ist, wo das Herz ist.«

Wenige Meter hinter seiner Gartenbank wühlt sich ein Bagger durch die polnische Erde. Kaum ein Jahr nach Eröffnung des Altenheims mit seinen drei Dutzend Plätzen wird ein zweites Gebäude errichtet, für vierzig weitere Bewohner. Die Nachfrage aus Deutschland ist gewaltig; fast täglich kommen Interessenten nach Zabełków, ein Nest mit 750 Einwohnern, das mal zu Preußen gehörte, dann zu Tschechien und jetzt eben zu Polen.

Viele Menschen sprechen Deutsch hier, der Schriftsteller Joseph von Eichendorff ist ein paar Dörfer weiter geboren. Wie Herr Theurer stammen viele der Heimbewohner aus Oberschlesien. Mancher Rentner kommt ganz bewusst zurück. Einige der dementen Bewohner wissen dagegen nicht einmal, wo sie sind. Eine Dame vermutet, das Heim liege bei Düsseldorf, die Nachbarin glaubt, sie mache eine Kur.

In Zabełków werden überwiegend Demenzpatienten betreut, für 1350 Euro im Monat, all-inclusive. Auf fünf Bewohner kommt eine Pflegekraft. In Deutschland kostet die Pflege eines Dementen doppelt bis dreimal so viel, bei einem deutlich schlechteren Personalschlüssel von bestenfalls eins zu zehn. In Hanau wären die Theurers vereinsamende Sozialfälle, in Polen dagegen reicht die Rente für ein angenehmes und vor allem gemeinsames Leben. Noch zwei weitere Paare wohnen hier, ebenfalls ein Teil halbwegs fit, der andere Pflegefall.

168

Pflegeleiterin Latifa Dehbi ist gerade 30 Jahre alt und kommandiert das Personal in Zabelków. »Polen?«, haben ihre Freunde gefragt, »wat willste denn da?« Was treibt eine junge Frau aus Hamm in Westfalen nach Oberschlesien? Ganz einfach: die Erfahrungen mit dem deutschen Heimwesen. Latifa Dehbi weiß, was sie will, vor allem aber, was sie nicht will. Nach zwölf Jahren in nordrhein-westfälischen Heimen hatte die staatlich geprüfte Altenpflegerin genug. »Immer Druck, immer Hetze, immer dieses Gefühl, nicht mal eine Minute stehen bleiben zu können, um mit den alten Leuten ein paar Worte zu reden«, sagt sie. »Pflege in Deutschland kann einen echt fertigmachen.«

Von einer Freundin erfuhr Frau Dehbi vom neuen Pflegeheim in Polen. Der Betreiber Werner Gratza wohnt ebenfalls in Hamm, stammt aber aus Oberschlesien. Gratza führt ein kleines Bauunternehmen, das an der Errichtung mehrerer Heime in Westfalen beteiligt war. So entstand die Idee, in Polen auf einem Grundstück der Familie eine Seniorenresidenz zu bauen, nach deutschem Standard, aber zu polnischen Betriebskosten. Die Nachfrage übertraf alle Erwartungen.

Pflegeleiterin Dehbi, die eigentlich nur zwei Wochen Auslandspraktikum in Zabelków absolvieren wollte, ist gleich geblieben: lieber entspanntes Arbeiten in Polen als deutscher Dauerstress. Alle paar Wochen fliegt sie von Kattowitz direkt nach Dortmund, auf Heimatbesuch. Obgleich sie in Deutschland jederzeit einen Job bekäme, zieht sie die Arbeit in Oberschlesien vor. »Ich bereue keinen einzigen Tag«, sagt sie.

Entspannt läuft sie über die Flure und trägt den Hund Daisy auf dem Arm, den jeder mal streicheln will. Wie in allen Demenzstationen brauchen die Patienten auch hier permanente Aufmerksamkeit. Manche rasen mit dem Rollator den ganzen Tag lang den Gang auf und ab, andere erzählen fortwährend die immer gleiche Geschichte, wieder andere wippen hospitalistisch vor und zurück. So anstrengend die Arbeit auch ist, sie ist weniger aufreibend, wenn ausreichend Personal bereitsteht.

Geduldig befasst sich Latifa Dehbi mit dem Vorwurf, dass das preiswerte Heim in Polen die ideale Möglichkeit biete, lästige Alte einfach abzuschieben. Natürlich gibt es Angehörige, die ihre Eltern in Zabelków abliefern und sich danach nie wieder blicken lassen. Dieses Phänomen ist allerdings auch aus Deutschland bekannt. Und wer in Bayern arbeitet und seine Eltern im Pflegeheim in Norddeutschland unterbringt, muss für Besuche ebenfalls eine Tagesreise einkalkulieren. Wo also liegt der Unterschied zwischen einem Heim in Oberschlesien und einem Heim im Harz, wo womöglich ebenfalls polnischstämmiges Pflegepersonal arbeitet?

Die Seniorenresidenz an der Oder kombiniert die Vorteile, die die Freizügigkeit innerhalb der EU ermöglicht. Die examinierten Pflegekräfte in Zabelków bekommen knapp 500 Euro Lohn, gutes Geld für diese Gegend, aber nur ein Bruchteil der deutschen Personalkosten. Zugleich bietet das neu errichtete Gebäude mehr Annehmlichkeiten als das deutsche Durchschnittsheim: Physiotherapie und Liedernachmittage, WLAN auf allen Zimmern, fünf Mahlzeiten am Tag, gelegentliche Ausflüge, RTL auf dem Schirm und halbwegs entspanntes Pflegepersonal, das überwiegend Deutsch spricht und geduldig die Eigenarten der dementen Gäste steuert. Einmal die Woche trainiert eine Deutschlehrerin mit den polnischen Pflegekräften, der Pfarrer hält alle zwei Wochen einen deutschsprachigen Gottesdienst ab und hat die ersten Zuwanderer bereits auf dem Friedhof in Zabelków bestattet.

Zwar herrscht in Deutschland die Mehrheitsmeinung, dass es sich nicht gehöre, die Eltern ins Ausland abzuschieben. Doch für manche Familien ist das Heim in Polen die letzte Rettung. Denn nicht überall herrscht familiäre Harmonie. Was sollen Kleinverdiener tun, wenn Pflegegeld und Rente hinten und vorn nicht reichen? Wie zum Beispiel lösen Angehörige ihre Gewissens- und Finanzprobleme, wenn ein über Jahrzehnte verschollenes Elternteil, das die Kinder einst zur Adoption freigab, plötzlich wieder auftaucht und von den

Kindern nun Betreuung einfordert? So kommen manche Senioren nicht nach Zabelków, weil es so schön hier ist, sondern weil das Heim in Polen die beste aller suboptimalen Lösungen darstellt.

Natürlich kann man moralische Debatten führen, zum Beispiel über das Schicksal der polnischen Rentner, die von einem Heim wie der Seniorenresidenz an der Oder nicht mal zu träumen wagen. Ist es ethisch vertretbar, dass vergleichsweise reiche Teutonen Ressourcen genießen, die den Einheimischen gleichsam entgehen? Machen sich hier deutsche Rentner einen geruhsamen Lebensabend auf Kosten polnischer Familien, die ihre Senioren kaum menschenwürdig untergebracht bekommen?

Von Feindseligkeiten gegen die »Luxuspensionäre« aus Deutschland ist in Zabelków allerdings wenig zu spüren. Die lokale Politik freut sich über kaufkräftige Neubürger und attraktive Jobs in einer Gegend, deren Bewohner überwiegend zur Arbeit nach Deutschland pendeln. Residenten, die einen Ausflug ins Dorf wagen, werden oft auf Deutsch angesprochen, zum Sommerfest kommen die Nachbarn, um einen Blick in den großzügigen, barrierefreien Neubau zu werfen. »Hier grüßen sich die Menschen noch«, sagt Herr Theurer und winkt den Bauarbeitern. Natürlich vermisse er bisweilen das vertraute Hanau, aber dagegen stehe der unschlagbare Vorteil des gemeinsamen Lebens. In Deutschland verfiel Frau Theurer zusehends, hier in Polen macht sie unerwartete Fortschritte beim Artikulieren. »Sie ist glücklich hier«, sagt ihr Mann, »wir sind glücklich hier. Deswegen bleiben wir einfach.«

- **Kosten**: 1350 Euro für ein Einzelzimmer, 1250 Euro im Doppelzimmer. ****
- **Aufwand**: Der Umzug bedeutet Trennung von Möbeln, Büchern, Kleidern. Dazu Umstellung auf ein anderes Land, auch wenn viele Menschen hier Deutsch sprechen.
- **Risiken**: Medizinische Versorgung, Essen, Betreuung nach deutschem Standard. ****
- **Privatsphäre**: Im Einzelzimmer gegeben, ansonsten Aktivitäten und Essen gemeinsam, wie in jedem anderen Heim auch. ****
- **Bequemlichkeit**: Die Unterbringung ist komfortabel und barrierefrei, es gibt genug Personal, fünf Mahlzeiten pro Tag, Physiotherapie, Ausflüge, deutsches Fernsehen und WLAN. ****
- **Gesamtbewertung**: Warum nicht? Wer sich nicht von Heimweh auffressen oder von Vorurteilen abschrecken lässt, der findet hier eine interessante Alternative für schmale Budgets.****

Kontaktdaten:
Seniorenresidenz an der Oder/Rezydencja dla Seniorów Sp. z. o.o, ul. Sloneczna 4, 47-460 Zabelków, Polen.
Telefon: +49 2 02 25 86 29 78. E-Mail: info@seniorenresidenz.pl.
Website: www.seniorenresidenz.pl.

»Ich würde so gern was Positives erzählen«

Angelika A., 69, hat 40 Jahre als Krankenschwester gearbeitet und als alleinerziehende Mutter einen Sohn großgezogen. Sie lebt allein und bessert ihre knappe Rente als Pflegerin und Betreuerin auf. Ihr Blick auf Ruhestandsmodelle ist frei von Illusionen.

Ich begleite Menschen beim Übergang vom Dritten ins Vierte Alter. Wer in seiner eigenen Wohnung bleiben möchte, aber nicht mehr allein für sich sorgen kann, dem helfen ein, zwei Stunden Betreuung am Tag gewaltig. Eine Nachbarin braucht seit einiger Zeit Verbände für ihre Beine und Kompressionsstrümpfe – für mich als Krankenschwester ist das eine selbstverständliche Arbeit, aber auch mehr als freundliche Nachbarschaftshilfe. Deswegen möchte ich zehn Euro die Stunde, nicht viel mehr als der gesetzliche Mindestlohn.

Zu vielen meiner früheren Kunden habe ich noch ein gutes Verhältnis, manche besuche ich hin und wieder im Pflegeheim. Was ich da manchmal erlebe, ist gruselig. Einen alten Bekannten, der inzwischen dement ist, fand ich neulich in einem vergitterten Bett, völlig ausgetrocknet, die Zunge hing schon raus, die Lippen waren aufgeplatzt. Er lag in einem teuren Heim, aber die Pfleger meiden offenbar Patienten, die etwas schwierig sind. »Der will ja nicht trinken«, erklärte mir eine Pflegerin. »Da muss man sich bemühen«, habe ich entgegnet. Als Krankenschwester macht man sich in Pflegeheimen sehr schnell Feinde. Am nächsten Tag ist der Mann gestorben.

Eine andere Bekannte, die ebenfalls im Heim wohnt, wird von früh bis spät in den Tagesraum gesetzt, wo der Fernseher läuft, aber sonst nichts los ist. Einmal die Woche soll eine

Beschäftigungstherapeutin kommen, aber die ist seit Wochen krank, Ersatz gibt es nicht. Meine Bekannte ist zwar dement, aber eigentlich noch ganz gut beieinander. »Was machen Sie denn den ganzen Tag?«, habe ich sie gefragt. »Nichts«, hat sie geantwortet, »ich darf ja nicht raus. Ich könnte mich ja verlaufen.« So ein Unsinn. Direkt vor der Tür liegt ein kleiner Park, dahin kann sie doch allein oder in Begleitung eines Pflegers. Geht nicht, heißt es, zu riskant. Alle vierzehn Tage kommt die Dame vor die Tür, immer wenn ihre Tochter zu Besuch da ist.

Das größte Problem ist, dass wir die Fähigkeiten unserer Alten verkümmern lassen. Mit etwas Übung sind Körper und Geist ganz gut fit zu halten. Man muss sich nur darum kümmern. Als alleinstehende Frau mache ich mir natürlich Gedanken, wie das eines Tages mit mir werden soll. Sitze ich auch acht Stunden am Tag mit schweigenden Alten in einem Aufenthaltsraum, wo der Fernseher läuft, aber keiner hinschaut?

Aus meiner Erfahrung mit vielen alten Leuten aus allen sozialen Schichten weiß ich, dass man seine Erwartungen an die Familie zügeln sollte. Man kann von seinen Kindern nicht erwarten, dass sie dreimal die Woche vorbeischauen, auch wenn es solche Fälle gibt. Ich kann gut verstehen, dass Senioren auf keinen Fall ins Heim wollen. Manche fürchten sich sogar davor, dass die Angehörigen sich beschweren, wenn was schiefläuft. »Ich muss das dann ausbaden, wenn ihr weg seid«, sagen sie zu ihrer Familie. In eine Senioren-WG oder ein Mehrgenerationenhaus möchte ich aber auch nicht ziehen. Das Anpassen fällt einem ja doch schwer mit den Jahren.

Aber was ist die Alternative, wenn man keine finanziellen Spielräume hat? Ich muss immer lachen, wenn ich Werbung für Lebensversicherungen oder Aktienfonds sehe. »Sorglos im Alter«, heißt es da, mit Segeln und Golfen. Haha, wie soll man sich denn einen Lebensabend im Segelklub zusammensparen, wenn es ein Leben lang nichts zum Sparen gab? Ich musste immer kämpfen, um alles. Das war nicht schlimm, aber anstrengend.

Die Arbeit als Nachtschwester war nicht leicht. Ich hatte 44 Patienten allein zu versorgen, auf der Akutstation. Da ist immer was los. Mein Rücken ist kaputt, aber als Berufserkrankung wird mir der Schaden nicht anerkannt. Ich musste noch dankbar sein, dass ich meinen Arbeitsplatz nicht verloren habe. Als Alleinerziehende hat man nun mal das Problem, dass das Kind immer dann Fieber bekommt, wenn die Mutter zur Arbeit muss. Ohne meine Freundinnen hätte ich dieses Leben nicht meistern können.

Umso mehr genieße ich jetzt die Ruhe. Für Vergnügungen fehlt das Geld. Wenn ich die laufenden Kosten abziehe, dann bleibt mir gerade der Hartz-IV-Satz zum Leben. Natürlich mache ich mir Gedanken über die letzten Jahre: Da sieht man sich manchmal selbst in einem Gummiring am Esstisch sitzen, weil alles wund ist, und die Herrschaften drumherum löffeln den Obstsalat auf den Tisch oder in den Schoß oder auf den Fußboden, und die Pflegerin fragt: »Was haben Sie denn schon wieder angestellt?« Na, was erwarten die denn von jemandem, dem vor lauter Tremor alles vom Löffel fällt?

Dabei wären Lösungen ganz einfach, Patenschaften zum Beispiel: Es schlummert ein großes Potenzial von Pflegekräften in diesem Land, wenn man mal schaut, wie viele fitte Rentner hier noch unterwegs sind. Wenn jeder sich nur ein paar Stunden die Woche um einen anderen Älteren kümmern würde, natürlich gegen Bezahlung, dann hätten wir schon viel erreicht. Die Rentner verdienen was dazu, die Pflegebedürftigen haben einen zuverlässigen Ansprechpartner. Vielleicht sind Senioren sogar die besseren Altenpfleger, weil sie geduldiger und verständnisvoller sind. Jüngere Leute können manche altersbedingten Schwierigkeiten eben nicht so gut nachvollziehen.

Solche privaten Betreuungsverhältnisse sind ideal, viel besser als ein anonymer Pflegedienst. Ich kenne den Kiez, die Parks, die Apotheke, die Ärzte, die Menschen um mich herum. So entstehen stabile Vertrauensverhältnisse. Und im Notfall kann jeder Nein sagen, wenn das Miteinander nicht funktioniert. Aber die Krankenkassen erstatten solche privaten Pflegeleistungen nicht. Ich halte das für einen Fehler, denn ambulante Dienste sind bestimmt nicht besser, aber garantiert teurer.

Ich habe mich als Rentnerin in mehreren Pflegeheimen beworben, als Teilzeitkraft. Als Krankenschwester darf ich ja viele Dinge erledigen, wie Spritzen oder Katheterpflege. Inzwischen bin ich ganz froh, dass daraus nichts geworden ist. Mit der SS-Mentalität kann ich mich nicht anfreunden – »SS« steht für »satt und sauber«. Und das ist nicht genug.

Ich frage mich, wie fast alle Heime an diese außergewöhnlich guten Benotungen kommen. In Berlin hat fast jede Einrichtung eine glatte Eins erhalten. Wahrscheinlich wird für die Prüfer eine Show abgezogen, mit frischen Blümchen und ein paar auswendig gelernten Sätzen, die das Pflegepersonal dann aufsagen muss.

Ich würde ja so gern was Positives erzählen, aber es gibt da nicht allzu viel. Meine alte Oberschwester und ihren Mann habe ich fast zwanzig Jahre lang betreut, das lief alles prima. Als sie dann ins Heim musste, sagte die Pflegerin mir: »Sie brauchen nicht mehr zu kommen, die kriegt ja eh nichts mehr mit.« Woher, bitte schön, wissen wir das? Manchmal habe ich den Eindruck, dass Besuch in Heimen eher als lästig empfunden wird, vor allem, wenn jemand unangemeldet auftaucht und auch mal nachfragt, warum der alte Herr, der nicht mehr kauen kann, seit über einer halben Stunde vor einem großen Stück Rettich sitzt, ungeschnitten. Soll er den lutschen?

Immerhin gibt es eine Form der sozialen Gerechtigkeit, auch wenn das vielleicht zynisch klingt. Aber es ist beileibe nicht so, dass nur bei Menschen mit wenig Geld was im Argen liegt. Neulich bat mich eine ältere Frau um Hilfe, deren Neffe ein bekannter Politiker ist. Ich bin fast in Ohnmacht gefallen, als ich die Wohnung betrat. Aus den Schränken fielen mir Unmengen dreckiger Wäsche entgegen, es stank, die Badewanne war so schmutzig, dass ich das Schrubben bald aufgegeben habe. Die Dame lebte schon seit zwei Jahren in diesem

Dreck; die Putzfrau hatte irgendwann resigniert. Zum Glück hatte ich meine Gummihandschuhe dabei.

Ich habe dann den prominenten Neffen angerufen, aber der verhielt sich wie so viele Angehörige. Die gucken weg, reden sich ein, dass die Tante noch fit genug ist, und vermeiden Besuche, um nicht das Gegenteil sehen zu müssen. Die alten Leute verhalten sich entsprechend: Sie lassen niemanden mehr in die Wohnung, sie verstecken sich und flunkern am Telefon. So brutal es klingt, aber wenn ein Mensch nicht mehr in der Lage ist, sich um sich zu kümmern, dann müssen sich die Kinder über diese Abwehr auch mal hinwegsetzen. Wie sollen denn sonst jemals wieder saubere Sachen in den Schrank kommen?

Das Drama dieser Dame ging leider noch weiter. Als ich das nächste Mal kam, hatte sie offenbar die Kontrolle über ihre Verdauung verloren. Die Toilette war nicht mehr begehbar, der Flur, der Wohnzimmerteppich – alles war voll. Ich habe den Neffen erneut angerufen. Beim nächsten Mal war ein Stück aus dem Teppich geschnitten, darunter der nackte Betonboden. Und die arme Frau war so wund, dass sie sich kaum noch bewegen konnte. »Sie muss ins Krankenhaus«, habe ich zu dem Neffen gesagt, »sonst holt sie sich eine Infektion. Da ist doch alles offen.« Der Neffe hat nur geantwortet: »Sie will ja nicht.«

Und jetzt? Soll ich mich darum kümmern, als Außenstehende? Wenig später ist die Dame dann gestorben. Ich war auf der Beerdigung und habe mindestens fünfzig Menschen gesehen, von denen einige wirklich nette Trauerreden gehalten haben. Aber ich habe mich gefragt: Wo wart ihr, als sie noch gelebt hat?

Die Menschen sind schon merkwürdig, mal brutal, mal gedankenlos und manchmal auch schrecklich geizig. »Ach, Sie sind so toll zu meiner Mutter gewesen, so nett, so fürsorglich.« Solche Sätze höre ich immer wieder von Angehörigen. Aber ich habe noch nie auch nur die kleinste finanzielle Anerkennung bekommen, auch für viele Jahre Betreuung nicht. Ich weiß, ich habe darauf kein Anrecht, ich erwarte auch nichts, aber merkwürdig ist es schon, wenn ich eine alte Dame zum Notar begleite, wo sie ihr Testament machen will. Ich sei die Einzige, der man vertrauen könne, sagt sie. Und dann wird das Geld verteilt, noch der letzte Schwippschwager bekommt einen Batzen. Nur die Person, die sich jahrelang gekümmert hat, die geht als Einzige leer aus.

So langsam werde ich mich umgucken müssen, in welcher Einrichtung die Chancen auf ein paar Jahre in Würde einigermaßen gut stehen. Man muss ja nicht gleich wissen, wohin man will. Viel wichtiger ist zu wissen, wohin man auf gar keinen Fall will. Meine Papiere habe ich alle geordnet, und für meine Beerdigung ist auch gesorgt. Man soll seinen Hinterbliebenen zu all der Trauer nicht auch noch Papierkram und Schulden aufhalsen.

Am Ende

Die Tochter pflegt die sterbende Mutter. Nicht weil sie es will, sondern weil sie es muss. Sie lebt ein Leben zwischen Liebe, Hass und Schuld. Die Autorin Britta Stuff über ein Leben als Pflegerin der eigenen Mutter, über Ängste, Hoffnung, Kränkungen.

»Egal, was kommt, bitte gib mich nie ins Heim.«

»Ja, Mutter.«

»Versprich's mir.«

»Ich versprech's.«

Drei Ampeln, zweimal rechts, einmal links.

Früher fuhr die Tochter oft mit dem Fahrrad, das schafft sie heute nicht mehr. Sie nimmt das Auto.

Sie ist jetzt 63 Jahre alt.

Um 17 Uhr ist sie da, jeden Tag.

»Du hast mich ins Heim gesteckt.«

»Mutter, das ist dein Zuhause.«

»Ich bin im Heim.«

»Mutter!«

»Du hast deine eigene Mutter ins Heim gesteckt.«

»Halt die Klappe, Mutter.«

Die Verwandlung der Mutter beginnt vor drei Jahren mit einem Oberschenkelhalsbruch. Da ist sie 89 Jahre alt. Noch ein Bruch. Kleine Schlaganfälle. Steife Glieder. Die Hüfte. Das Herz. Ein Puls, von dem einem schlecht wird. Sie wird immer weniger.

Heute ist sie ein anderes Wesen.

Es kann sich nicht bewegen, zumindest nicht allein. Es kann kaum noch sprechen, nicht mehr allein essen, nur wenig hören. Es kann nur noch leben. Sie nennt es Mutter oder Alte.

»Kau endlich.«

»Kau.«

»Schluck das Brot schon runter.«

»Heul nicht rum, schluck.«

Sie wohnen nicht zusammen. Das würde sie nicht aushalten. Die Mutter fände das toll. Sie kann nie genug Gesellschaft haben.

Viermal am Tag kommt jemand. Drei Stunden am Tag ist jemand bei ihr. Dreimal eine Pflegekraft, zum Waschen, Windeln wechseln, Füttern. Einmal die Tochter. Sie füttert dann ein Brot, eine Klappstulle, ohne Rinde. Sie schneidet sie in vier kleine Stücke und schiebt eins nach dem anderen in den Mund. Das dauert eine Stunde.

Die Wohnung ist noch immer die gleiche: die Schrankwand, die Bilder, der Teppich. Im Wohnzimmer ein bisschen Kunst: Landschaften, Kupferstiche. Im Schlafzimmer die Fotos: der Vater, das Bild aus einem Fotostudio. Sie sieht ihn auf dem Spiegelschrank. Es kamen über die Jahre ein paar Dinge dazu: das Pflegebett, die Dekubitus-Matratze, der Badewannenlift, ein Toilettenstuhl.

Es ist überhaupt vieles besser geworden in den letzten Monaten. Als die Mutter noch telefonieren konnte, rief sie im Fünf-Minuten-Takt an. Sie wollte nichts, nicht mal reden. Sie wollte nur anrufen.

Als die Mutter noch zur Toilette konnte, wollte sie dauernd aufs Klo, obwohl sie nicht musste. Am Anfang bringst du sie noch, aber dann, sagt die Tochter.

Als sie noch gut reden konnte, stritten sie dauernd. Am Anfang sagst du ja noch Stuhlgang statt Scheiße, um ihr einen Gefallen zu tun, aber dann.

Die Mutter heult dauernd.

Der Tochter ist das Wesen lieber.

»Bitte bring mich zur Toilette.«

»Mutter, du musst nicht.«

»Doch, ich muss, nur noch einmal.«

»Mutter, du warst schon dreimal.«

»Nur noch einmal, ich versprech's.«

180

»Geh mir nicht auf die Nerven.«

Die Tochter macht einen Kurs, die Mutter braucht Marcumar fürs Herz, die Kasse zahlt, die Tochter muss lernen, wie man mit einem Blutverdünner umgeht, vor allem mit jemandem, dessen Blut wegen des Medikaments nicht gerinnt. Die Mutter soll nicht verbluten.

Die Tochter lernt überhaupt vieles.

Wickeln ist eigentlich einfach, die Mutter wiegt nur noch 55 Kilo. Aber sie kann nicht mehr mithelfen, sie kann sich nicht bewegen. Zur Seite drehen, Unterlage drunter, sauber machen, alles wie bei einem Baby, nur dass die Tochter selbst nie eins hatte.

Sie war ihr körperlich noch nie so nah.

Man kriegt den Geruch nicht mehr weg. Man fährt nach Hause, stinkend. Nach der Mutter. Das haftet an einem.

Das ist aber nicht das Schlimmste. Der Hass haftet auch an einem, man nimmt ihn mit nach Hause. Er ändert seine Richtung, gegen einen selbst.

Warum war ich wieder so?

Warum kann ich nicht meine Fresse halten?

»Lieber Gott, hilf.«

»Du kannst so viel zum lieben Gott beten, wie du willst, der hilft dir nicht.«

Der Bruder hat's leichter, er wohnt ein paar Autostunden entfernt. Einmal im Monat kommt er vorbei, sagt: Das geht so nicht, sie muss in ein Heim.

Die Tochter hat's aber doch versprochen.

Die Mutter ist natürlich nicht immer eine Alte gewesen. Sie war mal jung, schön, stark, hatte Träume, aber die kennt die Tochter nicht. Man muss sich als Kind ja nicht mit der Gefühlswelt der Eltern beschäftigen. Aber die Mutter hatte ein Leben, hat ein Papierwarengeschäft geführt, der Vater war Elektroschweißer. Kleine Verhältnisse, aber gigantische Kindheit. Die Mutter war eine Kämpferin, hat die Tochter gegen alles und jeden verteidigt. Die Mutter hat der Tochter Kleider genäht, Dutzende Kleider, für die kleine Prinzessin, die

181

eigentlich lieber im Matsch spielen wollte. Die Mutter hatte genaue Vorstellungen davon, wie Menschen sind und brachte der Tochter bei: Trau keinem.

Und so wurde die Mutter die beste Freundin der Tochter. Die, der man alles sagt. Die Mutter hatte immer viel Geduld mit der Tochter, die war wie der Vater: lustig, wild, beliebt.

Die Tochter erzählt ihr schon lange nichts mehr. Die Mutter hat immer alles kaputt gemacht. *Ich gönn's dir doch*, hat sie gesagt, wenn die Tochter in Urlaub wollte oder ins Theater. *Ich gönn's dir! Geh!* Und ruft sie dauernd an. Sie stirbt. Ja klar, ausgerechnet jetzt.

»Mach den Mund endlich auf.«

»Mach ihn auf.«

»Mir doch egal, dann bleibst du halt ohne Zähne.«

Sie schlägt sie nicht. Einmal nur setzt sie die Mutter sehr fest auf den Toilettenstuhl, und die Mutter weint. *Gott, hilf!* Seither geht die Tochter zur Selbsthilfegruppe. Da sind andere. Die hassen es auch, nur dass sie es niemandem sagen. Das Windelnwechseln, dass es nie genug ist, immer zu wenig, die hassen es, jeden Tag jemanden vor ihren Augen sterben zu sehen. Diese ganze Enge. So wenig Dank. Was ist mit dem eigenen Leben? Hat man da kein Recht drauf? Aber so was kann man ja keinem sagen. Dass man einen Sterbenden hasst.

»Du kotzt mich an, Mutter.«

Die Tochter steht morgens auf und wartet auf den Anruf der Pflegerin. Mutter lebt noch. Dann geht sie zum Sport, McFit, mehr kann sie sich nicht leisten. Dann arbeitet sie, von zu Hause aus, sie ist Buchhalterin, es reicht zum Leben. Dann geht sie zur Mutter.

Die Mutter, die immer vor dem Vater sterben wollte, klebt an diesem schrecklichen Leben. Aber die Tochter kennt das schon, dass man nicht loslassen kann. Die Tochter hatte einen Mann, der kam mit zwei Kindern in die Ehe. Ich bin ja so froh, dass du nicht so eine Glucke bist, so eine mit Kümmer-Gen. Die Zeit ging so vorbei, ohne eigene Kinder, eine tolle Zeit, sagt die Tochter. So einen gibt es nur einmal.

Mit Ende 40 verließ er sie. *Du Mistkerl, ich find doch jetzt keinen mehr*, sagte sie.

Die Mutter wird nur noch verwaltet. Die meiste Zeit starrt sie aus dem Fenster, in einen Baum, als suche sie da die Antwort auf eine nie laut gestellte Frage. *Ich hab wieder den ganzen Tag gedacht*, sagt sie dann. Und wenn die Tochter fragt, was denn, sagt die Mutter: *Ach, nichts.* Oder: *Ich war heute den ganzen Tag traurig.* – Warum denn? – *Ich weiß nicht.*

Warum nur kann sie nicht einmal sagen: Kind, danke, dass du das alles machst? Danke, dass ich zu Hause sein darf. Warum ist sie nie zufrieden? Die Tochter denkt: Wenn die Mutter sie wirklich so lieben würde, wie sie es immer sagt, dann würde sie ihr das nicht antun. Zum Glück hat die Tochter niemanden, dem sie das antun kann, sagt sie. Sie wird allein sterben.

Liebt sie die Mutter noch? Sie muss.

»Wart mal ab, bis du alt bist. Dann siehst du, wie das ist.«

»Mutter, droh mir nicht. Ich bin dann im Heim. Dreibettzimmer.«

Sechsmal hat sie schon den Bruder angerufen: Ich glaub, Mutter stirbt. Komm. Sie hat wer weiß wie oft abends schon die Kleider hingelegt und das Auto draußen gelassen. Irgendwann macht man das nicht mehr.

Vor ein paar Wochen ruft die Pflegerin an. Der Mutter geht's schlecht. Ein Samstag. Sie fährt hin, die Mutter liegt apathisch da. Was mache ich? Sie ruft den Notdienst an. Die sagen: Wenn eine Gefahr fürs Leben besteht, müssen Sie die Feuerwehr anrufen. Sie ruft den Notarzt an, der kommt. Wasser in der Lunge. Ihre Mutter muss ins Krankenhaus. Die Tochter sagt: Kein Krankenhaus.

Der Arzt versteht.

Er sagt: Dann bleiben Sie mal hier, es kann sein, dass sie heute noch stirbt.

Sie ruft den Bruder an, die Pflegekraft kommt noch mal. Dann ist sie mit Mutter allein. Sie liegt auf dem Sofa, die ganze Nacht, sie hört die Mutter röcheln. Sie kann die Augen nicht schließen, keine Ahnung, warum. Und so starrt sie in die Dunkelheit. Morgens um sechs hört die Mutter auf. Sie atmet wieder ganz normal. Die Tochter fährt nach Hause. Sie hat das eigentlich ganz gut überstanden.

Ach, Mutter.

Die Tochter beginnt mit dem Ausmisten. Sie wirft nach und nach die Sachen der Mutter weg, die niemand mehr gebrauchen kann. Natürlich nur das, was die Mutter vom Bett aus nicht sehen kann. Sie geht zu einem Beerdigungsinstitut und plant das Begräbnis.

Was für Musik mag Ihre Mutter gern?

Egal, sie hört's doch eh nicht mehr.

»Hör sofort auf zu heulen, Mutter.«

Sie sieht sich da selbst in dem Bett. Die Augen. Die Nase. Sogar die Füße. Die Mutter hat Ähnlichkeit mit ihr. Manchmal denkt sie: Oh Gott, die Lider, ich muss mich liften lassen. Sie sagt es nicht vorm Spiegel, sie sagt es vor der Mutter. Sie ist ihr Spiegel.

Sie ist in letzter Zeit in einem Tal, gefühlsmäßig, sagt die Tochter. Wenn die Alte nicht mehr da ist, ist sie selbst dann die Alte?

Manchmal geht sie nicht hin. Aber dann fühlt sie sich schlecht. Liegt sie gut? Hat sie Wasser in den Armen? Atmet sie?

»Na, hast du dich wieder vollgeschissen?«

Sie weint nicht mehr.

Das hat sie mit dem Vater sein gelassen. Als der Vater krank war und im Rollstuhl saß, sich nicht mehr bewegen konnte, als klar war, dass er bald sterben wird, setzte sie sich, eine Frau von Ende 50, auf seinen Schoß, gekrümmt wie ein Kind und heulte.

Seither kommt nichts mehr.

Sie sagt, das sei wie Arzt sein. Man kann nicht immer mitfühlen. Da wird man verrückt.

Wenn die Enge ganz schlimm ist, geht sie zum Vater. Er hat einen schönen Feldstein, den halben Tag Sonne.

Er war am Schluss dement, hatte Wahnvorstellungen, da waren Chinesen, die immer seine Bilder abgemalt haben in der Wohnung. Die Tochter pflegte ihn, das waren auch ein paar Jahre, bis er dann ins Heim kam. Dafür hat sich die Mutter sehr geschämt. Der eigene Mann im Heim.

Mit dem toten Vater zu reden verbietet sich natürlich, sie ist ja nicht bescheuert. Das hatte sie ihm schon gesagt, als sie ihn das letzte Mal sah: Nun, Vater, ist nichts mehr mit Reden. Nun gehe ich mal.

Da sein, bisschen an den Blumen zuppeln, das reicht.

»Mutter, von mir aus kannst du auch leben, bis du hundert bist, mir egal.«

Sie lebt mit der Katze.

»Macht dir das Spaß? Mich so zu quälen?«

»Nein, Mutter.«

Wenn sie abends geht, macht sie ihr den Fernseher an, mit Ausschalt-Timer, 20:45 Uhr.

»Ich geh dann mal, Mutter.«

»Bleib!«

Zu Hause schaut sie meist ein bisschen fern. Manchmal geht sie aus, mit einer Freundin, natürlich ohne es der Mutter zu sagen. Die Tochter liebt Musik, die Oper und das Ballett. Besonders liebt sie Vladimir Malakhov, den Chef des Staatsballetts, er tanzt wunderbar, sagt sie, und sie hasst es, dass manche fordern, dass er nicht mehr auftreten solle, jetzt wo er alt ist. Er tut ihr leid.

Casta Diva, aus der Oper *Norma*, wenn sie wirklich nicht mehr kann.

Sie geht meist früh schlafen. Dann starrt sie noch ein bisschen. Drei Kilometer entfernt liegt die Mutter. Beide ganz allein. Vielleicht starrt sie auch?

Manchmal hört sie: Der und der starb im Kreis seiner Familie in den Armen seiner Frau. Wo gibt's so was? Leben die alle auf einem anderen Planeten?

Sie kann so schlecht abschalten in letzter Zeit.

Wie wird die Mutter sterben? Wer wird sie finden? Muss

sie leiden? Was wird dann sein? Wie wird sie aussehen? Sie will nicht, dass sie leidet. Will sie, dass sie stirbt?

Manchmal massiert die Tochter die steifen Gelenke der Mutter. Oder sie streicht ihr über den Kopf. Die Tochter sieht, dass die Mutter sich freut, wenn sie da ist. Nur am Blick.

»Schön.«

Sie stirbt am 14. Oktober, 92 Jahre alt, in den Armen von niemandem. Der Pfleger ruft die Tochter an: Ihre Mutter ist tot.

Es sind nur drei Ampeln, zweimal rechts, einmal links.

Die Tochter weint. Sie wäscht die Mutter, zieht sie hübsch an, kämmt sie.

Keine Widerworte, zum ersten Mal seit Jahren.

Britta Stuff. In: *Berliner Illustrirte Zeitung*. 3. November 2013. © Axel Springer AG.

III. Sechs Wege, das Alter zu entgiften

Die Expedition in die eigene Zukunft zeigt: Es geht was. Aber nichts wird uns abgenommen. Für die Alten von morgen gilt: fordern und fördern. Für die stresserprobten Babyboomer eine leichte Aufgabe, oder?

Die Ärztin Rosemarie, 76, trägt verboten scharfe Kleider und wilde Frisurentürme.

Der einstige Versicherungskaufmann Jan, 69, trainiert für den Ironman auf Hawaii.

Loren Wade arbeitet gern im Supermarkt. 2012 ist er 100 Jahre alt geworden.

Die frühere Deutschlehrerin Hanna, 72, gibt Einwandererkindern aus Osteuropa Deutschunterricht.

Der pensionierte Finanzbeamte Dirk, 76, arbeitet als Praktikant in einer Gartenbaufirma. Er will alte Apfelsorten anbauen.

Die Hausfrau Cornelia, 68, malt in einer Scheune in Brandenburg. Hat sie ein paar Bilder verkauft, fliegt sie auf die Kanaren.

Die Juristen Willy, 72, und Angela, 74, haben ihr Haus verkauft, besuchen Tantra-Seminare und nennen ihre kleine Wohnung »Lasterhöhle«.

Der frühere Journalist Christoph, 74, hat einen Radladen aufgemacht, wo er an teuren Rennmaschinen schraubt und den Kindern aus der Nachbarschaft die Kunst des Radreparierens beibringt.

Sie sind nicht reich, sie tragen keine leberwurstfarbenen Gesundheitsschuhe, sie vertreiben sich die Zeit nicht mit Meckern oder Fernsehen, sie langweilen sich nicht auf Kreuzfahrten, sondern sie nutzen die Chancen, die das Leben bietet: Sie helfen, sie werkeln, sie probieren, sie schaffen Neues. Rosemarie und Dirk, Jan und Hanna, Willy und Angela haben begriffen, dass sie ihr Leben selbst gestalten können, ja, gestalten müssen. Es tut ja sonst keiner.

Wie putzig es sein kann, wenn die Alten neue Rollen probieren, erfuhr das westfälische Lengerich. Aus Mangel an Sternsinger-Nachwuchs zogen drei Senioren um die Häuser. Es gab Korn statt Kinderschokolade.

Vom Tag der Geburt an läuft das Leben auf Schienen: Schule, Ausbildung, Arbeitsleben sind durch Gesetze, Vorschriften, Verträge geregelt. Doch plötzlich endet der Schienenstrang: Ach du Schreck. Wir müssen unseren Weg allein suchen. Aber wo? Und wohin?

Fakt ist: Es gibt keinen Königsweg ins Seniorenparadies. Manchmal ist der Service spitze oder das Essen toll, die Rente satt, das Wetter angenehm, die Mitmenschen sind erträglich, bisweilen werden Körper, Geist und Seele angenehm gefordert. Aber alles gleichzeitig? Ist mir auf meinen Expeditionen als Seniorenpraktikant nicht begegnet. Verdammte Selbstverantwortung: Wir werden uns um uns selbst kümmern müssen. Wer das nicht will, endet in der staatlichen Betreuungsmaschinerie. Nicht immer, aber häufig ein frühzeitig selbst gewähltes Schicksal.

Das muss nicht sein. »Sehr eindrucksvoll ist das starke Unabhängigkeitsstreben«, urteilt Renate Köcher, Chefin des Demoskopieinstituts Allensbach, über die neuen Alten. Die Avantgardisten, die sich pioniergleich durch ein Land ohne Schienen kämpfen, haben ihre Gestaltungsmacht entdeckt. Sie haben sich von Stereotypen verabschiedet, wie Alte zu sein haben, sie haben verstanden, dass wir nicht länger in einer Mehrheitsgesellschaft leben, sondern in einem Multiminoritätsgeflecht, wo die Minderheit der Normalfall ist und das Abweichen von der Norm die Regel.

Die Hochaltrigenstudie der Generali-Versicherung korrigiert dramatisch das vorherrschende Bild vom senilen Achtzigjährigen. Unsere Ältesten haben, weit mehr als bisher bekannt, einen enormen Willen zum Mitgestalten: Sie wollen sich um das Wohl der nachfolgenden Generationen kümmern, verteidigen ihre Autonomic und entdecken immer neue Potenziale.

Diese Avantgardisten eines neuen Alters akzeptieren nicht länger den Mythos von der Unausweichlichkeit des Verfalls. Sie lassen sich nicht bange machen von Demografie-Apokalyptikern oder paranoiden Mitmenschen.

Britische Studien zeigen, dass das Demenzrisiko nicht zwangsläufig steigt. In drei Regionen Englands fiel der Anteil der Erkrankten um ein Viertel niedriger aus als prognostiziert, berichtet das Medizinfachblatt *Lancet*. Der Lebensstil hat offenbar einen gewaltigen Einfluss, seien es Ernährung, geistige oder körperliche Bewegung.

Die Angst vor dem Alter ist offenbar weit schlimmer als das Alter selbst. Wer die Angststarre überwunden hat, der traut sich wieder was: eine neue Sprache, ein Instrument, Freunde, Meditation. Eine neue Zeit der Selbstjustierung: Was will ich? Was tut mir gut? Was kann ich der Gemeinschaft Gutes tun? Mit wem will ich meine Zeit verbringen?

Immer mehr Silberrücken scheinen sich mit diesem neuen Bild von den ungezähmten Alten anzufreunden. Als der Folk-Rocker Neil Young im Sommer 2013 in der Berliner Waldbühne gastierte, waren die Besucher im Schnitt sicher 60, aber die Cannabis-Wolken standen über dem Publikum wie einst in Woodstock.

Die neuen Alten werden anders sein; keine Sardinen in Verkaufsfahrtbussen, keine Fernsehsesselzombies oder Klagegeister. Denn wir haben mehr Chancen, mehr Zeit, mehr Geld, mehr Wissen als je eine Seniorengeneration zuvor. Und wir haben Erfahrungen, die für ein glückliches Alter prädestinieren: Wir sind mit dem Rucksack um die Welt gezogen, haben kalte Dosenravioli überlebt, die Enge der WG, das Gequatsche der Projektgruppen. Wir sind Hacker, Esoterikjünger, Patchworkexperten, Job-Hopper, SM-Freaks und wollen nie den schrecklichen Satz sagen: »Ich will euch doch nicht zur Last fallen.«

Wir haben es selbst erlebt: Alles lässt sich ändern. Ehen werden geschieden, Geschlechter umoperiert, der Arbeitsplatz wird von der Firma nach Hause und wieder zurück verlegt. Wir 64er sind die großen Änderer und Ausprobierer. Wir haben unsere Leben in Fragmenten gelebt; mit etwas Glück fallen wir nicht dem Kontinuitäts- und Abgeschlossenheitswahn der Vorväter anheim, die so gern etwas Großes, Einzigartiges, irgendwas Fertiges hinterlassen hätten.

Und wenn was schiefläuft? Kann passieren. Aber wer könnte denn besser Fehler verzeihen? Alle Missgriffe haben wir schließlich schon durch. Wir wissen, was wir wollen, was wir können, wo unsere Grenzen sind. Vor allem aber kennen wir Denkfallen, weil wir kollektiv jahrzehntelang selbst darin festsaßen.

Der knorrige Altersernst, den die Flakhelfer-Generation der von Weizsäckers und Schmidts in die Gesellschaft getragen hat, dürfte von einer neuen emotionalen Breite abgelöst werden. In Zukunft werden wir Legionen fröhlicher, alberner, egomanischer, vergnügungssüchtiger, neugieriger, ehrgeiziger, verrückter Älter erleben.

Zumindest die Pfiffigeren unter den Alternden dürften langsam begriffen haben, dass wir die ersten 50 Jahre unseres Lebens in einer Endlosschleife aus Angst, Betroffenheit und Erlösung verbracht haben. Wir wissen: Die Katastrophenszenarien, die uns durchs Leben begleiteten, waren übertrieben. Ob Atomkrieg oder saurer Regen, Überbevölkerung oder Akademikerschwemme – langsam sollte auch der letzte Alarmist kapiert haben, dass der Weltuntergang eines Tages kommen mag, aber garantiert nicht so, wie Franz Alt oder andere Apokalyptiker ihn ausdauernd prophezeit haben.

Beispiel gefällig? Vor zehn Jahren war das Buch *Das Methusalem-Komplott* von Frank Schirrmacher Deutschlands Bestseller des Jahres. Textprobe: »Im Augenblick sammeln wir noch kritische Masse. Wenn in fünf oder zehn Jahren der Punkt des Umschlagens erreicht ist, wird wie mit Zauberhand eine veränderte Gesellschaft im Gesichtskreis jedes Einzelnen erschienen sein.«

Nun sind fünf oder zehn Jahre verstrichen. Die Gesellschaft hat sich auch verändert seitdem. Aber: Katastrophen sind ausgeblieben. Zauberhände auch. Nichts ist umgeschlagen. Im Gegenteil: Die erste Amtshandlung der frisch gewählten Großen Koalition im Dezember 2013 waren Rentengeschenke, die in fünfzehn Jahren etwa 160 Milliarden Euro

191

verschlingen, »eine Verschwörung gegen die jüngere Generation«, wie die *Süddeutsche Zeitung* meinte.

Was lernen wir daraus? Die demografische Katastrophe verläuft in etwa so wie alle anderen prognostizierten Unglücke auch: ob das Bohrloch im Golf von Mexiko, die Rentenlücke oder der Klimawandel. Die paradoxe Logik lautet: Sobald eine Katastrophe angekündigt wird, wird sie nicht mehr so dramatisch eintreten; sogar mit dem Klimawandel werden wir zu leben lernen. Die Menschheit, selbst im satten europäischen Raum, hat gelernt, mit Veränderungen umzugehen.

Ein entscheidender kultureller Altersfortschritt wäre es, unsere Dauerpanik und Immeraufgeregtheit aufzugeben. Selbst wenn die EU auseinanderfliegt, werden wir auf dieser Erde bleiben, zu essen und ein Dach über dem Kopf haben. Während die Kriegsteilnehmer mit großem Phlegma über sich ergehen ließen, was Staat und Gesellschaft und Generalität vorsahen, werden die Selbstverwirklichungsprofis ihr Restleben entschlossen in die Hand nehmen.

Klar, wir gruseln uns gern über apokalyptische Prognosen. Aber wir haben auch die Erfahrung gemacht: Anpacken hilft. Wir wissen: Das Denken verändert das Handeln, Handeln verändert die Realität und mithin den Prozess des Alterns. Tatsächlich können wir uns unseren Lebensabend relativ angenehm oder relativ fürchterlich denken. Wir haben unser Reifen in der Hand. Das kann man lernen.

Schon bald wird es Fortbildungen über »kreatives Altern«, »fröhliches Altern«, »sinnhaftes Altern« und »erfolgreiches Altern« geben. Bislang war dieses Angebot nicht nötig, weil es diesen Lebensabschnitt nicht gab, jene geschenkten zwanzig Jahre zwischen 60 und 80. Wir sind also zugleich Opfer und Gestalter dieser historisch bislang einzigartigen Phase, die noch nicht mal einen vernünftigen Namen hat. »Alter« jedenfalls trifft das Lebensgefühl dieser neuen soziodemografischen Bevölkerungsschicht nicht, »reifen«, »wachsen«, »weise werden« schon viel eher.

Sich jung, aktiv, autonom und kreativ zu fühlen ist also

192

kein Reklametext für Knoblauchpillen, sondern eine heilsame Einstellung, die diese Lebensphase angenehmer beschreibt als »depressiv und inkontinent«. Höchste Zeit, dass die ersten Comedians anfangen, Seniorenwitze zu machen, bitte so derbe wie möglich. Man lacht über Windelhosen sehr viel leichter, wenn man sich in breiter Gesellschaft weiß. Langsam kapieren wir: Es gibt keine Linearität, erst recht keine Zwangsläufigkeit des Verfalls. Natürlich: Schlaganfall, Krebs, Demenz sind Geißeln. Aber zugleich ist so viel Heilung möglich wie nie zuvor.

Wir bewegen uns auf historischem Neuland. Die Evolution hat niemals vorgesehen, die Hälfte einer Population mit durchzuschleppen. Mit Ende der Brutpflege hat das Lebewesen ja eigentlich den Punkt seiner Nutzlosigkeit erreicht. Totes Holz. Reparatur lohnt sich nicht. Ein Tier mit Hüftgelenksproblemen würde verenden. Unsere Chirurgen dagegen testen gerade, wie man ein zwanzig Jahre altes, verschlissenes Hüftgelenk austauschen kann.

Und nun will ausgerechnet unsere naturgläubige Generation die Natur überlisten. Das ist nicht leicht. Denn wir müssen uns von dem tief verankerten, urcalvinistischen Glauben verabschieden, die menschliche Existenz sei sinnlos nach dem Erwerbsleben. In Frankreich wird derzeit intensiv über »erfolgreiches Altern« debattiert, in Skandinavien genießen Senioren auch mit körperlichen Einschränkungen eine hohe Akzeptanz. Man kann Reifen lernen, wenn man sich von Stereotypen verabschiedet. Hat sich Mick Jagger jemals gefragt, ob er mit 71 Jahren noch auf der Bühne herumhampeln sollte? Nein. Er tut's einfach.

Auch wer sein Leben lang von der inneren Stimme ermahnt wurde (»Tut man nicht!«), kann das Alter zu einem zweiten Erwachen umdeuten, zu einer Phase von Wachstum und Nützlichkeit. Nicht die Gesellschaft allein weist den Alten ihre Rolle zu: Sie tun es selbst, mit Gesten der Selbsterniedrigung, Unteranpassung und permanentem Entschuldigen für ihre Anwesenheit.

Die Harvard-Psychologin Ellen Langer hat eindrucksvoll gezeigt, welche Kraft in einer optimistischen und selbstbewussten Einstellung steckt. Langer drehte jene Sehtest-Tafeln, die wir neulich erst beim Optiker verfluchten, für ein Experiment einfach um. Nun lagen die kleinen Buchstaben oben, nach unten hin waren die Lettern immer einfacher zu lesen. Plötzlich erkannten die Probanden die Buchstaben deutlich besser als zuvor. Die Sehkraft hatte sich verbessert, weil sich die Senioren mehr zutrauten. Denn die Wahrscheinlichkeit, einen Buchstaben zu erkennen, stieg mit jeder Zeile. Die Aussicht motivierte und hatte ganz konkrete Auswirkungen auf das Sehvermögen.

Die größte Stärke des Menschen ist seine Anpassungsfähigkeit. Auch im Alter finden wir uns zurecht, wir arrangieren uns mit der Realität und verabschieden uns von Flausen. »Hedonistische Adaption« nennen Wissenschaftler das Talent des Menschen, auch nach Rückschlägen wieder auf das alte Level der halbwegs erträglichen Laune zurückzufinden.

Am Deutschen Institut für Altersfragen wird inzwischen erforscht, wie Senioren »ihre negativen Einstellungen verändern können«, so Psychologie-Professor Clemens Tesch-Römer. Endlich sagt's mal einer: Das Image des Alters ist verheerend. Und die Alten glauben selbst am hartnäckigsten daran.

Für ein angemessenes Wahrnehmen der Jahre jenseits des 65. Geburtstages ist es hilfreich, sich eine Sichtweise der Altersforscher zu eigen zu machen. Gerontologen teilen das letzte Lebensdrittel in ein Drittes und ein Viertes Alter. Das Dritte Alter meint die Phase des fitten Seniorendaseins ab der Pensionierung. Meist funktioniert der Körper gut genug, um Radwanderwege, Pilgerpfade und Kulturfestivals zu bevölkern. Ab dem 80. Lebensjahr etwa beginnt dann das Vierte Alter, jene Phase zunehmender Gebrechlichkeit, die Hilfe nötig macht.

Die Wissenschaft betrachtet diesen vierten Lebensabschnitt als Kampf um Autonomie und Würde. Je intensiver die Gefühle von Verlust und Unsicherheit werden, je stärker das

194

Bewusstsein für die eigene Endlichkeit wird, desto verbissener versuchen viele Alte, ihre Routine zu verteidigen. Prototypisch die Witwe im Reihenhaus, die vier Stockwerke zu bewohnen versucht.

Projekte wie die »Bremer Stadtmusikanten«, das Seniorenzentrum der Braunschweiger Baugenossenschaft oder der Beginenhof in Essen beweisen dagegen, dass der Schritt vom Dritten ins Vierte Alter auch geschmeidig verlaufen kann. Wenn die Gemeinschaft drumherum funktioniert, ist der Platz im Pflegeheim, falls überhaupt, nur für eine Weile nötig.

Der frühere TV-Reporter Sven Kuntze, der schon mal probegelegen hat in einigen Heimen, weiß: »Die Zukunft gehört der Gemeinschaft, welcher Größe, welchen Stils auch immer, wo Menschen selbstbestimmt leben und bei Bedarf Hilfe bekommen.« Zu sehr ähnlichen Ergebnissen kommen die Altersforscher des Generali-Zukunftsfonds.

In Japan wurde schon vor zwanzig Jahren ein Masterplan verabschiedet, der vor allem die Gesunderhaltung Älterer im Blick hat. Der Staat ist verpflichtet, Erwerbstätigkeit zu sichern, wie Gesundheit, soziale Teilhabe und angemessenes Wohnen. Schön, wenn die Politik aktiv wird. Aber zugleich häufen sich in Japan die Fälle von Gewalt gegen Alte. Mit Förderprogrammen allein ist es nicht getan.

Es ist aber auch an der Zeit, die jungen Alten in die Pflicht zu nehmen. Das Dritte Alter bedeutet eben nicht permanenten Urlaub auf Kosten der Gemeinschaft, mit einem muckschen »Das-steht-mir-zu«-Gesicht, sondern viel mehr Verantwortung für sich selbst und andere zu übernehmen. Und Energie ist ja reichlich da.

Oder wie es Peter Scholl-Latour (90) sagte: »Ich arbeite jeden Tag. Wäre ich mit 65 pensioniert worden, wäre ich schon lange tot, und wenn nicht tot, dann doof.« Der französische Philosoph Michel de Montaigne forderte bereits 1580 in seinem Essay *Über das Alter*, dass der Mensch möglichst lange seiner Arbeit und seinen Geschäften zum Wohle der Gemeinschaft nachgehen möge.

Nur etwa 15 Prozent der Erwerbstätigen sind mit dem 65. Lebensjahr tatsächlich ausgebrannt. Der große Rest strotzt oftmals vor Tatendrang. Wenn wir nun wissen, dass die Rente knapp wird in zehn, zwanzig Jahren, gibt es zwei pragmatische Auswege.

Zum einen stehen die Rentner von morgen in der Pflicht, sich halbwegs fit zu halten an Körper, Geist und Seele.

Zum anderen darf eine Gesellschaft, die dreißig Jahre lang Rente bezahlt, durchaus ein wenig Mitwirkung erwarten. Ob in der Bibliothek, in der Parkpflege, in Schulen, Kitas, der Lokalpolitik oder, ja, in der Altenpflege – überall werden gelassene, erfahrene Hände gebraucht, wenn die Firma keine Verwendung mehr hat. Zehn Stunden Gemeinschaftsarbeit die Woche – ist das zu viel verlangt von topfitten 70-Jährigen?

Alexander Künzel, Vorstandsvorsitzender der Bremer Heimstiftung, bringt es auf den Punkt: »Es gibt bald nicht nur mehr alte Menschen – es gibt auch viel weniger arbeitende Menschen. Uns werden schlicht die Pfleger ausgehen. Das ist die eigentliche Aufgabe im demografischen Wandel, eine Gesellschaft zu organisieren, die mit weniger Profis auskommt. Wir müssen künftig viel mehr Freiwillige gewinnen. Ich setze auf die rüstigen Rentner. Wir bieten in Bremen mit der Volkshochschule Kurse an, die Anregungen geben, wie man sich in der Stadt einbringen kann. Die rennen uns die Tür ein. Viele Senioren möchten auch gerne Bundesfreiwilligendienst leisten, und die Plätze sind im Januar schon weg. Wir haben ein Riesenpotenzial. Eine Stadt, die dieses Engagement hebt, ist reicher als eine, die den weiteren Ausbau von Heimen forciert.«

Allen wäre geholfen. Die Einsamkeit wäre gelindert, der große Graben zwischen der Welt der Untätigen und dem Paralleluniversum der Werktätigen wäre überbrückt. Wertschätzung käme auf, das soziale Klima ließe sich verbessern. Alte fühlen sich selbst nützlich und werden von den Jüngeren auch so empfunden. Eine utopische Vorstellung? Ach was. Fördern und Fordern gilt für alle Abschnitte des Lebens.

Paradox, aber wahr: Der Respekt vor der Reife wird erst wachsen, wenn wir nicht länger nur über Rechte, sondern auch über Pflichten reden. Altern als potenzieller Dienst an der Gemeinschaft, in einer durchaus ehrwürdigen Rolle als uneigennützige Bewahrer des Gemeinwesens. Wer ernst genommen werden will, sollte sich auch selbst ernst nehmen. Genug Energie, Kreativität und Wissen bringt ein millionenfaches Drittes Alter mit.

Was wir also unseren Kindern predigen – »Raus aus der Komfortzone!« –, das werden wir uns auch selbst zumuten dürfen. Wie die Jugend bietet das Dritte Alter gleichsam spiegelbildlich eine Lern- und Experimentierphase, idealerweise zum Wohle aller.

Wie dieses neue Miteinander aussieht, ist an vielen Ecken dieses Landes prototypisch zu besichtigen. Jede Stadt bietet eine bemerkenswerte Vielfalt von Modellen aller Größe, Preise, Stile. Es gilt: Wer sich kümmert, hat deutlich mehr Optionen als diejenigen, welche altersstarr einfach nur abwarten.

Die Projekte lehren aber auch: Wer sich erst mit 65 Gedanken macht, wie er leben möchte, kommt zu spät. Viele erfolgreiche Modelle sind über Jahre hinweg vorbereitet, ausprobiert und optimiert worden, die Chance des Scheiterns inklusive. Es muss freilich nicht alles neu erfunden werden, viele gute Vorbilder gibt es bereits. Wir sind nicht allein.

Keine Frage: Es sind viele Aufgaben zu lösen, denn wir bewegen uns auf unbekanntem Terrain. Aber erst wenn wir uns im Alter selbst schätzen lernen, werden uns die Nachgeborenen auch den gebührenden Respekt entgegenbringen. Ueshiba Morihei, der Erfinder des Aikido, hat im Alter von 80 Jahren noch Höchstleistungen vollbracht. Vielleicht ist der Japaner keine Ausnahme, sondern Vorbild für viele, die sich und die Welt noch einmal neu entdecken wollen. Befreit vom Druck der Karriere, der Kinderbetreuung und der Stechuhr wird reichlich Freiraum geschaffen für mehr Sinn im Leben als Fernsehen, Einkaufen und Klagen. Etwas knappere finanzielle

Mittel können bei dieser Transformation unseres Altersbildes durchaus helfen.

»Das Alter entgiften«, hat Frank Schirrmacher im *Methusalem-Komplott* gefordert. Das ist ein Wort, es hat mit Anfangen zu tun. Menschen aber, vor allem ältere, sind wie Vulkane: Es gibt die aktiven, die schlummernden und die erloschenen. Letztere entgiften gar nichts mehr.

Das muss nicht sein. Wir sind die Chefs über unser Leben, womöglich mehr, als wir uns das wünschen. Unsere Sprache, unsere Bildungsbereitschaft, unsere Haltung, unser Miteinander, das sind wertvolle Zusatzrenten und Medikamente, die wir besitzen. Ein gutes Wort, eine positive Erfahrung haben die Kraft, unser ganzes neuronales System neu zu befeuern, zum Guten wie zum Bösen. Fortschritt, Heilung, Wachstum sind jederzeit möglich, auf allen Ebenen.

Welch eine unbeschreibliche Selbstbeschneidung, wenn wir nur auf die Zahlen des Kontos oder des Rentenbescheids gucken. In den täglichen Ablauf integriert, könnten Gereifte neue Rollen finden, als Weise, Schlichter, Hüter der Traditionen oder Bewahrer der großen Erzählungen. Weisheit gehört schließlich zu den Kardinaltugenden der Kirche. So entsteht Sinn, die Verzweiflung verschwindet zugleich.

Eine Langzeitstudie vom University College London zeigt, dass glückliche Senioren langsamer körperlich abbauen. »Glück« aber meint weit mehr als jene materielle Sicherheit, die gerade von den ängstlichen Deutschen als Inbegriff eines zufriedenen Lebens missdeutet wird. So mancher fidele 90-Jährige ist nicht deswegen reger als trübsinnige Endsechziger, weil er bessere Gene oder mehr Rente hat, sondern wegen seiner gesünderen Haltung zum Leben.

Es wäre allerdings leichtsinnig, auf die Politik zu warten. Der Gesetzgeber, so lehrt die Erfahrung, reagiert auf gesellschaftliche Entwicklungen derart verzögert, dass Ältere darauf nicht warten können. Und Glück war ohnehin nie Regierungsziel.

Wir müssen uns also selbst kümmern, auf sechs Ebenen:

der unserer Gesundheit, unseres Hirns, unserer sozialen Kontakte, unserer Finanzen, unseres Bewusstseins und unserer Seele. Dabei gilt: Unser Gesamtbefinden wird nur so gut sein wie der schwächste dieser Faktoren. Wer Geld hat, aber keinen Sinn im Leben sieht, wird nicht erfolgreich altern. Wer aber von allem hat, der hat gute Chancen. Unheilbar alt bin ich erst, wenn das Ende des Staunens, der Neugier, des Lernens erreicht ist.

1. Bewusstsein: Befreit eure Gedanken!

Mit 18 wird man erwachsen, mit 65 in den Ruhestand abgeschoben. Willkürlich gesetzte Zahlen diktieren unser Leben. Schluss damit. Die neuen Alten brauchen zur Psycho-Prophylaxe ein neues Bewusstsein für einen neuen Lebensabschnitt.

Der Glaube an Zahlen ist eines der tückischsten Hindernisse auf dem Weg in ein fröhliches, würdiges Altern. Zahlenmystik bestimmt unser Bewusstsein. Wir sind gefangen in einem Kerker, dessen Mauern wir selbst errichtet haben.

Die 6 etwa ist das Alter, in dem aus dem Kleinkind das Schulkind wird, 18 ist die Eintrittszahl in die Erwachsenenwelt: Wählen, Führerschein, Erwachsensein. 25 Ehejahre werden mit der silbernen Hochzeit gefeiert, der 50. Geburtstag ist auch deswegen so bedeutsam, weil er die halbe Strecke auf dem Weg zur magischen 100 markiert. Wir sind getaktet von der fixen Idee einer 40-Stunden-Woche; 45 Arbeitsjahre bedeuten volle Rente, ganz egal, ob die Arbeit sinnvoll oder gesellschaftsdienlich war. Die politisch und auch ökonomisch am stärksten aufgeheizte Zahl ist die 65: jener magische Tag, an dem der Mensch befreit wird vom Joch der Arbeit. Der Versuch, die Rente mit 67 zu etablieren, wie es ausgerechnet die SPD vernünftigerweise versucht hat, musste mit einer Ausnahmeregelung »Rente mit 63« kompensiert werden. 67 und 63 – was im arithmetischen Mittel glücklicherweise jene magische 65 ergibt, das ewige Symbol gewerkschaftlichen Erfolgs. Die 65 ist die stählernste aller deutschen Zahlen, daran darf nicht gerüttelt werden.

So befreiend der 65. Geburtstag für manchen Arbeitnehmer sein mag, so grausam wirkt diese in uns allen verankerte Zahl: Sie markiert das Ende der Nützlichkeit. Bis 65 zahlen wir Steuern und Sozialabgaben, wir schaffen und rackern. Und danach? Kostenposten. Keine Aufgaben, nur Ausgaben. Wie ein Gast, der nicht gehen will, obwohl es schon weit nach Mitternacht ist. Lästig. Hau endlich ab.

Wir alle wissen: Diese 65 ist eine vor mehr als hundert Jahren willkürlich gewählte Zahl. Aber sie hat jedes deutsche Leben infiziert, unser Denken, unser Verhalten, unsere Selbstwahrnehmung, die ganze Gesellschaft. Sie ist gleichsam ein eiserner Vorhang, der nützliches von unnützem Leben trennt.

Wir akzeptieren die verschiedensten Bildungswege, wir akzeptieren die buntesten Beziehungsmodelle, wir akzeptieren die verrücktesten Krankheitsbilder, nur von der 65 kommen wir nicht weg. Welch eine Verschwendung: Denn Altersmodelle können mit 40 beginnen, wenn einer sein Eigenheim barrierefrei baut, oder aber mit 80 noch immer nicht begonnen haben, weil Menschen einfach weiterleben und arbeiten wie immer.

»Warum lassen wir die Altersangaben nicht einfach weg und orientieren uns am biologischen Zustand?«, fragt der britische Altersforscher Tom Kirkwood, »dann würden die Ärzte endlich behandeln, was nötig ist, und nicht, was deren Altersbild erfordert.«

Die Macht unserer Gedankenmodelle ist gewaltig. Seit Generationen tragen wir die Dreiteilung von Lernen – Arbeiten – Verfall in uns, drei scheinbar hermetisch abgeriegelte Räume, die wir nacheinander betreten. Unser Intellekt sagt uns, dass diese strengen Übergänge nicht zwingend sind, dass Lernen und Arbeiten auch im Alter stattfinden können und Besinnung oder Auszeiten schon in früheren Jahren. Warum sind wir dennoch in unseren starren Vorstellungen vom Triptychon des Lebens gefangen?

Ganz einfach: Diese Konzepte sind seit Jahrhunderten gelernt. Für die neue Zeit, die den Senioren zehn, zwanzig, dreißig zusätzliche Jahre schenkt, gibt es keine konsensualen Modelle.

Ein junger Harvard-Soziologe bewies vor einem knappen

halben Jahrhundert mit einem ebenso eindrucksvollen wie einfachen Experiment die Macht der selbsterfüllenden Prophezeiung. Professor Robert Rosenthal, in Deutschland geboren und vor den Nazis in die USA geflohen, besuchte im Jahre 1965 eine Volksschule in South San Francisco, einer sozial problematischen Gegend. Den Lehrern erzählte der Wissenschaftler, er habe eine Methode erfunden, mit der er die Lernfortschritte einzelner Schüler vorhersagen könne. Dann machte er mit den Kindern ein paar Tests.

Die Lehrer waren beeindruckt von dem großen Harvard-Forscher. Schließlich verriet Rosenthal den Pädagogen unter dem Siegel höchster Geheimhaltung, welche Schüler in den kommenden Monaten außergewöhnlich gute Leistungen erbringen würden. Als der Professor nach einem halben Jahr zurückkehrte, berichteten die Lehrer aufgeregt, dass viele der Prognosen tatsächlich eingetreten seien. Selbst Schüler, die die Lehrer aufgegeben hatten, hatten sich plötzlich als gelehrig erwiesen.

Die Sensation war allerdings eine andere: Rosenthal hatte überhaupt keine Prognosemethode entwickelt. Er hatte nach einem Zufallsprinzip ein paar Schüler genannt, ohne irgendwelche Kenntnisse über deren Begabungen zu besitzen. Warum aber waren diese Kinder tatsächlich signifikant besser geworden? Weil die Lehrer plötzlich an diese Schüler glaubten – ein Harvard-Professor hatte es ja gesagt. Allein dieser Glaube bewirkte entscheidende Veränderungen: ein wenig mehr Aufmerksamkeit, etwas mehr Zeit zum Erklären und Zuhören, eine generell positivere Einstellung zu eben diesen Schülern, die wiederum spürten, dass sie ernster genommen wurden. Die Leistungen wurden besser.

Rosenthal hatte mit seinem bahnbrechenden Experiment bewiesen, was Hirnforscher, Neurobiologen und Zellexperten praktisch täglich aufs Neue bestätigen: Weit mächtiger als das Schicksal, als Rentenkasse und Gene sind die Gedanken des Menschen. Wir konstruieren unsere Realität ein ganzes Leben lang. Wir nehmen uns als Helden wahr oder als Versager,

202

als lebenslustige oder depressive Rentner. Natürlich wird man einen Tumor nicht mit dem Visualisieren einer Blumenwiese schrumpfen lassen. Aber es macht einen entscheidenden Unterschied, ob Ältere sich als parasitäre Kostgänger sehen oder als sinnstiftende Weise, die die Hausgemeinschaft, die Familie oder einen Verein zusammenhalten.

Die Macht des Glaubens haben zahllose Experimente immer wieder nachgewiesen. Studenten, die im Schlaflabor erfahren, sie hätten besonders tief und erholsam geruht, schreiben bessere Klausuren als Kommilitonen, denen erzählt wurde, ihre Nacht sei die Hölle gewesen. In Wirklichkeit gab es keine Unterschiede in der Schlafqualität. Scheininformation, mit ein bisschen wissenschaftlichem Klimbim angereichert, genügt für einen nachhaltigen Placeboeffekt, ganz gleich, ob wir einen angeblich vollfetten Milchshake als sättigender empfinden oder ein teureres Energiegetränk als anregender, selbst wenn keinerlei Unterschiede bestehen. Zu einem guten Teil denken Menschen sich stark – oder eben schwach.

Nahezu alle Studien zu den Altersbildern in unseren Köpfen kommen zu dem gleichen Resultat: Wir fürchten das Alter. Wir hassen das Alter. Wir verachten das Alter. Und das Alter beginnt mit 65. Man muss kein Soziologe sein, um die Folgen abzuschätzen. Wenn wir uns für alt und nutzlos halten, werden wir auch so agieren. Das Bewusstsein bestimmt das Sein.

Bezeichnend ist das Post-Fall-Syndrom: Nach einem Sturz fürchten Senioren plötzlich Risiken aller Art, auch in anderen Lebensbereichen. Wir neigen dazu, uns alt und hilflos zu denken, wohl auch deswegen, weil wir unterbewusst Schuldgefühle hegen wegen schwindender Produktivität. Wir sehen uns auf dem Weg zurück ins Babystadium, hilflos wie Neugeborene, nur faltig und ohne Zukunft.

Klar, Gründe zur Depression gibt es genug: keine Goldmedaille, kein Nobelpreis, nicht mal einen Porsche geschafft, aber jetzt den Jüngeren ewig auf der Tasche liegen. Gerontologen kennen das Phänomen der Selbstabwertung und Unteranpassung. So als wollten sie sich kleiner, unauffälliger, weniger lästig machen, scheinen viele Senioren unterbewusst leiser zu sprechen und sich langsamer zu bewegen, als sie es eigentlich könnten. Die unausgesprochene Botschaft lautet: Keine Sorge, bin bald weg, dauert nicht mehr lange.

Hier ist ein doppelter Rosenthal-Effekt zu beobachten: Eine Gesellschaft stellt ihre Senioren oft als chronisch kranke Kostenposten dar, jeder Bericht über die nahende demografische Katastrophe bedeutet ja einen Faustschlag für die deutschen Rentner. Das Alter hat eben ein verheerendes Image: teuer, einsam, nutzlos. Negativbilder schaffen eine negative Realität. Und die selbsterfüllende Prophezeiung bildet sich im Verhalten der Diskriminierten ab. Eine beständige Abwärtsspirale.

Wir betrachten das Alter aus der Buchhalterperspektive. Wie viel Geld? Wie viel Quadratmeter? Wie viel Lebenserwartung? Für die Planer in Politik und Verwaltung mag diese Sichtweise angemessen sein, für uns Menschen gibt es tatsächlich noch andere Zugänge. Altersforscher weisen darauf hin, dass nicht nur die messbaren Rahmenbedingungen über ein halbwegs glückliches Dasein jenseits der 50 entscheiden, sondern vielmehr das genannte »Skript«. Wenn ich in meiner Selbstwahrnehmung beispielsweise sportlicher Höchstleister bin und dieses Drehbuch nicht rechtzeitig verändere, dann renne ich stracks in die selbst aufgestellte Falle. Wer aus seinem Skript des Siegers nicht herausfindet, endet als Ex-Sieger – keine schöne Erzählung. Ändere ich mein Skript aber behutsam in Richtung Erfahrung, Gelassenheit, Coaching, dann könnten die nächsten Jahre fröhlicher verlaufen. Ich renne zwar selbst keine Bestzeiten mehr, aber ich kann Jüngeren oder Einsteigern wertvolle Hinweise geben aus meinem großen Fundus. Ich habe meine Rolle weiterentwickelt, vom Athleten zum Coach.

Wie würden wir uns eigentlich gern sehen, wenn nicht als tattrige Zausel mit komödientauglichen Wahrnehmungsschwierigkeiten? Welches Bewusstsein hätten wir gern für unser Drittes Lebensalter?

Der Neo-Freudianer und Jung-Schüler Erik Erikson hat für

das späte Erwachsenenalter zwei Stufen definiert, auf denen jeweils starke Mächte miteinander ringen. Zunächst kämpft die sogenannte Generativität, also das Bedürfnis, sein Wissen an nachfolgende Generationen weiterzugeben, gegen die Stagnation, die oft in Depression mündet. Später ringen Integrität und Verzweiflung miteinander. Und oft genug gehen Wunsch und Wirklichkeit durcheinander. So wären wir gern gelassene Weise, sind aber in unserer Abschieds- und Todespanik gefangen.

Überall wird vorgesorgt, mit Fluor gegen Zahnverfall, mit Knoblauchpillen gegen Kalk in den Venen. Dabei hätte zunächst mal unser Bewusstsein eine Psycho-Prophylaxe nötig, eine Immunisierung gegen die vielen bösen Bilder, gegen unsere eigenen düsteren Gedanken, über Jahre gelernt und auf Schrecklichkeit getrimmt.

Altersbilder entstehen in früher Kindheit. Ob im Fernsehen, im Kinderbuch oder in der Familie – Oma und Opa sind in ihren Rollen festgelegt. »Das tut man nicht«, gilt für Kinder, aber im selben Maße auch für Senioren. Die Korridore des Verhaltens sind nach wie vor eng. Ein 60-Jähriger in einer Stretchjeans gilt gerade noch als tollkühn, ein 80-Jähriger als höchst bizarr.

Diese Bilder, die unser Bewusstsein prägen, sind stabil, gleichwohl ziemlich zufällig entstanden. Wo steht geschrieben, dass Rentner keine Harley fahren, Beachvolleyball spielen oder durch Swingerklubs toben dürfen? Warum soll sich Großmutter eigentlich keinen Totenkopf auf die welke Hinterbacke tätowieren lassen? Wer setzt und vor allem wer befolgt schafsdumm all diese Zufallskonventionen? So wenig wie es eine Linearität des Verfalls gibt, so wenig gibt es Gesetze über altersgerechtes Benehmen.

Wenn ein spannendes Skript so entscheidend für unser Altersglück ist, dann sollte jeder intensiv daran arbeiten: Manche malen sich so, wie sie sich gern hätten, manche beschreiben sich, wie sie sind, oder heften ein Vorbild an den Badezimmerspiegel, von Sky Dumont bis Iris Berben.

Wohlbefinden lautet das Ziel, nicht Konformität. Und fürs Wohlbefinden sind eine respektvolle Sprache, Bildungsbereitschaft, Offenheit, Miteinander und etwas Bescheidenheit allemal kraftvoller als ein paar Euro Zusatzrente oder ein Dutzend bunter Pillen am Tag. Ein gutes Wort, ein positives Erlebnis mit Freunden, ein Moment des Stolzes können das neuronale System und mithin unser gesamtes Befinden neu befeuern. Ohne ein zukunftsfähiges Bewusstsein wird das Alter auch auf dem schicksten Kreuzfahrtschiff zur Qual. Die Haltung des »Forever Young« verliert sich zwangsläufig in einer endlosen Serie immer aussichtsloserer Rückzugsgefechte.

Dass Gefühle und Gedanken ganz konkret auf allerlei Vitalfunktionen wirken, ist hinlänglich bekannt. Wie weit der Körper dem Bewusstsein folgt, hat die amerikanische Psychologin Ellen Langer in einem wundervollen Experiment unter dem Titel »Gegen den Uhrzeigersinn« (Counterclockwise) nachgewiesen. Schon in den 1970er-Jahren belegte Langer, dass Menschen in einem Pflegeheim deutlich fitter und fröhlicher sind, wenn sie Entscheidungen selbst treffen und die Verantwortung dafür übernehmen. Kleinigkeiten wie eine selbst ausgesuchte und gepflegte Zimmerpflanze sorgten für signifikante körperliche Verbesserungen. Doch obgleich die Zusammenhänge zwischen Wahrnehmen und körperlichen Reaktionen unbestreitbar sind, wissen wir nur wenig über die Funktionsweise des Bewusstseins-Körper-Komplexes.

»Wenn man das Bewusstsein in einen gesunden Zustand versetzt«, so Ellen Langer, »dann folgt der Körper.« Umgekehrt funktioniert es übrigens auch. Um die Wechselwirkung von Kopf und Körper zu untersuchen, bat Langer einen Schwung Endsiebziger für eine Woche in ein Landhaus, um über die gute alte Zeit zu reden. Die Kandidaten waren nicht gerade von Lebensfreude durchdrungen: keine Lust mehr auf Bewegung oder auf Lesen, das Essen schmeckt nicht, das Wetter ist immer falsch.

Die erste Seniorengruppe sollte sich für eine Woche in das Jahr 1959 zurückversetzen. Gesprochen wurde nur im Präsens, als ob die Zeit zurückgedreht worden sei. Die zweite Gruppe dagegen sollte aus der Jetztzeit zurückblicken auf das Damals.

Die Forscher bemühten sich, Zeitungen, Fernsehsendungen und die 1959 diskutierten Themen möglichst glaubwürdig in die Versuchswoche einzubauen. Ziel war es, die Realität draußen weitgehend auszublenden. Stattdessen wurde über Castros Einmarsch in Havanna gesprochen, im Fernsehen lief Ed Sullivan, zu lesen gab es *Goldfinger* von Ian Fleming, und im Radio sangen Perry Como und Nat King Cole.

Das Ergebnis für beide Gruppen: Nach sieben Tagen hatten sich Hörleistung und Gedächtnis verbessert, der Händedruck war bei allen Kandidaten deutlich stärker ausgeprägt, im Durchschnitt hatten die Teilnehmer drei Pfund zugenommen und sahen deutlich jünger aus.

Die Gruppe aber, die sich komplett in die Vergangenheit zurückversetzt hatte, wies deutlich größere Verbesserungen auf. Man ist so alt, wie man sich fühlt – eine Floskel wurde als Weisheit enttarnt.

Für Forscherin Langer war die Sache klar: »Die Biologie ist nicht zwangsläufig unser Schicksal. Unsere Grenzen werden weniger vom Körper festgelegt als vielmehr von unseren Gedanken.« Gesundheitsbewusstsein bedeutet eben nicht, besonders bewusst zu essen, zu trainieren oder gewissenhaft Programme zu absolvieren, sondern uns zunächst von hinderlichen Skripten zu befreien, von stereotypen Gedanken, was ein Senior zu tun und zu lassen hat, was sich schickt und verbietet.

Das Wissen darum, was uns wirklich guttut, ist allemal heilsamer als vier Wochen Klangschalen-Wellness. Am wichtigsten aber, so Langer, sei es, das »Gefühl einer eigenen Mission, einer persönlichen Aufgabe zu haben«. Die statistischen Erwartungen zu erfüllen, die uns eine Lesebrille mit 40, Infarkt mit 50 und Inkontinenz mit 60 verordnen, kann der liebe Gott nicht als Aufgabe des Menschen vorgesehen haben.

Am Deutschen Zentrum für Altersfragen wird derzeit un-

207

tersucht, wie Menschen ab 65 ihre Vorstellungen vom Altwerden, ihre Gewohnheiten und Überzeugungen ins Positive wenden können. Schon vor vierzig Jahren haben US-Forscher herausgefunden, dass Menschen mit einem erwartungsfrohen Bewusstsein im Schnitt über sieben Jahre länger leben, Gene hin oder her.

Die Vorstellung vom Altern ist das eigentliche Problem. Machen wir uns nichts vor: Auf einer Plus-Minus-Liste fielen uns eine ganze Reihe von Altersschwächen ein, aber wenige Stärken. Ausgerechnet der Generation der Babyboomer steht nun die Aufgabe zu, diese Skripte umzuschreiben.

Unsere Lehre aus fünfzig Jahren Dauerpanik: Wir haben es überstanden. Wir leben noch, besser als alle Generationen vor uns. Wir haben viel gesehen, gelernt, gefürchtet, wir waren nie allein und hatten eine Menge kluger Mitstreiter, die uns begleiteten, von Harald Schmidt bis Stephen Hawking. Wir haben das Sicherheitsbedürfnis der Weltkriegsteilnehmer inhaliert, aber auch die Risikobereitschaft von Reinhold Messner und Felix Baumgartner. Wir haben was mitgemacht. Wir haben was zu erzählen.

Wenn es eine Botschaft unserer Leben gibt, dann heißt sie: Da geht was, irgendwie. Ob wir uns weiterhin in Selbsthass und Dauerpanik verlieren oder unser Bewusstsein gegen die Dämonen der Vergangenheit impfen, das entscheiden wir in weiten Teilen selbst.

YOLO (»You only live once«), das alberne Mantra, das der Jugend vor allem als Legitimation fürs nächste Besäufnis dient, können wir mit gelebtem Leben füllen. Wir haben Selbsthilfegruppen gegründet, wir haben demonstriert, uns engagiert für Umwelt, giftfreies Essen und lactosefreie Latte. Kaum eine Generation hat so intensiv das gesellschaftliche Gestalten geübt wie wir, die wir Kinderläden, Yogagruppen und Onlinepetitionen ins Leben riefen.

Selbstverwirklichung und Individualisierung hießen unsere Parolen. Und jetzt ist die Zeit gekommen, das lebenslang Gelernte anzuwenden. Niemand zwingt uns, im Bewusstsein des

Ausgeliefertseins zu verharren, das unsere Vorgänger gefangen hielt. Gelingt es, die Ängste von früher als Lehrstunden zu betrachten, kann eine großartige Zeit vor uns liegen.

»Im Land der wilden Alten«, titelte der *Spiegel*. Das ist doch mal eine Mission. Wer mit 80 auf ein Surfbrett klettert, ist eben kein wirrer Exot, sondern Vorbild und Anregung für andere. Betrachten wir das Alter als Marathon. Der Dauerlauf ist unterwegs nicht immer angenehm, aber am Ende haben wir etwas Besonderes geleistet.

Mit unseren Brüchen und Kurven und Fehlern können wir den Nachwachsenden Beschützer, Ratgeber und Quertreiber sein, sympathisch Bekloppte zwischen Opa Himmel und Oma Erde, bereit, ein politischeres Leben zu führen mit jenen zeitlosen Momenten am Meer, im Wald, mit uns selbst oder unseren Nächsten, Momente, die wir unser Leben lang herbeigesehnt haben, ohne allzu oft die Zeit dafür zu finden.

Jetzt ist es so weit: Wir dürfen kichern, uns als Punks versuchen, als Nerds oder sonst wie Durchgeknallte. Wir können Klamotten und Rollen probieren, die wir uns schon immer gewünscht haben, ganz egal, was der Nachbar denkt. Befreit von notorischer Betroffenheit und Wohlverhaltensdogmen werden wir unseren Kindern so richtig peinlich sein. Denn wir haben dem Nachwuchs eines voraus: Wir verabschieden uns schon mal von der lästigsten Angewohnheit unserer Generation – dem zwanghaften Bewerten.

Wollen wir wirklich Glaubenskriege führen, ob Schönheitsoperationen, Botox-Schüsse oder Sex auf Viagra verdammenswerte Fimmel sind? Wollen wir den ganzen Tag auf der Parkbank hocken und uns gegenseitig bestätigen, wie dämlich alle anderen sind? Bitte nicht. Meckerrentner sind wirklich anstrengend.

Wer sich mit gestrafftem Bauch oder faltenfreier Stirn besser fühlt, dem sei es gegönnt. Die Liberalität, die die Babyboomer in ihrer besten Zeit propagierten – jetzt ist die Zeit gekommen, Anderssein nicht nur zu akzeptieren, sondern zu begrüßen. Die Freiheit, die uns die geschenkten Jahre ermöglichen, ist unsere Freiheit. Nutzen wir sie, zeigen wir Wertschätzung und fordern zugleich Respekt für uns selbst ein.

Seien wir selbstbewusst und aufsässig, ohne anmaßend oder unverschämt zu werden. Nutzen wir die Zeit. Ob wir morgens um zwei Uhr schlaflos im Bett über Vergangenes grübeln oder die *Roman-Therapie*, den Literaturkanon »für ein besseres Leben« von Berthoud, Elderkin und Bünger versuchen, das ist unsere eigene Entscheidung. Balzac, Tolstoi und Proust jedenfalls sind oft mächtiger als Pharmazie.

Ein schönes Ausgangsbild für veränderte Skripte ist der Berg. Gemeinhin betrachten wir das Leben als einen Anstieg, der bis etwa zur Mitte dauert, um dann, auf dem Gipfel, schlagartig zum Abstieg zu werden, direkt in die Hölle. Die Spitze ist spätestens mit dem 50. Geburtstag erreicht, also jetzt. Und nun? Schlittert das Leben bergab.

Wir könnten das Leben auch als einen großen Anstieg interpretieren. Der Gipfel ist das Ziel. Wenn ein Lebensjahr für 100 Höhenmeter steht, haben es 30-Jährige bis auf 3000 Meter geschafft, wo die Luft schon dünner wird. Mit 50 sind wir bereits auf 5000 Metern angelangt, eine gewaltige Leistung. Und was die Älteren erst geleistet haben: Stehen mit wackeligen Beinen auf 7000, 8000, 9000 Metern. Wer könnte den Nachfolgenden besser Tipps geben, wie dieser Aufstieg erfolgreich zu bewältigen ist, welche Route bequemer ist, welche riskante Wand großartige Ausblicke eröffnet, welche Charaktere sich für eine stabile Seilschaft empfehlen! Willkommen auf dem Bewusstseinspfad des erfolgreichen Alterns. Der Weg der Weisheit mag Unbekanntes bereithalten, aber: Es geht bergauf.

2. Lernen: Mehr Kunststücke!

Das Hirn ist ein Muskel, das Training ganz einfach. Nicht Sudoku oder Kreuzworträtsel, sondern komplexere Aufgaben, bei denen Körper, Augen, Gedächtnis gefordert werden. Klavierstunden für 80-Jährige? Genau.

Der Salle Pleyel ausverkauft, das Pariser Publikum überwältigt, der Applaus nahm kein Ende an diesem Novemberabend 2013. Nach fast zweieinhalb Stunden hatte sich Menahem Pressler erhoben und verbeugt. Das Konzert zu seinem 90. Geburtstag war beendet. Es gab Dvorak und Schubert, solo und vierhändig – und immer mit Pressler als Pianist.

1940 hatte er den Debussy-Wettbewerb in San Francisco gewonnen, da war er 17 Jahre alt. Im Jahr zuvor war seine Familie vor den Nationalsozialisten aus Deutschland geflohen. Bis heute gastiert Pressler jede Woche irgendwo anders auf der Welt.

Im Interview ist er besonnen, lustig, nachdenklich, bestimmt. Beethoven spielt er »auf Knien«, wie er sagt. Man müsse sich den großen Komponisten auf Knien nähern und auf den Knien bleiben, selbst wenn man glaube, das Werk zu beherrschen. Leider habe ich mich nie mit Beethoven befasst. Klavierspielen kann ich auch nicht. Und die Knie schmerzen vom Joggen. Soll ich auf meine alten Tage noch ein Instrument lernen? Muss wohl.

Der Pianist Pressler bestätigt, was der Musik-Neurologe Professor Lutz Jäncke herausgefunden hat: Regelmäßiges Musizieren verjüngt das Gehirn, schafft sogar neue neuronale Verbindungen. Das Bewegen der Hände, die Kopf-Finger-Koordination, das gleichzeitige Spähen aufs Notenblatt, tägliches Üben und Wiederholen »trainiert den Muskel im Kopf auf ideale Weise«, sagt der Hirnforscher Professor Manfred

211

Spitzer, der stets seine selbst gebaute Taschenklarinette bei sich trägt und gern spontan ein wenig jazzt.

Pressler erklärt seine Vitalität auch mit regelmäßiger Lehre. Seit sechzig Jahren unterrichtet er an der Indiana University und gibt weltweit Meisterklassen. Die Arbeit mit den Schülern, sagt Pressler, sei ein ständiger Lernprozess, der immer neue Aufgaben bereithalte; zugleich reflektiere er seine eigene Entwicklung. Wollte er früher schnell und laut und spektakulär spielen, lege er jetzt vor allem Wert auf schönes Spiel: »Ich möchte die Liebe zur Musik entzünden.«

Es ist ein Mythos, dass die Jungen kreativ sind und die Alten sich bestenfalls selbst zitieren. Picasso und Buckminster Fuller liefen noch jenseits der 80 zu großer Form auf. Verdi komponierte *Otello* mit 73, Thomas Mann den *Felix Krull* ebenfalls mit 73.

Zufall, dass so viele Dichter und Maler und Komponisten bemerkenswert alt wurden? Tizian 99, Michelangelo 89, Max Liebermann 88, James Ensor 89, Goethe und Victor Hugo 83, Richard Strauss 85.

Das ganze Leben sei Üben, Trainieren, Wiederholen, behauptet der Philosoph Peter Sloterdijk. Warum nur halten sich die wenigsten Senioren daran? Nichts gegen Kreuzworträtsel, Sudoku, Scrabble – aber das Rentnerhirn hat deutlich mehr drauf als das Füllen von Kästchen mit Zahlen und Buchstaben.

Das Gehirn scheint im Alter sogar Kunststücke zu vollbringen. Weil die Sensorik abnimmt, vor allem die Sehfähigkeit, verwendet der Kopf offenbar andere Kapazitäten zur Kompensation. Zwar werden die Hirnströme dadurch verlangsamt, zugleich lässt sich aber auch eine neue Fähigkeit beobachten – die Kunst der Abkürzung. Im älteren Gehirn gibt es aus jahrzehntelanger Denkerfahrung gewonnene Tricks, mit denen träge Vorgänge beschleunigt werden; auch ein Trainingsergebnis.

Ein einfacher Test klärt umgehend, ob wir Fast-Alten unsere Hirne angemessen nutzen. Die simple Frage: Haben Sie auch den Eindruck, dass die Zeit immer schneller rast, dass schon wieder Weihnachten ist? Wer bejaht, hat ein Problem.

Seit einigen Jahren versuchen Psychologen und Hirnforscher herauszufinden, warum das gefühlte Tempo mit den Lebensjahren anzusteigen scheint. Offenbar handelt es sich bei dieser Beschleunigung um eine Sinnestäuschung, die vor allem mit Lernerfahrungen zu tun hat. Der Heranwachsende empfindet einen Sommer deswegen als endlos, weil er unentwegt Neues lernt oder kennenlernt: eine Sprache, Menschen, Fertigkeiten wie Schnitzen, Schwimmen oder Baumhäuser zusammennageln.

Der ältere Mensch hingegen beschäftigt sich zunehmend mit Routinen; beim 23. Mal in derselben Pension am Wolfgangsee passiert halt nicht mehr viel Überraschendes. Zeiten der absolvierten Gewohnheiten aber nimmt das Hirn offenbar als schnelle Zeit wahr, weil wenig Merkenswertes geschieht, während Lernzeit sehr viel langsamer zu verstreichen scheint, da ständig neue Eindrücke zu verarbeiten sind. Je schwieriger die Aufgabe, desto langsamer verstreicht die Zeit. Und umso größer ist das wahrgenommene Erfolgserlebnis.

Fazit: Wem sein Leben davonzurasen scheint, der sollte Klavierstunden nehmen. Lernen ist keine Belastung, sondern der einfachste Weg, die gefühlte Lebenszeit entscheidend zu verlängern. Jeanne Louise Calmont, die älteste Frau der Welt, lernte mit 85 das Fechten, in seiner koordinativen Komplexität durchaus mit einer Etüde am Piano zu vergleichen. Durfte sie das? Egal. Sie tat es einfach. Weil sie ein autonomes Bewusstsein hatte, weil sie die Macht über das eigene Leben akzeptierte und nutzte, mit allen Risiken.

Die Studenten im Rentenalter, die in den Universitäten stets die ersten Reihen besetzen, weil sie von dort besser hören und sehen können, geben einen ersten Eindruck davon, wie lebenslanges Lernen aussehen kann. Andere Länder sind schon etwas weiter. University of the Third Age (U3A) heißt eine Bewegung, die 1973 in Toulouse von Soziologen begründet wurde und sich seither global verbreitet hat. Ältere lernen

213

mit Älteren, so lautet das simple Konzept; Dozenten wie Studenten sind Ruheständler, die Wissen und Erfahrung austauschen, ganz gleich ob über Raumfahrt, Botanik, Geschichte, Mathematik, Sport oder Psychologie. Bisweilen werden auch Bauchtanz und Internetmarketing angeboten.

In Europa gilt Slowenien als führend, in Großbritannien sind über 300 000 Senioren in der autonomen Selbsthilfeorganisation aktiv, weltweit sind die Australier vorn, mit 85 000 Seniorenlernern. Im Land des Bildungsbürgertums dagegen setzt sich U3A nur langsam durch. An deutschen Universitäten sind in den vergangenen Jahren erste Gruppen entstanden, als vorbildlich gilt die Akademie 55plus in Darmstadt, die 2006 nach dem britischen Vorbild von Heidrun Bleeck gegründet wurde. Anders als beim Wettlernen der Jungen legt die Akademie 55plus Wert auf stressfreie Atmosphäre, gemütliches Tempo und bürgerschaftliches Engagement. Weit über 1000 Senioren engagieren sich inzwischen als Dozenten oder Studierende, eine Zweigstelle wurde in Kassel eröffnet. Inzwischen wird das E-Learning massiv ausgebaut, damit auch weniger mobile oder abseits wohnende Menschen bei U3A mitmachen können. Es muss nicht immer nur Rätselheft sein.

3. Der Körper: Bewegt euch!

Die Nachkriegsgeneration hielt Auto, Aufzug, Rolltreppe für Fortschritt. Das Gegenteil stimmt: Wer sich bewegt, lebt länger fröhlich und selbstbestimmt.

»Los, schlag mich«, sagt Bodo, »aber feste.« Zögern. Darf man einen 76 Jahre alten Herrn angreifen, und sei es nur zum Schein? »Los!«, fordert Bodo. Er steht stabil, hat die Hände leicht erhoben und blinzelt erwartungsvoll. Na gut. Meine Faust schnellt auf sein Kinn zu. Blitzschnell hat sich der Senior weggedreht, die Hand geschnappt und kunstvoll meinen Arm verdreht.

Peter Nawrot lächelt stolz. Bodo ist sein Musterschüler. In einem Alter, da sich andere Rentner mühsam aus dem Fernsehsessel wuchten, federt Bodo über die Turnmatten in der kleinen Sporthalle in Berlin-Zehlendorf, gemeinsam mit einem guten Dutzend Herrschaften im besten Alter, also jenseits der 50. Manche bewegen sich mit größter Vorsicht, andere klatschen übermütig auf die roten und blauen Matten. In ihren weißen Jacken und den schwarzen langen Hosenröcken strahlt Nawrots Aikido-Gruppe deutlich mehr Würde, Freude und Kraft aus als eine Ladung ächzender Kaffeefahrtrentner in Gesundheitsschuhen und leberwurstfarbenen Windjacken, die vom Bus zum Büfett zum Klo und zurück zum Bus schlurfen.

Aikido ist ein Geschenk für Ältere. Diese betont defensive Kampfkunst wurde Mitte des 20. Jahrhunderts in Japan erfunden. Peter Nawrot hat als Informatiker einen großen Teil seines Berufslebens in Asien zugebracht. Als Kind in Deutschland hatte er Judo gelernt, in Japan wandte er sich dem Aikido zu. Nawrot ist fast 70 und verströmt mehr Energie als mancher

215

Mittvierziger. Täglich leitet er Gruppen, von Kindergartenkindern bis eben zur Brigade 50plus. »Man kann in jedem Alter anfangen«, weiß der Aikido-Kenner, »und man ist nie fertig.«

»Ai« bedeutet Harmonie, »ki« bezeichnet die Energie des Körpers, »do« steht für den Lebensweg. Wie immer man die drei Begriffe kombiniert, sie vereinen, was der ältere Mensch braucht: das Versöhnen des Körpers und seiner Energie mit dem jeweiligen Lebensabschnitt.

Eine Aikido-Stunde beginnt mit sanftem Aufwärmen und gemeinsamer Gymnastik. Dann werden Abwehrtechniken geübt, jeder in seinem Tempo. Wichtigste Fähigkeit des Aikidokas ist das kontrollierte Fallen. Bodo versichert, er habe sich mit den Abrolltechniken, die er bei Nawrot lernte, schon so manche böse Verletzung erspart. Knochenbrüche infolge von Stürzen sind eine der häufigsten Ursachen für Bettlägerigkeit und Verfall.

Aikido ist eine dynamischere Form des Zeitlupensports Tai-Chi und bietet so ziemlich alles, woran es vielen Senioren fehlt. Die Beweglichkeit und Koordination wird geschult, vor allem das Gleichgewicht. Die sanften Übungen erfordern Konzentration, Körperspannung und Lernbereitschaft. Als Lohn wächst das Gefühl, einem Angriff nicht schutzlos ausgeliefert zu sein. So wird das Selbstbewusstsein im Alltag gestärkt. »Wer Aikido kann, verlässt automatisch die Opferrolle«, weiß Nawrot.

Der Gedanke, der der Kampfkunst zugrunde liegt: Verteidigen ist aktives Handeln, furchtlos, klar und zielstrebig. Statt konkreten Plänen oder starren Bewegungsabläufen vertraut der Aikidoka seiner Fähigkeit zu intuitiv richtigem Handeln.

Funktioniert die eine Abwehr nicht, probiert man halt die nächste. Annehmen, was kommt, und das Beste daraus machen – klingt etwas esoterisch, ist aber eine durchaus lebenspraktische Haltung, insbesondere im Alter. Aikido setzt den berechenbaren Alltagsabläufen Flexibilität, Gelassenheit und Selbstbewusstsein entgegen. »Aikido sollte Pflicht sein für alle Rentner«, findet Bodo. Dann springt er wieder auf die Matte.

216

Die Wissenschaft predigt es schon lange: Bewegung ist der Zentralschlüssel für Lebenszufriedenheit. Bewegung bedeutet Autonomie, Mobilität und vor allem Körperbewusstsein. Wer tagtäglich Muskeln, Knochen, Sehnen spürt, achtet automatisch eher auf vernünftige Ernährung und ausreichend Ruhe. Und wer seinen Körper kennt und schätzt und in Schuss hält, der entwickelt vermutlich auch ein stärkeres ästhetisches Selbstbewusstsein. Es gibt kein Gesetz, das Senioren in graubeige Einheitskleidung zwingt. Sportswear ist kein Privileg der Adoleszenz.

Der vielleicht gravierendste Bewusstseinsunterschied zwischen der Generation der Kriegsteilnehmer und ihrer Wirtschaftswunderkinder ist ihr Bezug zum Körper. Wer hart gearbeitet hat, wer mit dem Leiterwagen übers Haff flüchtete oder kilometerweit zur Schule rennen musste, der hat gelernt: Auto, Rolltreppe, Fahrstuhl sind ein Gewinn. Wer je auf Lebensmittelkarten angewiesen war, der glaubt, dass Butter, Mehl und Zucker lebenswichtige Grundnahrungsmittel seien.

Das Gegenteil ist richtig. Alle Studien, die herausfinden wollten, warum ausgerechnet Menschen auf der japanischen Insel Okinawa älter werden als alle anderen, kamen zu ähnlichen Ergebnissen: Gemäßigtes, aber regelmäßiges Bewegen, vor allem aber bescheidene Mahlzeiten scheinen ein längeres, fitteres Leben zu versprechen. Okinawas Bewohner sind daran gewöhnt, etwa ein Drittel des Magens leer zu lassen, was latent ein leichtes Hungergefühl bedeutet. Sattessen ist eine Zwangshandlung aus Kriegszeiten, wenn man nicht wusste, ob und wann die nächste Mahlzeit kommt. In Zeiten des Überflusses ist Maßhalten klüger.

Aber Bescheidenheit am Futtertrog ist keine deutsche Tugend. Zwar sind wir Europameister beim Verzehr überwiegend wirkungsloser Nahrungsergänzungsmittel wie Enzymen, Knoblauchpillen, Magnesium und Schlimmerem. Die Dänen aber leben elf Jahre länger beschwerdefrei als ihre Nachbarn. Polnische Senioren, wiewohl mit weniger Rente und niedrigerer Lebenserwartung geschlagen, fühlen sich ebenfalls länger gesund und wohl als die Deutschen. Dazu passen die Ergebnisse einer Studie über »Schmerzen und Schmerzkontrolle in europäischen Altersheimen«, für die 4000 Senioren in acht Ländern befragt wurden. Ergebnis: In Israel leiden nur 20 Prozent an dauernden Schmerzen, in Deutschland 52, in Finnland 73 Prozent. Wie kommt das?

Liegt es an der deutschen Opfermentalität, am beliebten Spiel: Wer hat die schlimmsten Zipperlein? Ist Passivität, mental wie körperlich, womöglich ein Kollateralschaden des Wohlstands? Ja, jenseits der 50 nehmen die Beschwerden zu. Wer ohne Schmerzen aufwacht, der ist tot, lautet ein beliebtes Bonmot unter Rentnern. Natürlich brauchen wir die Mentalität eines Gebrauchtwagenhändlers, um mit unserem etwas verschlissenen Körper zurechtzukommen. Hier eine Beule, dort ein Klappern, Vollgas empfiehlt sich da nicht, jedenfalls nicht auf längeren Strecken. Aber: Wegen ein paar Lackschäden muss die Karre noch lange nicht auf den Autofriedhof. Wer sich dagegen freiwillig stilllegt, darf sich nicht wundern, wenn der Körper dieses Endlagergefühl annimmt, das oft fälschlicherweise mit Ruhe oder Bequemlichkeit verwechselt wird.

Forscher der London School of Economics und der Stanford University in Kalifornien haben die Daten von 300 000 Senioren zusammengetragen und sind zu einem sehr simplen Resultat gekommen: Gerade chronische Krankheiten wie Diabetes oder Herz-Kreislauf lassen sich mit dosierter Bewegung besser therapieren als mit Pillen. Immer mehr Senioren entdecken inzwischen, dass eine andauernde Schonhaltung nicht etwa den Verschleiß minimiert, sondern das Einrosten begünstigt. Bewegen bedeutet nicht Quälerei, sondern Lebenszufriedenheit, solange ein paar Regeln eingehalten werden.

Wie altersgerechtes Bewegen aussehen kann, zeigt eine Seniorenlaufgruppe, die sich jede Woche am Rande des Berliner Grunewalds trifft. Regen ist kein Hinderungsgrund. Männer und Frauen zwischen 45 und 78 traben entspannt durch die Natur. Vor ein paar Jahren sind manche von ihnen noch um die Wette gerannt, inzwischen hat der Spaß am gemeinsamen Erleben gesiegt: »Keiner bleibt zurück«, sagt Organisatorin Bärbel Bornemann.

Es wird geredet, über Politik, Kultur, Pulsfrequenzen, Kochrezepte. Wenn sie nicht gerade laufen, gehen sie gemeinsam ins Kino, trinken Kaffee, feiern Geburtstage. Für manche ist die Laufgruppe ein Familienersatz, alle sind stolz auf ihre Leistungen, kümmern sich um ihren Körper, achten auf vernünftige Ernährung. Übergewicht ist kaum ein Problem, man will ja in die schicken Laufklamotten passen. Besonders wohltuend ist die Reaktion Jüngerer, freut sich Bärbel Bornemann: »Wir bekommen sehr viel Anerkennung.«

Wie weit Herzlichkeit und Mitgefühl reichen, erlebte Lauffreund Reinhard, der im Juli 2013 an Krebs starb. Reinhard kam 2009 zum Laufen, schaffte keine fünf Kilometer am Stück, bestritt aber drei Jahre später seinen ersten Marathon. Die typische Erfolgsgeschichte eines Spätanfängers. Reinhard hat seine Sportskameraden in einem Blog teilhaben lassen an Krankheit und Therapie, ebenso lakonisch wie sympathisch. Die Lauffreunde begleiteten ihren Kumpel durch die grauen Tage, sammelten Geld für die Witwe, gedachten am Start des Berlin-Marathons für einen Moment des Freundes. Wer sich gemeinsam bewegt, pflegt eben häufig ein besonders intensives Miteinander.

Wer in den ersten fünf Lebensjahrzehnten allerdings keine Freude an Bewegung entwickelt hat, muss erst einmal über die Hürde gesellschaftlicher Konventionen klettern. Wie sieht das denn aus, wenn Rentner in eng anliegenden Sportklamotten durch den Wald traben? Darf man mit 70 noch einen Neoprenanzug tragen und sich beim Triathlon über den Lenker einer schnittigen Rennmaschine beugen?

Immer mehr Rentner verabschieden sich von diesen selbst errichteten Barrieren des »Tut man nicht« und »Gehört sich nicht«. Jeder fünfte Ruheständler treibt mehrmals in der Woche Sport, vier Millionen der über 60-Jährigen sind im Verein aktiv – mehr als dreimal so viel wie noch 1990. Bei den Deutschen Leichtathletik-Meisterschaften starten 3000 Athleten, ab 2014 gibt es erstmals die Altersklasse 90plus. Der Franzose Robert Marchand stellte Anfang 2014 mit 102 Jahren den »Ü100«-Weltrekord im Bahnradfahren auf. Der rüstige frühere Feuerwehrmann hatte bereits 2012 auf dem Rennrad einen Rekord über 100 Kilometer eingefahren.

Anrührende Filme wie *Herbstgold* über ältere Leichtathleten, *Sein letztes Rennen* mit Dieter Hallervorden als greisem Marathonläufer oder *Die Frau, die sich traut* über eine Schwimmerin, die dem Krebs davonzukraulen versucht, setzen aktiven, ehrgeizigen und selbstbewussten Rentner-Athleten verdiente Denkmäler: Bewegen ist nicht peinlich, Langsamkeit keine Schande, verschwitztes Strubbelhaar ein Zeichen von gutem Willen – so langsam setzt sich die Erkenntnis durch, dass der Rentner seine Restlaufzeit nicht im Wartezimmer verbringen muss, grübelnd, mit welcher Leidensgeschichte diesmal das Mitleid des Arztes zu erregen sei.

Zahllose Studien belegen die vielfältigen positiven Wirkungen des Sports, zumal in der Gruppe. Zwar braucht der Körper längere Erholungszeiten, aber der Leistungszuwachs durch regelmäßiges Trainieren funktioniert prinzipiell genauso wie bei Jugendlichen. Sport verlängere das Leben um knapp vier Jahre, fanden Forscher der schwedischen Universität Uppsala heraus. Ob Diabetes, Übergewicht, Bluthochdruck oder Einsamkeit – Bewegen hilft, sogar gegen die Einweisung ins Heim. Systematische Reha mit gezieltem Muskelaufbau kann das selbstbestimmte Leben verlängern; die Pflegekraft kann warten.

Wie viel Kraft freigesetzt wird, wenn man sich von Konventionen und zähen gesellschaftlichen Normen befreit, zeigen immer mehr Senioren. Manches Fitnessstudio hat sich in den vergangenen Jahren zum Rentnertreff entwickelt. Ein bisschen Pilates, ein Schwätzchen, ein paar Gewichte, ein Energiegetränk und dann noch einige Bahnen Schwimmen – eine Alternative zu Fernsehsessel und *Rote Rosen*.

Auch wer schon an eine Gehhilfe gebunden ist, kann weiterhin spielerisch Körper und Geist trainieren – aus den Niederlanden kommt die Idee des Rollator-Tanzes, der in Tanzschulen und Altenheimen angeboten wird. Die Tanzlehrer-Weiterbildung ist AOK-gefördert, da die Krankenkasse die Sportart als Präventionsmaßnahme zur Vorbeugung vor Stürzen anerkennt.

Im Berliner Seniorenheim, Bezirk Zehlendorf, sind Ü70-Tanzpartys der große Hit, inklusive Diskokugel und Stroboskop. Die Nachbarn beschweren sich schon wegen der permanenten Lärmbelästigung der verrenteten Feierbiester. Im Nachbarheim ist es etwas ruhiger, dort toben die alten Herrschaften auf ihrer neuen Wii herum. Ob Bowling, Golf oder Tennis – die eigentlich für Kinder entworfene Nintendo-Spielekonsole, die zu Bewegung im eigenen Wohnzimmer motiviert, lockt zunehmend Ältere. In Berlin werden erste Wii-Wettbewerbe zwischen Seniorenheimen organisiert. Vielleicht gibt es bald eine Bundesliga.

4. Soziale Kontakte: Bildet Banden!

Einsamkeit ist die schlimmste Krankheit im Alter. Um einen großen Freundeskreis kann sich der Mensch gar nicht früh und intensiv genug kümmern.

Beim Performanceabend ist wieder mal richtig was los. Zwei junge Berliner Opernregisseurinnen haben die Räume der »Galerina Steiner« in eine Bühne verwandelt. Im Keller wird ebenfalls gespielt und in Edwins kleiner, rumpeliger Wohnung. Die Zuschauer stehen dicht an dicht, Eintritt frei, Spenden gern gesehen. Willkommen zu »Hauen und Stechen«, einer dieser großartig irren Berliner Musikperformances an einem trüben Herbstabend.

Edwin, der Maler, ist 84 und sitzt gelassen mitten im Treiben der jungen Künstler und zeichnet. Die Ukulele-Spielerin hatte sich auf seinem Ofen niedergelassen, das Liebespaar wälzt sich auf seinem Bett, und auf seinem Wohnzimmertisch liegt die Sopranistin in einem Meer aus Plastikobst und singt ein Klagelied. Im Trubel geht eine Fensterscheibe zu Bruch – egal, fürs Erste jedenfalls; nachher werden alle zusammenlegen für den Glaser. Edwin schaut rasch nach dem gigantischen Topf Bolognese, den die Theatertruppe vorher gekocht hat.

Edwin ist in Chicago geboren und in New York aufgewachsen, hat viele Jahre auf Mallorca gelebt und wohnt jetzt inmitten einer Künstlergemeinschaft nicht weit entfernt vom Potsdamer Platz, mitten in Berlin. »Langweiliger alter Stinker«, sagt die Malerin Katja, wirft sich auf den alten Mann und umarmt ihn. Edwin strahlt. Sein karges Einkommen bestreitet er mit dem Verkauf erotischer Zeichnungen, die ihm noch immer hervorragend gelingen. Die notorisch prekäre finanzielle Lage reißt die kreative Gemeinschaft nicht auseinander, sondern hält sie eher zusammen. Edwin braucht nicht

222

viel, außer dem Gefühl, dabeizusein. Gemeinschaft ist dem alten Maler allemal wichtiger als Wohlstand.

Zum Thema Glück und Lebenszufriedenheit sind in den vergangenen Jahren Tausende von Studien erschienen. Soziologen, Neurologen, Psychologen haben die Faktoren zu ermitteln versucht, die das Glück auslösen, verstärken, verhindern. Erste Erkenntnis: Glück hat nicht zwingend mit Wohlstand zu tun. Sobald die Grundbedürfnisse befriedigt sind, ist der Mensch bereit zum Glück. Meine Jacht, mein Pferd, mein Auto – jene Insignien eines vermeintlich erfolgreichen Lebens sind fürs Wohlbefinden eher nachrangig.

Zweite Erkenntnis der Forscher: Einsamkeit ist ein Glückskiller. Nur die wenigsten Menschen sind zum Eremitendasein geboren. Gemeinsames Erleben ist doppeltes Erleben – und macht die allermeisten von uns glücklich. Fakt ist allerdings auch: Soziale Kontakte sind Kapital, das erworben und gehegt werden muss. Wer über Einsamkeit klagt, muss sich zunächst einmal selbstkritisch fragen, wie groß der eigene Anteil ist.

Deutsche Senioren empfinden Einsamkeit als gravierendstes Problem des Alters. Vor allem Frauen, die der Statistik gehorchend ihre Männer überlebt haben, zeigen bisweilen merkwürdige Verhaltensweisen. Ganz so, als hätten sie immer noch eine Familie zu versorgen, legen sich ältere Damen einen Tagesplan aus Putzen, Einkaufen, Mahlzeiten und Fernsehen zurecht, gleichsam ein Gerüst des täglichen Handelns, um die Einsamkeit nicht überhandnehmen zu lassen.

Die britische Journalistin Victoria Cohen berichtet von alten Menschen, die das Einkaufen zu ihrem Lebensmittelpunkt gemacht haben, aber nur, um die erworbenen Artikel zwei Tage später wieder umzutauschen. Egal, ob per Paket oder direkt im Laden, immerhin kommt es dabei zu einem Schwätzchen und dem subjektiven Gefühl, etwas erledigt zu haben. Man hat am Wirtschaftskreislauf teilgenommen. Verkaufsfernsehen, Mülltrennen, zwei Kartoffeln kaufen – nichts davon macht wirklich glücklich. Aber es hilft, die Zeit herumzukriegen.

Wenn Debatten zur demografischen Entwicklung auf reines Kostendecken reduziert werden, erscheinen ältere Menschen als störende Faktoren der gesamtwirtschaftlichen Lage, heißt es im Begleitheft zur Konferenz »Altersbilder im Wandel« des Bundesfamilienministeriums. Und sie fühlen sich auch so. Statt die Rente mal wieder um ein paar Krümel zu erhöhen, wäre es eine weitaus edlere gesamtgesellschaftliche Aufgabe, die millionenfache Alterseinsamkeit zu vertreiben, die in vielen Fällen stracks in eine stille Altersdepression führt, der wiederum allein kaum beizukommen ist.

Bislang aber existieren zahllose gesetzliche Regelungen, die Einsamkeit eher fördern. Facharbeiter, die ihren Unternehmen gern verbunden sein wollen, müssen auf Weiterbeschäftigung klagen. Senioren, die gemeinsam leben wollen, suchen verzweifelt nach einer passenden Rechtsform. Aber weder e.V. noch GbR funktionieren in diesem Fall so richtig. Auftrag ans Familienministerium: Vorfahrt für alle Regeln und Gesetze, die alte Menschen zusammenbringen. Und weg mit allen anderen.

Der Autor Stefan Klein (Die Glücksformel) definiert Glück als »Signal, das die Natur erfunden hat, um uns zu zeigen, dass wir auf dem richtigen Weg sind«. Einsamkeit kann man eher als ein Sackgassenschild verstehen.

Übereinstimmend haben die Glücksforscher dieser Welt, bei allen Verschiedenheiten ihrer Studien und Weltbilder, herausgefunden, dass Gemeinschaft das Wohlbefinden fördert. So fanden britische Forscher heraus, dass ausgerechnet die Menschen im Inselstaat Vanuatu besonders glücklich sind. Mag das materielle Glück in Dänemark, der Schweiz und Österreich wohnen, so herrscht konkurrenzloses soziales Glück in der Südsee. Sind die Menschen dort besonders reich, weil es sich um ein Offshore-Steuerparadies handelt? Keineswegs: Wohlstand nach deutschem Maßstab hat Vanuatu nicht zu bieten. Dafür aber einen bemerkenswerten sozialen Zusammenhalt und gegenseitige Hilfe bei einem Minimum an Neid und Missgunst und Lästerei übereinander.

Das Problem des Alterns in Deutschland ist nicht nur der mangelnde Respekt der Nachgeboren, sondern ebenso der Umgang von Alten miteinander. Ein paar Stunden im Aufenthaltsraum eines beliebigen deutschen Pflegeheims, ein Mittagessen in einer Seniorenkantine, und selbst dem verständnisvollsten Wesen wird klar, dass hier nicht der Spirit von Vanuatu herrscht. Wenn der Mensch des Menschen Wolf ist, dann ist der Rentner des Rentners Hyäne. Meckern, Mäkeln, Nattern, Umerziehen, Kopfschütteln, Vorurteile – alles, was man seinen Kindern mühsam abzugewöhnen versucht, bricht im Alter bisweilen in geballter Bösartigkeit hervor.

Wenn dem deutschen Ruheständler etwas fehlt, dann ein Geist von Solidarität, der über Rentenpunkte hinausgeht. Ein Gefühl von Gemeinsamkeit wird von Kindern und Enkeln vielleicht zu Weihnachten geschaffen. Aber den Rest des Jahres sind die Alten vielfach unter sich. Ein bisschen Miteinander darf da schon sein – eine Lernaufgabe.

Gesa Ziemer, Professorin für Kulturtheorie an der HafenCity Universität Hamburg, hat sich einige Gedanken zum Thema Komplizenschaft gemacht. Der Duden definiert »Komplizen« als Kriminelle, die zusammenarbeiten und sich gegenseitig helfen. Zwar häufen sich in den Zeitungen die Meldungen über straffällige Alte, die sich in Ladendiebstahl, aber auch Bankraub oder Hausbesetzung versuchen. Aber hier geht es weniger um konkrete Straftaten, sondern eher um das gemeinsame Bewusstsein, Forderungen durchzusetzen, und sei es nur die nach mehr Respekt. Komplizenschaft, so Gesa Ziemer, steht häufig am Anfang eines Zusammentreffens, wenn es vielleicht nur um eine einzige gemeinsame Sache geht. Aber aus Komplizen können Verbündete, Partner, Vertraute werden. So bilden sich Banden.

Komplizen pflegen eine Ethik des Zusammenhalts, sie mögen Einzelgänger sein, sind aber in der Lage, sich mit anderen zu synchronisieren, wenn das Ziel stimmt, sie vertrauen einander, sie kommunizieren auf informellen Wegen, sind Überlebenstaktiker und halten je stärker zusammen, desto mächtiger der Gegner erscheint. Komplizen, so Ziemer, »sind ein Beispiel für die Kraft der vermeintlich Schwachen«.

Babyboomer sind ideale Komplizen. Mit den Erfahrungen aus Demos und WGs ist eine mentale Grundlage zur Bandenbildung bereits geschaffen. Man kann von den Trägern der Goretex-Jacken halten, was man will, die 2012 gegen Stuttgart 21 protestierten. Aber: Sie haben eine Haltung vorgegeben, die durchaus stilprägend ist. Silbergraue Anarchisten, die nicht um des Rabatzes willen lärmen, sondern weil sie ein gesellschaftliches Interesse verfolgen; kalkulierbarer bürgerlicher Ungehorsam, der sich gegen die gelegentlichen Eseleien der Politik richtet. Robin Hood und seine Mannen aus dem Sherwood Forest, die gegen den bösen Sheriff von Nottingham kämpfen – mit diesem Bild sind wir groß geworden. Ob Senioren-Punks auf dem Open-Air-Konzert, Senioren-Kiffer am Lagerfeuer oder Senioren-Zeltlager im Schatten der Bankentürme – erst gemeinsam bekommt das Alter einen Sinn.

5. Finanzen: Übt Bescheidenheit!

Paradoxe Situation: Wenn die Babyboomer in Rente gehen, werden die staatlichen Leistungen knapp, aber die privaten Vermögen sind üppig wie nie zuvor. Wir werden uns eine Kultur des Teilens zulegen müssen.

Zu den typisch deutschen Eigenschaften gehört ein durch viel Gemecker camoufliertes Urvertrauen auf unseren Staat. Die jährlichen Bescheide der Rentenversicherung, die eher als eine Art Vorschlag zu betrachten sind, erzeugen in uns ein wohliges Gefühl der Verlässlichkeit. Die mahnenden Worte der Alters-Apokalyptiker wie Meinhard Miegel, Bernd Raffelhüschen oder Herwig Birg verursachen wohlige Panikschauer, ohne dass wir wirklich Angst bekommen.

Es ist doch genug da. Oder wie soll man die ersten Beschlüsse der Großen Koalition 2013/14 sonst deuten? Das Erhöhen der Renten schien Deutschlands vorrangigstes Problem zu sein. Mögen die Fachleute parteiübergreifend verzweifeln und von »Generationenverrat« (*Spiegel*) oder »sozialpolitischem Amoklauf« (*Handelsblatt*) sprechen – die Politik sendet das beruhigende Signal ins Volk: keine Sorge, wird schon, können wir uns alles leisten.

Niemand weiß genau, wie die Rentenkasse in zwanzig Jahren aussehen mag. Klar ist allerdings, dass die staatliche Altersvorsorge nicht wie ein Sparbuch funktioniert. Was die Werktätigen einzahlen, wird umgehend an die Ruheständler ausgeschüttet. Die Rentenkasse ist kein Sammelbecken für Abermilliarden, sondern ein steter Durchfluss. Die Vorräte reichen für sechs Wochen.

Wenn eines Tages aber mehr Ansprüche als Einzahlungen vorliegen, wird die Rente gekürzt. In Griechenland ging das auch ganz schnell. Und die derzeit herrschenden Politiker haben keinerlei Interesse, das Rentensystem zukunftsfest zu machen. Sie trauen sich ja nicht mal, den jährlichen Zuwachs zu begrenzen. Wenn die Probleme im Jahr 2030 eklatant werden, sind die meisten der heutigen Volksvertreter längst im Ruhestand – warum also die Wähler von heute verprellen mit Vorhaben, die allenfalls den Nachfolgern nützen? Das mag keine ethisch saubere Haltung sein, aber sie ist politisch-pragmatisch gut nachzuvollziehen.

Die spannende, gleichwohl unbeantwortete Frage lautet: Wird unser bislang bekanntes und bewährtes Rentensystem den Ansturm der Babyboomer aushalten, wenn einige Korrekturen vorgenommen werden? Oder steht unsere Gesellschaft vor einer grundlegenden sozialen Innovation, weil die Parole »Live fast, die young« nicht mehr gilt? Dreißig Jahre Ruhestand für ein Drittel der Bevölkerung – diesen Zustand hat die Evolution nicht gewollt, Bismarck nicht vorhergesehen, die deutsche Gewerkschaft nicht bedacht.

53 Prozent der Deutschen, so ergab eine Infratest-Umfrage, träumen von der Rente mit 63. Nur ein Drittel möchte bis zum derzeitigen gesetzlichen Rentenalter von 65 weiterarbeiten. Träumt weiter, liebe Altersgenossen. Diese paradiesische Rentnerwelt werden wir nicht genießen, so viel muss auch dem naivsten Staatsgläubigen klar sein.

Die heute um die 50-Jährigen tun gut daran, rechtzeitig zu überlegen, wie die gewonnenen Jahre halbwegs menschenwürdig zu überstehen sind. Wer nicht als Investmentbanker oder Profifußballer ein paar Millionen auf die Seite gelegt hat, gerät ins Grübeln. Mit Riester- und Rürup-Sparplänen wird es nicht getan sein. Pfandflaschenangeln ist keine Alternative. Weder Ehe noch Familie werden flächendeckend als Versorgungsgemeinschaft dienen.

Die gute Nachricht: Das Gespenst der Altersarmut lässt sich verscheuchen. Denn es liegen 5,2 Billionen Euro angesparter Privatvermögen bereit, um allen einen auskömmlichen Ruhestand zu ermöglichen. Dafür müssen wir uns allerdings von einigen Gewissheiten verabschieden. Wir, die nahende

228

Rentnermasse, brauchen ein kulturelles Umdenken, das uns heute womöglich noch bizarr erscheint. Allein, es gibt bislang keine andere Lösung. Fundamentale Krisen wie Deflation, Inflation, konjunkturelle Dellen oder Finanzkrisen sind noch gar nicht eingerechnet.

Um einen halbwegs finanzierbaren Ruhestand zu erreichen, sollten wir vier Bereiche neu denken. Vier Pfade für Veränderungen, und jeder davon wird die bisher gewohnte Komfortzone von uns Wohlstandsverwöhnten empfindlich einschränken.

Pfad eins: Arbeit. Mögen Gewerkschaften und Sozialpolitiker auch die Illusion befeuern, dass der Ruhestand mit Mitte 60 ein Menschenrecht sei – das ist Quatsch. Das deutsche Rentensystem, entstanden zu einer Zeit, da der Mensch nach dem Renteneintritt nur noch wenige Jahre lebte, ist ein historisch einmaliger Luxus. In vielen anderen Ländern der Welt gibt es überhaupt keine oder nur minimale Ruhestandsgelder. Es gilt, behutsam, Abschied zu nehmen von der Vorstellung, dass das Arbeitsleben zwanzig, dreißig Jahre vor dem Ableben beendet sei.

Nur 15 Prozent der deutschen Arbeitnehmer sind mit Erreichen des Rentenalters nicht mehr arbeitsfähig. Wer vierzig Jahre und mehr auf dem Bau gerackert hat, dem ist körperliche Arbeit tatsächlich nicht mehr zuzumuten. Der große Rest allerdings ist durchaus einsatzfähig und auch -willig, sofern es sich nicht um verschleißende 60-Stunden-Wochen handelt.

Die Aufgabe für Politik, Wirtschaft und Gesellschaft besteht darin, Arbeit zu entdämonisieren. Schließlich gibt der Job den Menschen vielfach soziale Kontakte, das Gefühl von Nützlichkeit und schließlich auch ein Einkommen.

Sind die Schweden unsozial, weil sie ihre Senioren arbeiten lassen? Im Gegenteil: Es gibt ein Recht auf zwei Fortbildungen im Jahr und allerlei flexible Modelle. Wenn Arbeit für Arbeitslose als oberstes Ziel gilt, um gesellschaftliche Abkoppelung zu verhindern, sollte Arbeit für Ältere einen ähnlichen Status bekommen.

Erste Anläufe gibt es bereits, Senioren im Arbeitsprozess zu halten. In Berliner Start-ups gilt es als schick, einen Büro-Opa zu beschäftigen, der einmal die Woche für alle kocht, frische Blumen zwischen die Computermonitore stellt und für ein Schwätzchen bereitsteht, das sich vielleicht nicht nur um Apps und Algorithmen dreht. Mittelständische Unternehmen trotzen dem Fachkräftemangel, indem sie verdiente Senioren im Betrieb halten, und sei es nur für ein paar Stunden in der Woche.

Ob in Schulen oder Bibliotheken, in der Pflege oder bei der Buchhaltung, in allen Lebensbereichen gibt es einen wachsenden Bedarf an zuverlässigen Teilzeitkräften, die dem verbreiteten Karriere- und Durchsetzungsstreben der Heißsporne eine wohltuende Gelassenheit entgegensetzen. Dieser Kulturwandel, der bei den Alten ebenso Umdenken erfordert wie Flexibilität vom Gesetzgeber, ist auf dem Weg. Würde die Politik sich endlich vom Mythos des vollfinanzierten Nichtstuns ab 65 verabschieden, wäre ein weiterer wichtiger Schritt getan.

Pfad zwei: Bescheidenheit. Was ziemlich protestantisch klingt, wird für viele Babyboomer zu einer überlebenswichtigen Tugend. Seniorenprojekte wie die »Bremer Stadtmusikanten« raten ihren Kandidaten, sich von ihren ohnehin zumeist unpraktisch konstruierten Häusern und den viel zu klobigen Autos zu verabschieden. Aber gerade für die sicherheitsfixierte Generation der Kriegsteilnehmer ist es eine emotionale Unmöglichkeit, das mühsam zusammengesparte und liebevoll gehegte Eigenheim oder das sorgsam polierte Fahrzeug zu verkaufen. Andererseits bedeuten 200 einsame wie treppenreiche Quadratmeter oftmals mehr Last als Lebensqualität.

Es gehört einiges Selbstbewusstsein dazu, den Abschied von Immobilie oder Auto nicht als sozialen Abstieg zu empfinden. Wir sollten es fertigbringen, uns von althergebrachtem Statusdenken frei zu machen und den Wert einer bescheidenen, aber übersichtlichen Lebensführung zu erkennen.

Pfad drei: Teilen. »Umverteilung« ist einer der geläufigsten

Kampfbegriffe in der politischen Debatte. »Umverteiler« sind kommunistische Diebe, die nach dem sauer verdienten Geld des einen grabschen, um es an irgendwelche Hungerleider zu verteilen.

Vielleicht klingt es allzu sozialistisch, aber: Wie wäre es mit radikaler Solidarität? Und dieses Miteinander muss nicht einmal gesetzlich verordnet werden. Wie in der gesamten Gesellschaft ist der Wohlstand auch unter Senioren ziemlich ungleich verteilt. Die einen haben deutlich mehr als sie brauchen, die anderen rechnen mit jedem Cent. Naheliegend, dass sich Freunde, Bekannte, Familienmitglieder gegenseitig helfen, zur Kur einladen, Wohnraum bereitstellen oder Ferienhäuser, Autos teilen.

Zugegeben: Altersgeiz ist ein nicht gering zu schätzendes Volksleiden. Viele Senioren starren jeden Tag wieder auf die drei lebenswichtigen Zahlen: Tagestemperatur, Blutdruck, Kontostand. Besitz ist für viele der Nachweis eines erfolgreichen Lebens. Angeberei mit kostspieligen Wohlstandsinsignien wie Schmuck und Urlaub ist unter Älteren weiter verbreitet als unter Grundschulkindern. Etwas abzugeben wiederum scheint eine Zumutung zu bedeuten. Doch: Großzügigkeit ist keine Charakterschwäche, sondern ein idealer Weg, Gemeinschaften zusammenzuhalten und Miteinander zu fördern.

Deutlich radikaler klingen Vorschläge, die eine kleine Gruppe von Volkswirtschaftlern entwickelt hat: das Ende des Erbens. Erbe schafft Unfrieden, Misstrauen, Faulheit und Ungleichheit – Schluss damit. Mit dem Tod eines Menschen fällt dessen Besitz automatisch dem Gemeinwesen zu. Mal abgesehen von ganz praktischen Problemen wie etwa Firmenbesitz oder Familienschmuck, der natürlich im Besitz der Angehörigen bleiben muss, hat diese Idee einen gewissen Charme. So wächst jedes Kind im Bewusstsein auf, eines Tages für sich selbst sorgen zu müssen. Anstatt Vatis Erbe zu verfrühstücken, lautete die Botschaft an die Nachgeborenen: Besitz ist eine Leihgabe auf Zeit. Anstatt Reichtümer mit ins Grab zu nehmen, soll der Wohlstand im Hier und Jetzt denen zugutekommen, die es brauchen. Wer sein Konto bis zum Tod hin auf null stellen muss, wird vermehrt stiften, fördern, helfen, pflegen, zugunsten aller.

Zugegeben, ein utopischer Ansatz. Denn die Kreativität wird grenzenlos sein, um Vermögen scheinbar verschwinden zu lassen. Auf das Denken dahinter kommt es aber an: Es trägt den unbestreitbar charmanten Gedanken einer solidarischen Gemeinschaft von Ruheständlern, die ihren Kindern eine exzellente Bildung vermachen – und sonst nicht mehr als das Vertrauen, dass sie sich gut durchs Leben schlagen werden.

Außerdem haben die Babyboomer auf ihre alten Tage die Chance, einen Leitbegriff ihrer Altersgruppe in praktisches Handeln umzusetzen: Solidarität. Wir haben immer Mitgefühl gefordert, oft gespendet für Flüchtlinge, Katastrophenopfer, Arme und Alleingelassene. Das gemeinsame Altern ist eine großartige Chance, ganz praktische Solidarität unter Bekannten und in der Nachbarschaft zu üben. Die Patenschaft für einen guten Freund, der nach einigen Schicksalsschlägen allein und verarmt in seinem kleinen Apartment hockt, wäre schon mal ein Anfang.

Pfad vier: Planen. Mögen unsere Gurus das Leben im Hier und Jetzt propagieren, so scheint es doch ganz sinnvoll zu sein, ein paar Vorkehrungen zu treffen, die die ökonomische Sicherheit im Alter stabilisieren. Will man sich den Luxus einer privaten Krankenversicherung tatsächlich gönnen, die mit den Jahren immer teurer wird? Oder reicht die gesetzliche Versicherung, um private Zusatzleistungen angereichert?

Ist es wirklich sinnvoll, sein Leben lang Miete zu zahlen? Oder kann man mit diesem Geld nicht wenigstens eine kleine Immobilie abbezahlen? Macht es Sinn, sich einer Baugenossenschaft anzuschließen, um lebenslänglich günstige Mieten zu gewährleisten? Sollte man schon mal den Wohnungstausch mit Freunden üben, um später kostengünstig ein paar Wochen im Süden leben zu können? Wie will man seine Idealvorstellung vom Überwintern am Mittelmeer und Summer in the City verwirklichen?

Da hilft nur Denken, Üben, Fehler machen. Ob Henning Scherf, die Beginen in Essen oder die »Bremer Stadtmusikanten« in Münster – sie alle haben sich reichlich Zeit genommen, um ihr Projekt reifen zu lassen. Manche brauchen fünf, andere zwanzig Jahre. Scheitern ist erlaubt, aber nur, wenn die Zeit nicht drängt. Ungeduld wird kaum zu befriedigenden Ergebnissen führen.

Ja, Lebensplanung ist spießig und wird oft genug von der bösen Realität durchkreuzt. Gleichwohl hat Oma recht mit ihrem Standardspruch: »Spare in der Zeit, dann hast du in der Not.« Wer sich früh angewöhnt, von jedem Einkommen, und sei es noch so gering, 10 Prozent zur Seite zu legen, wird im Ruhestand zumindest ein kleines Vermögen angespart haben. Wer sich und andere mit 50 an ein späteres Zusammenleben heranführen will, kann im Urlaub schon mal teilen üben. Denn Abgeben will gelernt sein. Das weiß jedes Kind.

6. Spiritualität: Aufräumen, ordnen, Seele reinigen!

Indianer haben ihre Stammesältesten, die Eskimos Schamanen. Und wir? Wenn Ältere etwas zu bieten haben, dann Weisheit und spirituelle Einsichten. Ein paar Vorarbeiten sind allerdings nötig.

Bei Harry Potter ist es Dumbledore, bei Frodo Gandalf, bei Luke Skywalker der spitzohrige Yoda, beim neueren James Bond die strenge »M«.

Ob im Zaubererreich, bei *Herr der Ringe*, ob bei *StarWars* oder im Agententhriller – die Rolle des Mentors, des ebenso gütigen wie strengen Aufpassers, Ratgebers und Antreibers gehört zu den zuverlässigsten Archetypen großer Romane. Mentoren sind im Ruhestandsalter, sie sind überwiegend weise, meist gelassen und unterstützen die jugendlichen Helden mit bemerkenswerter Selbstlosigkeit. Natürlich verfolgen die Mentoren auch eigene, meist höhere Ziele; aber sie unterstützen ihre Schützlinge vorbehaltlos, weil es ihnen um das große Ganze geht, nicht um augenblickliche Stimmungen, Befindlichkeiten oder Egoismen.

Mentoren können Wissen teilen und Erfahrungen weitergeben, ohne Gegenleistung zu erwarten. Sylvette David, die im Alter von 19 Jahren für Picasso Modell stand, erinnert sich: »Ja, er war wie ein Ersatzvater zu mir. Ich habe in meinem Leben keinen anderen Mann getroffen, der so liebenswürdig und respektvoll zu mir war. Er hat mir die Tür in ein neues Leben aufgestoßen. Er war so fürsorglich und gütig zu mir. Er hat mir Mut gemacht und mir Selbstvertrauen und Kraft gegeben. Manchmal verkleidete er sich mit Schnurrbart und roter Nase als Clown, um mich zum Lachen zu bringen. Einmal malte er eine Spinne auf den Boden und sprang dann vor Schreck an die Decke, als er ins Zimmer zurückkam und die Spinne sah. Er konnte sehr albern sein.«

Gerade in der klassischen Musik, wo Handwerk, Spiritualität und geistige Fitness zusammenkommen, spielt Alter eine bemerkenswert nachrangige Rolle. Ob Pianist Pressler, 90, die Dirigenten Herbert Blomstedt, 87, Pierre Boulez, 89, oder ein Jungspund wie Daniel Barenboim, 71 – sie alle bewegen sich seit über einem halben Jahrhundert in einem System von Schülern, Lehrern und Mentoren, wo nicht Altersgrenzen, Gesetze oder Konventionen herrschen, sondern die Liebe zur Musik, gleichsam ein gemeinsames Glaubensbekenntnis.

Der Rabbi Zalman Schachter-Shalomi hat sich in seinem Buch *From Age-ing to Sage-ing* intensiv mit Rollenbildern und Selbstkonzeptionen älterer Menschen beschäftigt. Das Mentorenmodell bildete für den 1924 geborenen Professor eines von mehreren spannenden Skripten, um sich aus dem passiven Ruhestand in den aktiven Weisheitsmodus zu bewegen: Vom Altern zum Weisewerden, das sei der entscheidende Schritt, den jeder Senior zu vollziehen habe, um die letzten Jahre glücklich zu verbringen.

Der Schlüssel für Schachter-Shalomi: Spiritualität. Anstatt trübe Gedanken an das eigene Ende zu wälzen, plädiert der Rabbi für eine bewusste Transformation in einen Status von Würde, Gelassenheit und Verantwortung. Nur mit religiöser Weltsicht, egal welcher, sei die Angst vor dem Tod, die viele seelische Probleme verursacht, zu kanalisieren.

Vereinfacht lässt sich das Hirn in drei Regionen unterteilen. Im Reptilienhirn werden vor allem Überlebensfragen bearbeitet, wie Hunger, Durst, Angst. Im limbischen System geht es um das Miteinander, das soziale Eingebundensein, Kontakte, unseren Stamm. Im Neokortex, der jüngsten und offenbar auch am wenigsten gebrauchten Hirnregion, werden die großen Themen behandelt: Hier wird gelernt, analysiert, Problematisches durchdacht, das Individuum in ein größeres Ganzes eingeordnet, Moral und Schöpfungsverantwortung inklusive.

Manche Senioren ziehen sich mit den Jahren auf das Reptilienhirn zurück und kümmern sich ausschließlich um das eigene Überleben oder Wohlbefinden. Schachter-Shalomi plädiert für die andere Richtung. Erfolgreiches Altern findet im Neokortex statt, mit der Integration der kleinen, endlichen Existenz in den ewigen Kreislauf von Werden und Vergehen: Loslassen statt Festhalten, Geben statt Nehmen, Entspannen statt Ängste kultivieren. Gehe die neue geschenkte Lebenszeit nicht mit einem neuen Bewusstsein einher, »dann enden wir alle in der Altersdepression«, befürchtet er.

Um sich selbst in einen spirituellen Zusammenhang zu rücken, sich zu »rekontextualisieren«, wie Schachter-Shalomi es nennt, rät der Rabbi zu einigen ebenso einfachen wie anspruchsvollen Maßnahmen, die mit einem Wochenendseminar nicht erledigt sind. Die erste und vielleicht schwierigste Aufgabe ist der Friedensschluss mit dem bisherigen Leben. Es ist menschlich, die eigenen Punkte, die wehtun, zu verdrängen: Ob Trennungen, Verletzungen, Verluste, vermeintlich falsche Abzweigungen an den großen Kreuzungen des Lebens – die Vergangenheit hält für jeden Menschen ein buntes Höllenspektakel bereit, das immer wieder aufzuscheinen bereit ist. Hier muss alsbald Frieden herrschen.

Im zweiten Schritt rät der Rabbi, seine eigene Lebensphilosophie zu entwerfen, geduldig, aber stetig, idealerweise begleitet von einer Form der Meditation. Im dritten Schritt schließlich leitet er eine Mission aus seinen Erkenntnissen ab: Es geht um ein ebenso selbstbewusstes wie demütiges Einordnen des eigenen Lebens in den großen Strom des Universums.

Das Vergangene und oftmals Verdrängte verbaut uns den Blick nach vorn. Wackersteine wie ungelöste Konflikte oder nie verwirklichte Pläne bilden mit dem Kleister des schlechten Gewissens zusammen ein Lebensgefängnis, das es im Alter zu sprengen gilt. Die Macht des Gestern muss gebrochen werden, wenn erfolgreiches Altern gelingen soll.

Das eigene Leben zu reparieren, die Einstellung zu sich selbst etwas nachsichtiger zu gestalten – diese Aufgabe erfor-

236

dert Mut, Zeit und Großzügigkeit. Zunächst geht es darum, Menschen von früher zu verzeihen für echte oder vermeintliche Verletzungen, die sie uns zugefügt haben. Ganz oben auf der Täterliste stehen die eigenen Eltern, die sich perfekt für allerlei Schuldzuweisungen eignen. Meine Schludrigkeit habe ich von meinem Vater geerbt, da kann man nichts machen. Und die ewige Traurigkeit habe ich von Mutti, das ist eben so.

Mal ehrlich: Klingt schon ein bisschen albern, wenn Menschen im Vorruhestandsalter immer noch die Eltern für eigene Spleens und Fehler verantwortlich machen. Bleiben diese vermaledeiten Hamsterradgedanken: Warum habe ich damals so blöd reagiert? Wie konnte ich nur so naiv sein? Warum war ich nicht der, der ich hätte sein können?

Das ergebnislose Wiederholen dieser und anderer Fragen führt allenfalls zu negativen Gedanken, zu Zweifeln und Ängsten, die vor allem eines bewirken: beschleunigtes Altern. Weit schlauer ist es, Last und Schmerz aktiv zu behandeln. Was waren die Ursachen damals? Welche Streiche spielt uns die Erinnerung? War es wirklich so schlimm? »Das ungelebte Leben annehmen«, klingt zwar esoterisch, hat aber den Vorteil, dass sich Erwartungen oder Pläne herausschälen, die sich in den Jahren des weisen Alterns noch umsetzen lassen.

Frieden machen heißt eben auch, Verantwortung für das eigene Leben zu übernehmen und sich mithin Fehler einzugestehen. Wer sich zum eigenen Versagen bekennt, entwickelt automatisch mehr Verständnis für das Fehlverhalten anderer. Ziel ist es, sich und den anderen zu verzeihen. »Vergib uns unsere Schuld, wie auch wir vergeben unseren Schuldigern.«

Schachter-Shalomi rät zu einfachen Übungen, um sich die eigenen Schuld-und-Opfer-Stereotype klarzumachen. Das Bewusstmachen der bisherigen Lebensabschnitte und der jeweiligen Begleiter, das Definieren von Wendepunkten, das Visualisieren von offenen, schonungslosen, gleichwohl verständnisvollen Gesprächen mit den Tätern und Opfern der Vergangenheit. Manchmal hilft es auch, die Verletzten von einst persönlich zu kontaktieren, wobei sich oft herausstellt: So schlimm war es gar nicht, was sich in der Erinnerung zu einem Monster entwickelt hat. Schließlich kann es hilfreich sein, die positiven Aspekte einer falschen Entscheidung von früher zu sammeln. Zuweilen lässt sich da tatsächlich etwas finden.

Es braucht Jahre, bis das eigene Leben auf diese Weise rekontextualisiert wird. Fehler oder schlimme Erfahrungen lassen sich ja nicht mit einer kleinen Meditation verscheuchen. Unzählige, oft schmerzhafte Bearbeitungsgänge sind nötig, bis der milde innere Streetworker aktiviert ist, der verzeihen, loslassen, neu anfangen kann. Der Friedensschluss mit sich selbst, mit der Kindheit, mit den Eltern, Geschwistern und Wegbegleitern ist eine Lebensaufgabe, deswegen kann man gar nicht früh genug damit anfangen.

Wer auf dem Weg ist, Frieden mit sich zu schließen, kommt kaum umhin, an einigen Punkten auch ein wenig Stolz auf das Geleistete zu entwickeln. Wer seine Lebensabschnitte gelassen betrachtet, wird einen gewaltigen Zuwachs an Erfahrung feststellen. Die entscheidende Frage: Was tun mit diesem Schatz? Die Antwort: eine Philosophie entwerfen.

Alle großen Religionen kennen Techniken des Selbstversenkens: Der Hindu spricht sein Mantra, der Buddhist hört auf den Atem, der Christ betet, der Läufer verliert sich im Rhythmus seiner Schritte. Yoga oder Aikido, Gärtnern oder Modelleisenbahn, Musik oder Malen – endlose Möglichkeiten zur Kontemplation gehört zu den Privilegien des Älterwerdens. Meditation ist inzwischen als Gesundheitstechnik anerkannt.

Bislang hat man für derlei Dinge ja weder Zeit noch Ruhe gehabt. Jetzt ist es so weit. »Wir haben gepflügt, wir haben gesät, aber wir haben nicht geerntet«, heißt es in einem hebräischen Lied. Das soll uns nicht passieren.

Wer Frieden mit sich schließt und seine Erfahrungen betrachtet, kommt unweigerlich zu den großen Fragen des Lebens: Was soll ich hier? Was will ich? Was glaube ich über Gott, über Wiedergeburt, über den Lauf der Welt? Die eigene Philosophie kann als Überlaufbecken für jene Lebensweisheiten dienen, die wir mit uns herumtragen.

238

Man muss kein Esoteriker sein, um eine gewisse Ehrfurcht vor dem Universum und dem Leben auf der Erde zu entwickeln. Ob nun ein höheres Wesen am Werk war oder die Evolution oder beides – die Rolle des einzelnen Menschen ist immer gleich. Jeder von uns ist ein Bindeglied zwischen Eltern und Kindern, Element im ewigen Schöpfungskreislauf. Der Buddhismus definiert das Leben als Leiden, das Alter hingegen als Götterbote, weil nun die Chance zum Nachdenken gegeben ist.

Nachdenken allein genügt allerdings nicht. Am Ende sollte ein renoviertes Selbstbild stehen, kluges Handeln und eine Prise Sinn. Das Ziel: Der reife Mensch schließt Frieden mit sich, seinen Gedanken und dem bisherigen Leben, um nun herauszufinden, was ihm wichtig ist, was ihn leitet. Und er verliert die Angst, die zielloses Grübeln erzeugt.

Und jetzt?

Wie funktioniert das genau, diese Autorenschaft, die Deutung über das eigene Leben zu übernehmen? Wie gelangen wir vom vorwurfsvollen Moralisieren eines schlechtlaunigen Beobachters zu reflektierter Ethik und selbstbestimmtem Handeln?

Die bewusste Integration in den Schöpfungskreislauf führt nahezu automatisch zu einem neuen Rollenverständnis. Wir besitzen nicht ewig, sondern geben weiter, wir verändern uns vom unentwegten Machen des mittleren Alters zum gelassenen Sein der Weisheit. Während der passive Rentner gerettet werden, absolute Sicherheit in allen Lebenslagen, Ängste und Unsicherheiten um jeden Preis vermeiden will, sagt der weise Alte: Ich will wachsen. Ich will lernen. Ich stelle mich meinen Ängsten, ohne mich beherrschen zu lassen. Ich bin neugierig, offen und vertraue auf meine Erfahrung im Umgang mit Unsicherheit.

Warum sollte man seiner inneren Trias aus Wissen, Erfahrung und Intuition nicht vertrauen? Die letzten fünfzig, sechzig, siebzig Jahre hat es doch ganz gut funktioniert. Die Ernte

239

eines Lebens besteht ja nicht nur aus einem umfänglichen Schmerzenskatalog, sondern aus einer Summe von Erlebnissen. Wer es bis zum Alter geschafft hat, der galt bis vor ein paar Generationen noch als Lebens- und Überlebenskünstler – da hat jemand den Berg des Lebens wacker erklommen.

Vielleicht hilft es zunächst, Begriffe zu verfeinern. »Ruhestand« ist ein schreckliches Wort, »Rentner« nicht viel besser. Den »Senior« lassen wir gerade noch gelten, das »Alter« wiederum ist grenzwertig. Eine »alte Frau«, das klingt uncharmant, »altern« wie ein Vorgang, den der Mensch passiv erträgt.

»Reifen« dagegen klingt weitaus selbstbewusster. Käse, Wein, ein Gedanke muss reifen, liegen, behutsam bewegt werden. Geduld wird belohnt, ein gereifter Mensch erscheint edel und weise, er hat die Fähigkeit erworben, zwischen wichtig und unwichtig zu unterscheiden. Reifen bedeutet also auch: Ballast abzuwerfen, großzügig zu sein, sich in Bescheidenheit und milder Wahrhaftigkeit mit sich selbst und anderen zu üben.

Die gelungene Ernte des Lebens bedeutet eine Transformation vom egomanischen Rackerer zum entspannten Lieferanten von Sinn und Mitgefühl. Mehr Return on Investment kann das Leben kaum bieten.

Die Altersforscherin Maggie Kuhn definiert die Aufgabengebiete des reifen Menschen mit fünf großen M: Mediation, Monitoring, Mobilisierung, Mentoring und Motivation, für sich und andere. Das Ziel lautet stets: Ausgleich, Harmonie. Teilhabe, Vermitteln. Ob das gelingt, entscheidet jeder selbst. Jung-Schüler Erikson sieht den reifen Menschen vor die Wahl zwischen Integrität und Hoffnungslosigkeit, zwischen Wachstum und Stagnation gestellt. Integrität und Wachstum gehen mit einer gewissen Selbstlosigkeit einher, Geben, ohne eine Gegenleistung zu erwarten.

Reifes Handeln hat sich vom Selbst- und Fremdbild des nutzlosen Daseins emanzipiert und betrachtet den Menschen als Sinnlieferanten und gesellschaftlichen Nutzbringer, der die Schöpfung bewahrt und eine allgemein verträgliche Bescheidenheit vorlebt.

Ausgerechnet die Babyboomer, die mit Weltuntergangspanik und dem notorisch schlechten Gewissen des Verbrauchers zu leben gewohnt sind, tragen zugleich das Bewusstsein in sich, dass der Planet und die ihn besiedelnde Menschheit etwas Fürsorge gebrauchen könne. Fortbestand, Gleichgewicht, Aufräumen – das sind reife Handlungsmotive.

Der Welt Bildung spendieren, Balance, Miteinander und Versöhnung, das kann zum Mantra ausgerechnet jener Generation werden, die sich bislang gern in passiver Betroffenheit erging. Unsere Eltern erzählten von Krieg, Hunger, Not. Unsere Erzählung könnte mit Hoffnung, Aufbruch und Mut zu tun haben, auch mit Gelassenheit.

Denken und Handeln wie Stammesälteste, das ist ein ebenso spirituelles wie lebenspraktisches Ziel, um das Leben zu vervollständigen. Was kann spannender sein als eine spirituelle Reise, wenn man sonst schon überall gewesen ist? Die Älteren umarmen die Nachwachsenden wie Kinder, Freunde, junge Krieger, die unsere Botschaft brauchen: Es wird, es kann gut gehen, das haben wir aus unserem eigenen Leben gelernt, darauf vertrauen wir.

Nicht beeindrucken zu wollen, aber ernst genommen zu werden, das ist das selbstlose Ziel eines in die Weisheit Transformierten. Ob am Arbeitsplatz, in der Familie, im Verein, in Schule oder Universität – überall lässt sich eines der fünf M verwenden. Wir können schlichten, wir können überprüfen, wir können motivieren und mobilisieren, vor allem aber können wir als gütige Lehrer Mentoren sein. Wir tauschen unsere Erfahrung gegen eure Energie, wir bieten ein gutes Jetzt, um die Jüngeren mit dem Gestern zu versöhnen und fit zu machen für das Morgen.

IV. Meine 24 Vorhaben

Das Leben kann so einfach sein. Erst hat man Angst. Dann guckt man genauer hin. Und hinterher ist man erleichtert. Meine Expedition in die Wartehallen des Hades war lehrreich; nicht immer schön, aber kein Grund, depressiv zu werden.

Ich habe Kleingärtner getroffen, Feministinnen, Musiker, Müde, Intellektuelle, Zahlengläubige, Yogis, Angeber, Wütende, Sportskanonen, Wohlstandsrentner, die mit Goldschmuck behangen waren wie ein ukrainischer Tannenbaum, um zu klagen, dass alles so teuer geworden ist, und hutzelige Hundertjährige im Mehrbettzimmer, an Schläuchen, die höchstens einmal im Monat Besuch bekamen und trotzdem jeden Tag ihren Pfleger anlächelten.

Materielle Fragen haben eine unendliche Macht über unsere Elterngeneration gewonnen, die Sicherheit des Eigenheims, ihr empfundener Status, aber auch die Gewohnheiten. Wer sich zum Ende des Lebens hin allerdings rundum satt fühlen will, wird mit Besitz allein nicht glücklich werden.

Der Fortschritt hat unserem Leben einige Jahre geschenkt. Nun geht es darum, diesen Jahren ein Leben zu schenken. Was wollen wir? Sind wir ökonomisch fixierte Sammler oder Jäger des erfüllenden Lebenssinns? Wie lautet unsere eigene Definition von Nützlichkeit? Wie erfolgreiches Altern aussehen kann, muss schließlich jeder für sich selbst entscheiden.

Die Lebensjahre von 0 bis 65 sind strukturiert, um den Rest hat sich jeder allein zu kümmern. Meine Begegnungen und Gespräche mit Senioren waren nicht repräsentativ, gleichwohl habe ich Anregungen entdeckt, die mich begleiten werden. Wie bei allen guten Vorsätzen werden manche auf der Strecke bleiben. Aber Listen sind ein guter Anfang.

Hier also die Essenz meiner Erkenntnisse, ziemlich viele übrigens. Es gibt halt nicht den einen großen Schalter, der alles regelt. Veränderung ist ein Ameisenhaufen: Viele kleine Bewegungen, erst oft ungeordnet, addieren sich mit der Zeit zum Gesamtkunstwerk erfolgreichen Reifens. Aber alle haben mit den bewährten Werten des Lebens zu tun: Mut, Offenheit, Großzügigkeit, Ehrlichkeit, Gelassenheit und Vertrauen.

244

1. Frieden schaffen

Der alte Anti-Pershing-Slogan ist wohl die grundlegendste aller Bedingungen für Altersfröhlichkeit. Frieden machen mit den Feinden, Verletzten, Verstoßenen von einst, aber auch mit den eigenen Dämonen. Das Grübeln über verpasste Chancen ist ebenso sinnlos wie zerstörerisch.

2. Bedürfnisse formulieren

Klingt simpel, ist aber eine harte Übung. Unser Leben lang haben wir Wünsche anderer erfüllt: Eltern, Lehrer, Trainer, Chefs, Partner, Kinder, Schwiegereltern, Richter, Banker, Ärzte, Therapeuten. Nun die heikle Frage: Was will ich eigentlich? Also ich ganz allein, mal ganz frei von den Erwartungen anderer, frei von Konventionen und Normen?

3. Selbstbild malen

Ja, das Skript. Da gibt es kein Entrinnen. Wer wollen wir sein, was passt zu uns? Der Bewahrer, die Schlichterin, die Wächterin, der Erklärer, die Versöhnerin? Das Selbstbild des Stammesältesten trifft es schon ganz gut.

4. Die innere Rating-Agentur abschaffen

Bewerten, glauben, finden – dieses fortwährende Rumgemeine sollten wir den Jüngeren überlassen. Unentwegtes Aburteilen anderer ist eine Angewohnheit, die gerade im Alter böse macht. Lila Hose, Viagra, Thailand – anschauen, geschehen lassen, abhaken. Und weiter.

5. Ab an die frische Luft

Ob Christ oder nicht, die Schöpfung sind wir. Der Baum ist ein Freund, der Garten ein Paradies, Sonnenaufgang und Sternenhimmel weisen auf unseren Platz zwischen Erde und Universum hin. Das kann man sich gar nicht oft genug ansehen.

6. Wähle und teile

Es gibt zwei Sorten von Bekannten: jene, die nerven und eigentlich nur Energie absaugen. Und die anderen, um die wir uns zu wenig kümmern. Ab sofort gilt: rigoroser Abschied von den Unangenehmen, mehr Konzentration auf diejenigen, die uns wirklich lieb und wert sind. Und wenn es nötig ist, dann ziehen wir sie auch mit durch. Teilen ist das neue Herrschen. Sagen sogar die jungen Hüpfer aus dem Silicon Valley.

7. Schöner sein

Offenbar gibt es in Deutschland eine geheime Übereinkunft von Senioren, dass Wohnzimmer aussehen müssen wie evangelische Jugendheime und die Klamotten wie vor 50 Jahren. Peter Maffay, Mick Jagger, Eveline Hall, fast alle älteren Italiener und Franzosen bekommen es doch auch hin, sich im Farbspektrum jenseits von Leberwurst und Ohrenschmalz zu bewegen. Tod den Gesundheitsschuhen in Beige, nie wieder Blauschimmelfrisuren, weg mit Windjacken, die nur praktisch sind. Guter Geschmack und Weisheit hängen untrennbar zusammen.

8. Mut zur Pause

Der Calvinist in uns hat jahrzehntelang gerackert, uns den Müßiggang als Sünde zu verkaufen. Unsinn. Der Mittagsschlaf, die Morgenruhe, das Vorabendnickerchen sind herrliche Momente des Abschaltens, die man übrigens schon deutlich vor Erreichen des Renteneintrittsalters zu üben beginnen kann.

9. Skeptisch bleiben

Zu den ewigen deutschen Dualitäten gehört das Schimpfen auf die Politik bei gleichzeitigem Blindvertrauen in die Volksvertreter. Auch das Hoffen auf technische Innovation gehört in die Abteilung Blauäugigkeit. Aber die Erfahrung lehrt: Sprechende Kloschüssel, selbstfahrendes Auto, Haushaltsroboter oder Paketdrohne sind Evergreens im Sommerloch und so fiktiv wie die Pläne der Bundesregierung, die kalte Progression abzuschaffen. Ja, es gibt manchmal Fördergelder, aber häufig genug auch leere Versprechen. Freundliche Skepsis hilft.

10. Körper fordern

Dramatisches Übergewicht, offene Beine, erbärmliches Stöhnen schon beim Hochdrücken aus dem Fernsehsessel: Viele haben ihre Körper lange als unbekanntes, ja feindliches Terrain betrachtet. Unsinn: Muskeln schützen vor Knochenbrüchen, Yoga fördert die Flexibilität, Tanzen die Koordination, Laufen die Ausdauer. Der Körper ist Ausdrucksmittel für unsere Haltung zum Leben, Spiegel der Seele und eigentlich ein prima Kerl, der viel verzeiht – nur Trägheit nicht.

11. Milde entdecken

»Achtsamkeit« ist ein Begriff, der bei konservativen Männern ganz oben auf der Verbotsliste steht. Schon deswegen muss man das Wort mögen. Schließlich ist die Botschaft großartig: mehr Milde im Umgang mit sich selbst, seinen Nächsten, der Umwelt, dem Rest des Planeten. Aggression ist was für junge Männer. Wahrer Mut wagt Milde.

12. Anarchie üben

Seien wir ehrlich: Der Phänotyp des aufsässigen Rentners beglückt uns. Der kiffende Opa im Münster-*Tatort*, der herrlich durchgeknallte Karl Lagerfeld, Helmut Schmidt, der im ICE raucht. Grenzüberschreitung und Regelverstoß sind die wahre Kür des Reifens. Wenn MS-Kranke Marihuana möchten, Depressive ein paar Happy Pills oder bedürftige ältere Herren sich den Hintern versohlen lassen mögen – bitte sehr, Feuer frei. Glück beruht auf Ungutem, Unbrauchbarem, Unverträglichem, sagt der Philosoph Robert Pfaller. Schade, lieber Nachwuchs, es bleibt nicht bei den Hörsälen. Jetzt kapern die Alten Klubs, Festivals und Kitesurfschulen.

13. Risiko lieben

Das verbissene Streben nach Sicherheit ist die stärkste Bremse beim Wachstum im Alter. Wann war es eigentlich vorbei damit, dass wir etwas zum ersten Mal getan haben, etwas Neues probiert, erwartungsvoll und ohne Vorbehalte? Lange her? Es muss ja nicht gleich das Bungee-Seil sein.

14. Worte wählen

Hören wir genau hin, wenn ein reifer Mensch erzählt. Die einen beschreiben jede Stunde ihres Lebens als Last; die Sätze beginnen mit »Ich muss ...«, das Leben ist ein Jammertal, und alles geht den Bach runter. Den Gegenentwurf gibt es auch. Da heißt es oft: »Ich freue mich ...«, »ich kann ...«, »ich darf ...«, »ich will ...«. Eindrucksvolle Lehrstunde.

15. Fürs Leben lernen

Denken ist wie Sport – es übt. Lern- und Lehrangebote für reife Menschen wachsen überall. Endlich Platon statt Politikergeschwafel und Free Jazz statt Kinderlieder. Computer-

Hacken wollte ich immer schon mal lernen. Und Weinbau auch. Frisch bleibt, wer sich fordert, wer den Mut hat, eigene Unlust, Trägheit und all die vorgeschobenen Ausreden zu ignorieren.

16. Einkehren

Wach, aufmerksam, angstlos – so wollen alle reifen Menschen sein. Und nun kommt endlich die Zeit, da wir unsere Sinne sammeln können. Ob im Kloster, im Schweigeseminar oder auf dem Berg Karmel, ob zwei Stunden oder zwei Monate – Einkehr und Besinnung haben nicht nur Jesus, Mohammed und Buddha gutgetan. Wer sich versenkt, der ordnet Gedanken, Gefühle und Prioritäten: Wir wollen Verlässlichkeit statt Tempo, Gelassenheit statt Hektik, Behutsamkeit statt Effizienz und Qualität statt Menge – also setzen wir uns nieder, schweigen und horchen einfach mal.

17. Rituale entdecken

Vor und nach dem Aikido-Training danken die Schüler artig dem Meister, jede Yogastunde hat ein Meditationsfinale, und an Halloween werden Kürbisse geschnitzt. Die Kirche besitzt kein Monopol auf Rituale. Den Wert kleiner Feierlichkeiten für inneren und äußeren Zusammenhalt halten Psychologen für dramatisch unterschätzt. Rituale sind keine Räucherstäbchenattacken, sondern wertvolle Momente der Selbstvergewisserung.

18. Nonkonformismus versuchen

Unsere Eltern waren ja nicht dämlich. Warum haben sie sich dann dem Konformitätsdruck unterworfen? Kleidung, Hobbys, Auto, Benehmen – alles hatte einer geheimnisvollen, gleichwohl verbindlichen Norm zu gehorchen. »Das tut man nicht«, lautete das stärkste Argument früherer Tage. Nein, unsere Eltern haben ihrer Gestaltungsmacht nicht vertraut, sie fürchteten Ausgrenzung. Bücher lesen und Champagner trinken, empfiehlt Philosoph Pfaller, und ein Ende der Sparsamkeit: laut sein, schräg sein, frei sein – Unvernunft ermöglicht Zufriedenheit.

19. Fernseher verschenken

Sorry, liebe Kollegen im TV-Geschäft, aber es ist Zeit für eine brutale Wahrheit: Fast alle Senioren, denen ich begegnet bin, gaben sich eine tägliche Dosis TV, die sie ihren eigenen Kindern vehement verboten hätten. Die glücklichsten Rentner dagegen hatten mit der Kiste wenig im Sinn. Was wurde den Kindern früher gepredigt? »Geht doch mal vor die Tür! Klingelt bei euren Freunden! Lest ein Buch! Bewegt euch!« Genau so ist es.

20. Bescheidenheit probieren

Warum allein auf 180 Quadratmetern? Warum ein Auto, das wochenlang herumsteht? Und warum den ganzen Tag essen, als stünde der Feind vor Berlin? Man kann das Reduzieren unnötiger Kosten oder Protzposten als schrittweise Befreiung begreifen. Lädt man sich auf den letzten Kilometern des Marathons noch einen Rucksack auf? Oder wirft man Ballast ab? Die glücklichsten reifen Menschen auf meiner Recherche-Reise waren fast immer die, die ihr Leben übersichtlich, praktisch und bescheiden gestaltet hatten. Die Forschung bestätigt: Fruchtfliegen auf Diät leben deutlich länger.

21. Paradoxe lieben

Sei sparsam und großzügig! Sei fleißig und faul! Sei wach und versunken! Ja, das Leben ist ein steter Widerspruch, und das Alter erst recht. Wer sollte mit diesen Widersprüchen besser umgehen können als wir? Eindeutigkeit und Absolutheit gibt es in der Mathematik und im Himmel, aber nicht im Leben.

In Krisenzeiten neigt man dazu, die Strategien der Vergangenheit besonders heftig anzuwenden. Wer sein Arbeitsleben lang unerbittlich Akkuratesse verlangte, wird diesen Anspruch im Alter noch verschärfen. Bitte nicht. Weisheit bedeutet Gelassenheit, den Irrsinn der Welt einfach hinzunehmen, vor allem die paradoxen Momente.

22. Geld weg

Mit einiger Verblüffung berichten Altenpfleger und Betreuer immer wieder von der großen Dankbarkeit ihrer Betreuten. Im Testament jedoch findet diese Dankbarkeit wenig Niederschlag. Das Erbe fällt den Angehörigen zu, die sich die letzten Jahre mehr um Muttis Festgeldkonto gekümmert haben als um die Dame selbst. Es gehört zu den guten deutschen Traditionen, den Kindern etwas zu hinterlassen. Manche Senioren denken an nichts anderes als den hübschen Batzen, mit dem sie posthum Dankbarkeit und Anerkennung zu erfahren hoffen. Unsinn. Daher gilt: Die Ausbildung wird finanziert, aber dann ist die Kasse geschlossen. Zu erben wird es nichts geben. Eher gehe ich am letzten Abend ins Kasino und setze alles auf Rot.

23. Von den Kindern lernen

Ach, die Kinder. Nichts als Flausen im Kopf: diese verkeimte WG, sommernächtelang mit Kumpels und Gitarre am Lagerfeuer. Kein Ehrgeiz, diese Jugend. Kein Auto, kein schicker Job. Immer nur Projekte, mit coolen Leuten. Geld? Nicht so wichtig. Großartig. Die Kinder der ellenbogenausfahrenden Babyboomer schwimmen nicht mit, sondern gegen den Strom. Sie haben keine großen Lebensentwürfe, weil es keine Jobs mehr gibt, die bis zum 65. Lebensjahr sicher sind. Sie relativieren ihre Ziele, sind manchmal etwas zu moralisch, zu bescheiden, zu wenig ehrgeizig, aber auch gelassen und zuversichtlich. Danke, Kinder. Wir können verdammt viel von euch lernen.

251

24. Relevanz wagen

Ach, was haben wir denn schon geleistet? Eines Tages sind wir Humus. Das war's. Meine Mutter war eine Meisterin solcherlei Selbstverzwergung. Die Evolution hält dagegen: Alter ist ein großer Erfolg, sagt sie, der Nachweis von Überlebenskunst, Zähigkeit und dem Talent, Probleme zu lösen. Wir sind nicht zufällig noch hier, sondern weil wir eine Aufgabe haben. Zum Beispiel unser Überlebenswissen weiterzugeben, und sei es nur der Trick, wie man Rhododendren zu prachtvoller Blüte bekommt. Weiß doch keiner mehr.

Gesellschaftliche Veränderung ist die Summe unzähliger kleiner guter Taten. Und Welt verändern, das wollten wir Babyboomer doch immer. Jetzt ist die Zeit gekommen.

Anhang:
Es tut sich was! – nützliche Adressen und Informationen

Es würde den Rahmen dieses Buches und meine Reisekasse sprengen, all die engagierten und ungewöhnlichen Menschen zu besuchen, auf die ich bei der Recherche gestoßen bin. Deswegen liste ich hier einige der gleichfalls spannenden, ambitionierten und oft anrührenden Projekte und Einrichtungen auf, die ich noch nicht besucht habe.

Darüber hinaus finden sich hier Adressen von Netzwerken, Datenbanken, Einrichtungen, die sich mit den Themen Wohnen, Arbeit, Ehrenamt, Freizeit, Beratung für ältere Menschen befassen. Auch hier gilt: Es gibt sicher noch viel mehr Angebote.

Für alle Interessenten empfiehlt sich: Bevor größere Planungen beginnen, erst mal schauen, was es gibt. Viele Fragen haben sich zuvor schon andere gestellt und oft ganz vernünftig beantwortet.

Bei den hier vorgestellten Konzepten und Projekten stammen die Texte zum Teil aus Selbstdarstellungen, sind also nicht überprüft. Es gilt: Skepsis ist immer angebracht, grundsätzliches Wohlwollen allerdings auch.

Wohnen
(nach PLZ geordnet)

Lebensort Vielfalt/Berlin

Gemeinschaftliches Wohnprojekt im Netzwerk »Anders Altern« der Schwulenberatung Berlin.

Gründung: Idee seit ca. 2002. 2009 erwarb die Schwulenberatung Berlin die Immobilie. 2011/2012 Umbau zu barrierefreiem Wohnraum. 2012 Eröffnung »Lebensort Vielfalt«.

Fakten: Im Netzwerk Anders Altern der Schwulenbewegung Berlin entstand die Idee zu einem Wohnprojekt für homosexuelle Senioren. 60 Prozent der Bewohner sind schwule Männer über 55. 20 Prozent der Wohnungen entfallen auf jüngere schwule Männer, 20 Prozent auf Frauen oder heterosexuelle Männer. Zusätzlich betreute Wohngemeinschaft für pflegebedürftige schwule Männer. 24 Wohnungen, Gemeinschaftsküche, Garten. Schwulenberatung Berlin im Haus. Vier Wohnungen für Hartz-IV-Empfänger.

Ziel: Diskriminierungsfreies Wohnumfeld. Konzept: Wohnen mit Gleichgesinnten – aber gemischte Bewohnerschaft (Website). Projekt einzigartig in Europa.

Ausblick: Die Betreiber gehen von weiteren Projekten aus, da 250 Personen auf der Warteliste stehen. (Stand: 2013)

Kontakt:
Schwulenberatung Berlin GmbH,
Niebuhrstraße 59/60, 10629 Berlin,
Tel.: +49 30 23 36 90 70,
E-Mail: info@schwulenberatungberlin.de,
Website: www.schwulenberatungberlin.de,
www.lebensort-vielfalt.de.

Mana Residenz Wedell/Berlin

Seniorenresidenz in der Stadt. GmbH.

Gründung: Mitte 2013.

Fakten: Betreutes Wohnen, häusliche Pflege und Tagespflege. Haus mit 60 behindertengerechten Apartments, Garten, Terrasse, Gesellschaftsräumen. Johanna Hormann, 31: jüngste Geschäftsführerin einer Berliner Seniorenresidenz. Fast 100 Jahre Familientradition im Bereich der Altenhilfe.

Konzept: Privatsphäre und Möglichkeit, am geselligen Leben teilzunehmen. Anspruch: »Rund um die Uhr eine herzliche und kompetente Pflege und Betreuung.« Zahme Alpakas als Anreiz für die Bewohner, hinauszugehen –Therapie-Tiere für mehr seelisches Wohlbefinden.

Kontakt:
Mana Residenz Wedell,
Wedellstraße 80, 12249 Berlin,
Tel.: +49 30 76 89 03 818,
E-Mail: kontakt@mana.berlin
Website: http://mana.berlin

»Gemeinsam statt einsam« – Henning Scherf/Bremen

Ehemaliger Bremer Bürgermeister, SPD-Politiker, geb. 1938. Hausgemein-schaft in der Stadt.

Gründung: 1987.

Fakten: Vor über 25 Jahren bezog Henning Scherf mit zehn Freunden ein barrierefreies Haus, in dem er mit seiner Frau in einer Wohnung lebt, in der Bremer Innenstadt. Gemeinsamer Garten, Platz für Freunde, Kinder und Enkel. Gemeinsame Aktivitäten, Urlaub, Finanzierung durch drei Paare, die anderen Bewohner sind Mieter; selbstverwaltete Umlage.

Henning Scherf prüfte zahlreiche Wohnprojekte, hat mehrere Bücher zum Thema »Leben im Alter« verfasst, ist bei Vorträgen zu hören. Er ist Jury-Vorsitzender der Robert Bosch Stiftung, die den »Deutschen Alterspreis« verleiht.

Ziel: Alternatives Wohnen für alte Menschen, damit sie in ihrem vertrauten Umfeld sein können, mit vertrauten Menschen; am besten mehrere Generationen gemeinsam und gegenseitige Unterstützung.

Konzept: »Eine Art Wahlfamilie«.

Notwendig: Mischung aus hauptamtlicher Unterstützung, freiwillige Hilfe von Angehörigen und Freunden, Selbsthilfe.

Ausblick: Henning Scherf betont die gesamtgesellschaftliche Verantwortung der Gewerkschaften, »auch über unsere Beschäftigungsprobleme hinaus«, die Lage der Älteren ist für ihn »ein gewerkschaftliches Aufgabenfeld erster Güte«.

Bücher (Auswahl): *Grau ist bunt.* (2008) *Gemeinsam statt einsam.* (2009)

Kontakt:

Robert Bosch Stiftung GmbH,

Heidehofstraße 31, 70184 Stuttgart,

Website: www.robert-bosch-stiftung.de.

Wohnen im Alter in Brandenburg:

»Das Portal für selbstbestimmtes Wohnen im Alter« (Website). Übersicht über Wohnformen, Informationen, Suchfunktion für Wohnprojekte in Brandenburg, Blog.

Kontakt:
Förderverein Akademie 2. Lebenshälfte
im Land Brandenburg e.V.,
Schwarzer Weg 3, 14532 Kleinmachnow,
Tel.: +49 3328 47 31 34,
Website: www.wohnen-im-alter-in-brandenburg.de.

Baugruppe Neue Hamburger Terrassen/Hamburg

Baugemeinschaft. GbR.

Gründung: 2009 Zusammenschluss von 76 Personen. 2011 Baustart, Fertigstellung der Siedlung 2013. »Erste Baugruppe, die nicht aus eigener Initiative, sondern gezielt vonseiten der Stadt initiiert wurde; warben IBA und IGS für das Parkgrundstück mit einer Kampagne um Mitglieder für eine Baugruppe«: Die Baugemeinschaft hat sich um das verfügbare Grundstück herum entwickelt.

Fakten: 82 Personen (Stand: März 2016): junge Familien, kinderlose Paare, einige alleinstehende Senioren. Eher armer Bezirk Wilhelmsburg (aber direkt am Parkgelände der Internationalen Gartenschau). International ausgeschriebener Architektenwettbewerb. Vier Mehrfamilienhäuser, Wohnungen mit individueller Gestaltung. Investor sind die Baugruppenmitglieder selbst. Gemeinschaftsflächen. Lesungen, Filmabende, Geburtstagsfeiern, Grillen. Niedrigenergie-Konzept.

Ziel: Wunsch nach lebendiger, familien- und seniorenfreundlicher Nachbarschaft in Naturnähe.

Konzept: Grünes Wohnen mitten in der Stadt.

Ausblick: Baugemeinschaften nehmen zu.

Kontakt:
Jan Wähning,
Feldstraße 49, 20357 Hamburg,
E-Mail: info@neue-hamburger-terrassen.de,
Website: http://www.neue-hamburger-terrassen.de.

Baugenossenschaft Freie Scholle eG/Bielefeld

Gründung: 1911. Aus der Arbeiterbewegung, für Wohnraum für die städtischen Fabrikarbeiter und ihre Familien (zunächst ging es um Turnhallen für Arbeiterturnvereine).

Fakten: 5051 Wohnungen und 7884 Mitglieder (Stand: Ende Dezember 2015), elf Siedlungen/Siedlungsgebiete in Bielefeld. Acht öffentlich geförderte Wohnungen, im Bau sind weitere 20. Barrierefreie Wohnungen und betreute Pflegewohngruppen. Lebenslanges Wohnrecht in der Genossenschaft. Wohnbegleitende Dienstleistungen, Wohn- und Altenberatung, Nachbarschaftshilfe durch den Unternehmensverbund Freie Scholle. Über 70 ehrenamtliche Nachbarschaftshelfer.

Ziel: Bezahlbarer Wohnraum für alle Generationen. Alternativen zum Pflegeheim, um ältere Mieter zu halten. Soziales Netzwerk, Zusammenhalt in der Siedlung schaffen.

Leitspruch: »Sicher wohnen ein Leben lang.« Grundsätze: »Der konsequente Ausbau der genossenschaftlichen Selbstverwaltung, ein breit gefächertes Angebot an wohnbegleitenden Dienstleistungen und die kontinuierliche Verbesserung der Wohnqualität durch Modernisierung und Neubau« garantieren »gutes selbstbestimmtes Wohnen für alle Mitglieder der Freien Scholle«.

Kontakt:
Baugenossenschaft Freie Scholle eG,
Jöllenbecker Straße 123, 33613 Bielefeld,
Tel.: +49 521 98 88 0,
E-Mail: baugenossenschaft@freie-scholle.de,
Website: http://www.freie-scholle.de.

Kommune Niederkaufungen/Kaufungen/Nordhessen

Eingetragener Verein. Gemeinde mit ca. 12 500 Einwohnern.

Gründung: 1986 (1983 schloss sich eine Gruppe von Initiatoren zusammen), 2001 Gründung des Vereins für Gesundheit und Alter e.V. (GesA).

Fakten: Lebens- und Arbeitsgemeinschaft mit umweltfreundlicher Grundlage. 58 Erwachsene und 7 Kinder und Jugendliche, 13 Wohngruppen (Stand: Ende 2013). Es gibt eine Tagespflegegruppe für Demenzkranke (Tagespflege Lossetal).

Konzept: »Lebendiges Experiment eines alternativen Lebensstils. Wir möchten ohne Hierarchie solidarischer und ökologisch nachhaltiger miteinander leben und arbeiten lernen.« Tagespflege: Einrichtung für ältere, überwiegend altersverwirrte Menschen. »Ältere Menschen verstehen wir als eine Bereicherung unserer Gesellschaft.«

Grundsätze: Linkes Politikverständnis; gemeinsame Ökonomie; Konsens (jeder kann sich an Entscheidungsfindung beteiligen); Abbau kleinfamiliärer Strukturen; Kinder und Jugendliche (Tagesstätte, Nachmittagsbetreuung); Abbau geschlechtsspezifischer Machtstrukturen; Leben in einer Großgruppe.

Kontakt:
Kommune Niederkaufungen e.V.,
Kirchweg 3, 34260 Kaufungen,
Tel.: +49 5605 8 00 70,
E-Mail: info@kommune-niederkaufungen.de,
Website: http://www.kommune-niederkaufungen.de,
www.tagespflege-lossetal.de.

Haus Mobile/Köln

Neues Wohnen im Alter e.V., Haus Mobile e.V. – Mehrgenerationenwohnen in der Stadt.

Gründung: Ab 1995 Bau- und Mietprojekt des Vereins Neues Wohnen im Alter e.V. , Erwerb des Grundstücks. 1996 Gründung des Vereins Haus Mobile e.V. 1997 Fertigstellung des Komplexes.

Fakten: Großes Mehrgenerationenhaus, Wohnraum vom 1-Zimmer-Apartment bis zur 5-Zimmer-Maisonette-Wohnung. Barrierefreiheit. Ökologische Bauweise. 60 Personen in 36 Eigentums- und Mietwohnungen, frei finanziert und öffentlich gefördert. Wohnmöglichkeiten für Angehörige und Pflegekräfte, Gemeinschafts- und Veranstaltungsräume, Dachterrasse, Café als Begegnungsstätte mit der Nachbarschaft.

Ziel: »Selbstständiges Wohnen bis zum Lebensende in der eigenen Wohnung, unterstützt von einer sozial gemischten Hausgemeinschaft.«

Konzept: Wahrung des vertrauten Umfelds; Selbstorganisation; Sicherheit und Unterstützung durch die Hausgemeinschaft; Kontakt zur Nachbarschaft.

Kontakt:
Neues Wohnen im Alter e.V.,
Marienplatz 6, 50676 Köln,
Tel.: +49 221 2 40 70 75,
E-Mail: nwia.ev@t-online.de,
Website: www.nwia.de; www.werkstatt-stadt.de.

Mit Freu(n)den unter einem Dach/Aachen

Eingetragener Verein – Hausgemeinschaft am Stadtrand.

Gründung: Das Haus wurde von der Firma p+e planen+ errichten GmbH & Co KG errichtet und 2008/2009 fertiggestellt.

Fakten: Mehrgenerationenwohnprojekt mit Menschen verschiedener Herkunft, unterschiedlichen Alters, unterschiedlichen Einkommens. 31 Miet- und Eigentumswohnungen (frei finanzierte und öffentlich geförderte Einheiten), barrierefrei. Gemeinschaftsräume, Garten, Gästezimmer, Werkraum. Alle Wohnungen sind verkauft und vermietet, es existiert eine Warteliste.

Ziel: Gemeinschaft bewusst gestalten. Miteinander wohnen und leben in guter Nachbarschaft, dabei die Individualität des anderen akzeptieren.

Konzept: »Getragen von christlichen Werten suchen wir den Austausch untereinander und mit Menschen anderer Weltanschauung und Nationalität.« Gute Anbindung in Aachen-Brand und schöne landschaftliche Umgebung.

Grundsätze: »Erfahrungsaustausch und Voneinander-Lernen; Aktivierung von Fähigkeiten und Erfahrungen; Lebendigkeit von Familie; Gegenseitige Hilfe im Alltag; Austausch von Jung und Alt; Eigenständiges Wohnen im Alter.«

Kontakt:
Mit Freu(n)den unter einem Dach e.V.,
Heussstraße 41–43, 52078 Aachen,
E-Mail: info@mit-freunden-unter-einem-dach.info,
Website: www.mit-freunden-unter-einem-dach.info.

Gemeinschaft Tempelhof/Kreßberg

Dorfgemeinschaft, Genossenschaft.

Gründung: 2010, nach dreijähriger Planungsphase, wurde das Dorf Tempelhof als Standort gefunden, ursprünglich 18 Leute aus München und Umgebung.

Fakten: Ende 2010 kaufte die gemeinnützige Schloss Tempelhof Stiftung das Dorf, mit Wohn- und Arbeitsmöglichkeiten für 150–200 Menschen. Per Erbpachtvertrag mit 99 Jahren Laufzeit wurde die Liegenschaft an die Schloss Tempelhof Genossenschaft vergeben. Zahlreiche Gebäude, 30 Hektar Boden, 26 Hektar Agrarland, 4 Hektar Bauland. Selbstversorgung: Landwirtschaft, Werkstätten, Gewerbe, Kantine, Café, Schule, Seminarräume, Gästezimmer. Inzwischen (Stand Februar 2016) 140 Menschen (100 Erwachsene, 40 Kinder und Jugendliche).

Vision: Eine »ökologisch nachhaltige, sozial gerechte und sinnerfüllte menschliche Daseinsform«.

Konzept: Das Dorf als Zukunftswerkstatt und soziales Experiment. Alle zahlen einen festen Betrag in die Genossenschaftskasse ein. Über den Beitrag für die solidarische Landwirtschaft ist man mit drei Mahlzeiten vollversorgt. Bezahlbarer Wohnraum wird gemeinsam mit der Genossenschaft renoviert und neu erstellt. Bedarfseinkommen. Generationenübergreifendes Wohnen, freiwillige Hilfe für alte Menschen. Gemeinsame Mahlzeiten; Gemeinschaftsstunden für alle.

Ausblick: Lange Warteliste.

Kontakt:

Schloss Tempelhof e.V.,
Tempelhof 3, 74594 Kreßberg,
Tel.: +49 7957 92 39 030,
E-Mail: info@schloss-tempelhof.de,
Website: www.schloss-tempelhof.de.

Schwanenhof/Eichstetten

Betreutes Wohnen auf dem Land.

Gründung: 1997–1998 entstand die Wohnanlage. 1998 wurde der Nachbarschaftsverein *Bürgergemeinschaft Eichstetten* gegründet.

Fakten: Ort Eichstetten (einer von vier Modellstandorten des Sozialministeriums BaWü für bürgerschaftliches Engagement; etwa 3400 Einwohner) rief einen Arbeitskreis ins Leben. Gründung eines bürgerschaftlichen Vereins, der Träger des Projekts ist und Schnittstelle zwischen Bürgern, Gemeinderat, Ehrenamtlichen, professionellen Helfern. 16 Wohnungen, dazu individuell abrufbares Serviceangebot. Gemeinde ist Generalmieterin der auf Senioren und behinderte Menschen zugeschnittenen Wohnungen. Im Auftrag des Vereins gibt es 25 »Alltagsbegleiterinnen« für den Schwanenhof und das übrige Dorf, insgesamt sind es 65 Mitarbeiter sowie zahlreiche Ehrenamtliche.

Ziel: Jeder Ortsbewohner soll in der gewohnten Umgebung alt werden können. Konzept: Bürgerinnen und Bürger sind eine Solidargemeinschaft, alle sind eingebunden. Grundsätze: Solidarität aller trägt ältere Bürger: »Die Dorfgemeinschaft betrachtet es als ihre Aufgabe, ältere Menschen zu integrieren, zu betreuen und zu pflegen.«

Ausblick: Seit 2008 gibt es auch den *Adlergarten* als neues Wohnhaus mit einer Pflegewohngruppe (elf Bewohner). Tagespflege im Aufbau.

Kontakt:
Bürgergemeinschaft Eichstetten e.V.,
Bürgerbüro im Schwanenhof, Hauptstraße 32,
79356 Eichstetten am Kaiserstuhl,
Tel.: +49 7663 94 86 86,
E-Mail: info@buergergemeinschaft-eichstetten.de,
Website: http://www.buergergemeinschaft-eichstetten.de.

Wohnungsbaugenossenschaft wagnis/München

Genossenschaftliches Wohnen in einer Siedlung (wagnis-Siedlung) in der Stadt. eG.

Gründung: 2000, damals 21 Mitglieder, inzwischen circa 1000.

Fakten: Bayerisches Pilotprojekt für gemeinschaftliches Wohnen (»Mieter im eigenen Haus«). Zusammenschluss von drei Schwabinger Wohnprojekten. Eigentums- und Mietwohnungen. Generationenübergreifend. Gemeinsame Planung. Mehrere Auszeichnungen und Preise, u. a. »Ehrenpreis Guter Wohnungsbau« für wagnis 3. Jeweils Infrastruktur, Gemeinschaftsräume und -garten. 92 Wohnungen in wagnis 1 (seit Ende 2004), 45 in wagnis 2 (seit Oktober 2006), 97 in wagnis 3 (seit Herbst 2009), 53 in wagnis 4 (seit Sommer 2014).

Zweck: Förderung der Genossenschaftsmitglieder »vorrangig durch eine sozial und ökologisch verantwortbare Wohnungsversorgung«. Ziel und Werte: Generationenübergreifendes Miteinander, unkündbares Wohnen. »Wohnen und Arbeiten in Gemeinschaft, nachbarschaftlich, innovativ, sozial und selbstbestimmt«.

Konzept: Zusammen planen, bauen, arbeiten, feiern.

Ausblick: Im ersten Halbjahr 2016 soll das fünfte Projekt, wagnisART, entstehen. Wagnis 6, 7 und 8 sollen bis Ende 2018 fertiggestellt werden.

Kontakt:
Wohnbaugenossenschaft wagnis eG,
Petra-Kelly-Straße 29, 80797 München,
Tel.: +49 89 18 91 16 50,
E-Mail: wagnis@wagnis.org,
Website: http://www.wagnis.org.

AndersWOHNEN/Nürnberg

eG. Hausgemeinschaft: »Miteinander mittendrin in Nürnberg«.

Gründung: 2006 Genossenschaft andersWOHNEN. 2009 Einzug von 38 Senioren und zehn Alleinerziehenden mit ihren Kindern.

Fakten: 44 Wohneinheiten von 1–4 Zimmern. Kita für 62 Kinder (auch »Externe«). Gemeinschaftsräume, »Freisitz«, Veranstaltungsraum, Gästewohnung, Café. Bewohnerrat und Arbeitskreise. Vermietergenossenschaft, Wohnrecht auf Lebenszeit.

Konzept: Hausgemeinschaft aus Senioren und alleinerziehenden Personen und ihren Kindern. Versorgungsverbund, gegenseitige Unterstützung. Freiwilligkeit und Selbstbestimmung. Zusätzlich externe Dienstleistung (zum Beispiel durch die *AWO*). Starke Vernetzung mit dem Umfeld (u. a. durch Kita, Café).

Grundsatz: »So viel zwanglose Gemeinschaft wie individuell gewünscht, so viel Privatheit wie innerstädtisch möglich.« Prinzipien: »Selbsthilfe, Selbstbestimmung und Selbstverwaltung.«

Nach erfolgreicher Umsetzung des ersten Projekts gründete sich 2010 die Genossenschaft andersWOHNEN-2010 mit einem weiteren Wohnprojekt für ältere Menschen und Alleinerziehende.

Kontakt:
andersWOHNEN eG,
Karl-Bröger-Straße 6, 90459 Nürnberg,
Tel.: +49 911 92 36 35 96,
E-Mail: info@anderswohnen-nuernberg.de,
Website: www.anderswohnen-nuernberg.de,
www.anderswohnen-eg.de.

Wohnprojekt Olga – Oldies leben gemeinsam aktiv/ Nürnberg

Seniorenhausgemeinschaft in der Stadt. GbR.

Gründung: 1996, sechs Jahre Planungsphase, Suche nach Wohnungsbaugesellschaft, Ende 2003 erste Einzüge.

Fakten: Eines der ersten gemeinschaftlich geplanten Seniorenwohnprojekte. Eines der ersten Mietprojekte, das von Anfang an in Zusammenarbeit mit einer Wohnungsbaugesellschaft (Wbg) geplant wurde im Rahmen des bundesweiten Programms »Soziale Stadt«. Zuschuss vom BMFSFJ. Ursprünglich elf Frauen (damals alle über 55). Haus mit elf barrierefreien Wohnungen, Gemeinschaftsräumen und eigenem Garten, Miete anteilig nach Wohnungsgröße.

Ziel: Gemeinschaft, gegenseitige Hilfe und Solidarität. Selbstbestimmtes Leben im Alter mit größtmöglicher Autonomie. »Wir möchten sein einzeln und frei wie ein Baum und brüderlich wie ein Wald.« Die Öffentlichkeit auf alternative Wohnmodelle aufmerksam machen.

Ausblick: Die Wbg setzte weitere generationenübergreifende Wohnprojekte um, mehr Projekte sind in Planung. Andere Wohnungsbaugesellschaften folgen dem Beispiel.

Kontakt:
Wohnprojekt OLGA GbR,
Chemnitzer Straße 2–4, 90491 Nürnberg,
Tel.: +49 911 33 21 50,
E-Mail: info@wohnprojekt-olga.de,
Website: http://www.wohnprojekt-olga.de,
Wbg: http://www.wbg.nuernberg.de.

Sargfabrik – Verein für integrative Lebensgestaltung (VIL)/ Wien

Wohn- und Kulturprojekt in der Stadt, gemeinnütziger Verein.

Gründung: 1987 Verein, 1994 Baubeginn, 1996 Eröffnung Neubau auf Gelände einer ehemaligen Sargfabrik. 2000 Erweiterung des Wohnprojekts mit der »Miss Sargfabrik«.

Fakten: Österreichs größtes selbstverwaltetes Wohn- und Kulturprojekt. Im 14. Wiener Gemeindebezirk entstand das Wohnprojekt als »Dorf in der Stadt«, mit Kinderhaus, Veranstaltungssaal, Seminarraum, Badehaus, Restaurant, Spielplatz, Gemeinschaftshöfen, Dachgarten. 112 Wohneinheiten, 150 Erwachsene, 60 Kinder und Jugendliche. Erfolgreiches Kulturprogramm. Der VIL ist Grundeigentümer, Bauherr, Betreiber und Vermieter; genossenschaftsähnliche Organisationsform. Durch Deklaration als »Wohnheim« ist eine Mitfinanzierung aus öffentlicher Hand möglich. Verschiedene Architekturpreise für die Sargfabrik und Miss Sargfabrik.

Ziel: »einen Wohnungsverband verwirklichen, der gemeinschaftlich verschiedene Lebensmodelle und kulturelle Möglichkeiten beherbergt«: Wohnen, Kultur, Integration. Konzept: »Ort der Begegnung von Menschen unterschiedlichen Alters und unterschiedlicher Herkunft«.

Wegweisendes Konzept, das auch den geförderten Wohnungsbau beeinflusst hat.

Kontakt:
Verein für Integrative Lebensgestaltung.
Sargfabrik,
Goldschlagstraße 169, A-1140 Wien,
Tel.: +43 1 988 98 111,
E-Mail: buero@sargfabrik.at,
Website: www.sargfabrik.at.

Überregional:

AOK: Pflegeheimsuche

Verzeichnis über Pflegeheime bundesweit, einschl. Preisen und MDK-Bewertung.
Kontakt:
www.aok-pflegeheimnavigator.de.

Baumodelle Altenhilfe und Behindertenhilfe:

Informationsdatenbank des Bundesministeriums für Familie, Senioren, Frauen und Jugend für Bauprojekte, mit den Themenschwerpunkten Neue Wohnformen; Das intelligente Heim; Hilfen für Menschen mit Behinderung; Soziokultur und Teilhabe. Große Zahl an Bau- und Wohnprojekten bundesweit.
Kontakt:
Website: www.baumodelle-bmfsfj.de,
http://baumodelle-bmfsfj.de/Modellreihen_MehrGenerationenWohnen.html.

Forum Gemeinschaftliches Wohnen e.V. Bundesvereinigung:

Überregionaler Zusammenschluss, Projektbörse für Menschen und Organisationen mit Interesse an selbst organisiertem, gemeinschaftlichem Wohnen.
Kontakt:
Forum Gemeinschaftliches Wohnen e.V.,
Hildesheimer Straße 15, 30169 Hannover,
Tel.: +49 511 16 59 10-0,
E-Mail: info@fgw-ev.de,
Website: www.fgw-ev.de.

gemeinsam statt einsam:

Wohnprojekte-Portal: Projekte und Einrichtungen von Trägern der Freien Wohlfahrtspflege und privaten Investoren, Residenzen, Heime, gewerbliche Dienstleistungsanbieter.
Kontakt:
Website: www.neue-wohnformen.de,
www.wohnprojekte-vz.de und
www.wohnprojekte-portal.de (s. u.).

Kompetenznetzwerk Wohnen:

Internetseite des Bundesministeriums für Familie, Senioren, Frauen und Jugend. Wissenswertes rund um das Thema Wohnen im Alter (Übersicht, Adressen, Informationen für die eigene Wohnentscheidung oder ein eigenes Projekt).
Kontakt:
Website: www.kompetenznetzwerk-wohnen.de.

Lebens-WG – Wohnen – Helfen – Leben:

Bundesweite Online-Plattform, auf der sich Senioren zu Wohngemeinschaften zusammenfinden können: Senioren, die im Alltag Hilfe benötigen, bieten Wohnraum gegen Hilfe an; rüstige Senioren oder Frührentner, die helfen wollen, suchen Wohnraum – so finden Menschen zusammen, haben Gesellschaft und Unterstützung.
Kontakt:
Zusammen Helfen,
Tel.: +49 30 34 06 00 27 31,
E-Mail: kontakt@lebens-wg.net,
Website: www.lebens-wg.net, www.zusammen-helfen.org.

Wohnen-im-Alter.de:

Ratgeber für Senioren zu Wohnen, Pflege, aktivem Leben; Suchfunktion, um Wohneinrichtungen in der Nähe zu finden.
Kontakt:
Website: www.wohnen-im-alter.de.

Wohnprojekte-portal.de/Stiftung trias:

Beratungs- und Informationsnetzwerk für das Planen und Umsetzen eines Wohnprojekts sowie Plattform für Wohnprojekte. Hier findet sich auch eine Übersicht über Bildungsträger für Wohnprojekte in Deutschland.
Kontakt:
Stiftung trias,
Martin-Luther-Straße 1, 45525 Hattingen,
Tel.: +49 2324 9 02 22 13,
E-Mail: info@stiftung-trias.de,
Website: www.wohnprojekte-portal.de,
www.stiftung-trias.de.

Wohnungsbaugesellschaften:

Sie bieten oftmals eine Rubrik »Seniorenwohnen« o. Ä., stellen dort unterschiedliche Wohnformen und Einrichtungen vor.
Beispiel: degewo: Auf der Website gibt es den Unterpunkt »Seniorenwohnen« mit Rubriken wie »Barrierearmes Wohnen«, »Residenzen«, »Wohngemeinschaften«, die wiederum zu konkreten degewo-Einrichtungen führen.
Kontakt:
Tel. (Zentrale): +49 30 2 64 85-0,
Website: www.degewo.de.
Beispiel: Kölner Wohnungsgenossenschaft: Unter »Vermietung« findet sich auch der Unterpunkt »Wohnen für Senioren« mit entsprechenden Angeboten.
Kontakt:
Tel.: +49 221 99 87 87-0,

272

E-Mail: info@koelner-wohnungsgenossenschaft.de,
Website: www.koelner-wohnungsgenossenschaft.de.

Zuhause im Alter:

Serviceportal des Bundesministeriums für Familie, Senioren, Frauen und Jugend. Tipps, Praxisbeispiele, Adressen zum Thema Barrierefreies Wohnen.
Kontakt:
Tel.: +49 30 20 17 91 30,
Website: www.serviceportal-zuhause-im-alter.de.

Arbeit, Engagement & Freizeit

Akademie 55plus/Darmstadt:

Eingetragener Verein – Akademie.

Gründung: 2006. Die Idee für eine solche Institution entstand in Frankreich und wurde v. a. von englischsprachigen Ländern aufgegriffen (»University of the Third Age«).

Fakten: Gemeinnütziger Verein für »alle aktiven, interessierten, kommunikationsfreudigen Menschen ab dem 55. Lebensjahr«. Jahresbeitrag 65 Euro. Kurse, Seminare und Vorträge (von Kunst über EDV bis zu Lebenshilfe und Astronomie). Ergänzend Firmenbesuche, Austausch mit Partnerstädten, Projekte. Ehrenamtliche Kursleiter, Referenten, Büromitarbeiter und Vorstand.

Konzept: »Von Älteren für Ältere«. Lernen, Kontakte knüpfen, sich einbringen.

Kontakt:
Akademie 55plus Darmstadt e.V.,
Heidelberger Straße 64, 64285 Darmstadt,
Tel.: +49 6151 9 51 55 57,
E-Mail: info@aka55plus.de,
Website: www.aka55plus.de.

Friedhofscafé Finovo (»Café Tod«):

Café auf dem Alten Sankt-Matthäus-Kirchhof in Berlin Schöneberg. Regelmäßig treffen sich Menschen hier, um über den Tod zu sprechen. Es ist das erste Friedhofscafé Berlins und der zweite Treffpunkt in Deutschland zum Thema Endlichkeit, im Rheinland gibt es das »Café Totentanz«. Inzwischen gibt es weitere Veranstalter in Deutschland, wie das Café T.O.D.

in Siegburg und das Death Café in Oldenburg (Stand: März 2016). Usprünglich entstand die Idee in der französischsprachigen Schweiz, es gibt mittlerweile mehrere 100 solcher »Institutionen« weltweit.

Kontakt:
Café Finovo, Alter Sankt-Matthäus-Kirchhof,
Großgörschenstraße 12–14, 10829 Berlin,
Tel.: +49 30 20 61 55 20,
Website: www.cafe-finovo.de.
Rheinland (wechselnde Orte):
E-Mail: info@totentanzcafe.de,
Website: www.totentanzcafe.de.

Platinnetz:

Netzwerk 50plus, »Portal für Junggebliebene« mit verschiedenen Themengruppen, Forum, Chat, Terminen für Stammtische.

Kontakt:
Website: www.platinnetz.de.

Rent a Rentner:

Online-Jobvermittlungsplattform für Ruheständler (zum Beispiel Altenpflege, Kinderbetreuung).

Kontakt:
Rent a Rentner UG (haftungsbeschränkt) & Co. KG,
Bornstraße 63/64, 28195 Bremen,
Website: www.rentarentner.de.

Scholia.de:

Plattform 50plus: Vermittlung von beruflichen oder ehrenamtlichen Tätigkeiten.

Kontakt:
Website: www.scholia.de.

Senioren-Sport:

Zahlreiche Städte, Bezirke, Vereine bieten sportliche Betätigungsmöglichkeiten, die auf die Bedürfnisse älterer Menschen abgestimmt sind. Eigene Vereine werden bereits gegründet.

Beispiel: **SSKV Senioren-Sport- und Kreativ-Verein Halle e.V.**: Neben kreativen Tätigkeiten wie zum Beispiel Malen, Theaterbesuchen und Schreiben werden 17 Sportarten angeboten, von Federball bis zu Wassergymnastik.

Kontakt:
Tel.: +49 345 20 97 83 66,
E-Mail: sskv_halle@gmx.de,
Website: www.sskv-halle.de.

SES – Senior Experten Service:

Der SES ist die Stiftung der Deutschen Wirtschaft für internationale Zusammenarbeit. Er vermittelt Menschen im Ruhestand, die ihr Wissen im Ausland oder in Deutschland weitergeben möchten als ehrenamtliche Experten in der Aus- und Weiterbildung von Fach- und Führungskräften.

Kontakt:
Tel.: +49 228 2 60 90-0,
E-Mail: ses@ses-bonn.de,
Website: www.ses-bonn.de.

ZWAR – Zwischen Arbeit und Ruhestand/Zentralstelle NRW

ZWAR e.V. – Netzwerke.

Die Zentralstelle NRW ging aus dem 1979 entstandenen ZWAR-Projekt hervor (damals gab es durch das Zechensterben viele Frührentner, s. Website ZWAR Dortmund-Brackel). Die stadtteilorientierten sozialen Netzwerke richten sich an Menschen ab 55 und bieten Strukturen für selbst organisiertes bürgerschaftliches Engagement. In NRW gibt es mehr als 170

ZWAR-Netzwerke in 60 Kommunen. Die Kommunen beraten und begleiten bei der Netzwerk-Gründung. Die Zentralstelle NRW wird vom ZWAR e.V. getragen. Ziel ist die »Teilhabe älterer Menschen am Leben in Gemeinschaft, Mitgestaltung und bürgerschaftliches Engagement vor Ort«. Die Netzwerke wollen Weichen stellen für lebenslanges Lernen und Engagement von Älteren, Jüngeren, Kommunen, Politik, Verwaltung, Ehrenamtlichen, etc.; Eigenverantwortung und Mitverantwortung für Schwächere sollen gefördert werden. Konkrete Angebote: Beratung, Begleitung und Qualifizierung.

Beispiel: **ZWAR Dortmund-Neuasseln/Brackel**: beitragsfreies Netzwerk, seit 2013, über 70 Mitglieder. Alle zwei Wochen »Basistreffen« zum Kennenlernen, Nachbesprechen, Planen; gemeinsame Aktivitäten (Museumsbesuche, Wandern, Feiern, Stammtisch).

Kontakt:
ZWAR e.V., ZWAR Zentralstelle NRW,
Steinhammerstraße 3, 44379 Dortmund,
Tel.: +49 231 96 13 17-0,
E-Mail: info@zwar.org,
Website: www.zwar.org.

Literatur/Quellen

Ackermann, Sabine: »Schulforum: Frauen auf dem Sprung.« In: *NWZ Online.* 15. März 2014.

Atchley, Robert C.: *Soziologie des Ruhestands.* o. O. 1979.

Baltes, Paul B.; Mittelstraß, Jürgen; Staudinger, Ursula M.: *Altern und Alter: Ein interdisziplinärer Studientext zur Gerontologie.* Berlin 1994.

Bellow, Saul: *Mehr noch sterben an gebrochenem Herzen.* Köln 1989.

Berthoud, Ella; Bünger, Traudl; Elderkin, Susan: *Die Romantherapie – 253 Bücher für ein besseres Leben.* Berlin 2013.

Bibliomed Medizinische Verlagsgesellschaft mbH (Hrsg.): »Defizitäres Schmerzmanagement in Europas Altenheimen.« In: *www.bibliomed.de.* 11. März 2013.

Böger, Helmut: »›Ohne Arbeit wäre ich tot oder doof.‹« Interview mit Peter Scholl-Latour. In: *Bild Online.* 2. März 2014.

Bosetti, Annette: »›Das Thema des Alters ist Verlust‹ – Sven Kuntze im Interview.« In: *Rheinische Post Online.* 14. August 2011.

Bundesministerium für Familie, Senioren, Frauen und Jugend (Hrsg.): *Dokumentation der Konferenz »Altersbilder im Wandel«. Proceedings of the Conference »Changing Images of Ageing«.* Berlin, Oktober 2012.

Bundesministerium für Familie, Senioren, Frauen und Jugend (Hrsg.): *Gender-Datenreport.* Erstellt durch das Deutsche Jugendinstitut e.V. in Zusammenarbeit mit dem Statistischen Bundesamt. München 2005.

Bundesministerium des Innern: *Demografiebericht der Bundesregierung. Bericht der Bundesregierung zur demografischen Lage und zur künftigen Entwicklung des Landes.* Berlin. (Stand: Herbst 2011)

Bundeszentrale für politische Bildung: »Die soziale Situation in Deutschland – Bevölkerung nach Altersgruppen und Geschlecht.« In: *www.bpb.de.* 26. September 2012.

Cicero, Marcus Tullius, zit. nach: Bundesministerium für Familie, Senioren, Frauen und Jugend (Hrsg.): *Was heißt schon alt? Ausgewählte Beiträge des Foto- und Videowettbewerbs* 2011. 4. Aufl. Berlin 2013.

De Saint-Exupéry, Antoine: *Nachtflug.* Frankfurt a. M. 21. Aufl. 2012.

Deutsch, Dorette: *Lebensträume kennen kein Alter. Neue Ideen für das Zusammenwohnen in der Zukunft.* Frankfurt a. M. 2007.

Deutsche Rentenversicherung Bund: »Rentenbeginn- und Rentenhöhenrechner.« In: *www.deutsche-rentenversicherung.de.*

Deutsche Rentenversicherung Bund (Hrsg.): »Rentenbestand am 31.12.2012.« In: *www.deutsche-rentenversicherung.de.*

Deutsches Zentrum für Altersfragen: *Deutscher Alterssurvey – Die zweite Lebenshälfte.* Berlin. (Langzeitstudie)

Deutschlandradio Kultur: Kulturnachrichten. 10. September 2013. In: *www.dradio.de.*

Dilk, Anja und Littger, Heike: »Konsumverweigerer: Geschichten vom Loslassen.« In: *Spiegel Online.* 27. Oktober 2013.

Duden Online: *www.duden.de.* Bibliographisches Institut, Dudenverlag Mannheim.

Eberle, Lukas: »Im Land der wilden Alten.« In: *Der Spiegel* 28/2013. S. 88 ff.

Eichenberger, Ursula: »Das Glück wohnt auf Vanuatu.« In: *Tagesanzeiger Online.* 20. Dezember 2010.

Erikson, Erik H.: *Identität und Lebenszyklus.* Berlin 1973.

Ford, Richard: *Die Lage des Landes.* Berlin 2007.

Forschungsgruppe Gesundes Altern (am Institut für Klinische Molekularbiologie des Universitätsklinikums Schleswig-Holstein in Kiel): »Den Methusalem-Genen auf der Spur.« In: *Forschungsgruppe Gesundes Altern Online* o. D.

Freund, Andrea: »›Ab 30 geht es beim Mann bergab‹« (Interview mit Frank Sommer). In: *Frankfurter Zeitung Online.* 25. August 2013.

Generali Zukunftsfonds (Hrsg.); Institut für Demoskopie Allensbach (Autor): *Generali Altersstudie 2013: Wie ältere Menschen leben, denken und sich engagieren.* Frankfurt a. M. 2012.

Geschäftsstelle Sechster Altenbericht, Deutsches Zentrum für Altersfragen: *Sechster Bericht zur Lage der älteren Generation in der Bundesrepublik Deutschland – Altersbilder in der Gesellschaft.* Berlin 2010.

Greven, Ludwig: »Das Glück des Alters.« In: *Zeit Online.* 3. April 2013.

Hardinghaus, Barbara: »Das letzte Leben.« In: *Der Spiegel.* 29/2013, S. 53.

Herwig, Malte (Interview mit Sylvette David): »›Picasso hat mich vergöttert.‹« In: *Süddeutsche Zeitung Magazin.* Heft 5/2014.

Hirschhausen, Eckart von: *Glück kommt selten allein ...* Reinbek 2009.

Institut für Demoskopie Allensbach (Autor); Generali Zukunftsfonds (Hrsg.): *Generali Altersstudie 2013: Wie ältere Menschen leben, denken und sich engagieren.* Frankfurt a. M. 2012.

Ioannidis, John und Naci, Huseyin: »Comparative effectiveness of exercise and drug interventions on mortality outcomes: metaepidemiological study.« In: *British Medical Journal.* 22. August 2013.

Jäncke, Lutz: *Macht Musik schlau? Neue Erkenntnisse aus den Neurowissenschaften und der kognitiven Psychologie.* Bern 2008.

Janssen, Hauke: »Münchhausen-Check: ›Weiblich, alt, arm.‹« In: *Spiegel Online.* 25. Oktober 2013.

Kirkwood, Tom: *Zeit unseres Lebens.* Berlin 2000.

Klein, Stefan: *Die Glücksformel oder Wie die guten Gefühle entstehen.* Berlin 12. Aufl. 2002.

Kruse, Andreas: »Menschenbild und Menschenwürde als grundlegende Kategorien der Lebensqualität demenzkranker Menschen.« In: Rentsch, Thomas und Vollmann, Morris (Hrsg.): *Gutes Leben im Alter. Die philosophischen Grundlagen.* Ditzingen 2012.

Künzel, Alexander: »Keine klassischen Heime mehr.« In: *Süddeutsche Zeitung*. 26./27. April 2014. S. 6.

Kuntze, Sven: *Altern wie ein Gentleman: Zwischen Müßiggang und Engagement*. Gütersloh 2011.

Langer, Ellen J.: *Die Uhr zurückdrehen? Gesund alt werden durch die heilsame Wirkung der Aufmerksamkeit*. Paderborn 2011.

Leenaars, Antoon et al. (Hrsg.): *Suicide in Canada*. Toronto 1997.

Levy, Becca R.; Slade, Martin D.; Kunkel, Suzanne R.; Kasl, Stanislav V.: »Longevity increased by positive self-perceptions of aging.« In: *Journal of Personality and Social Psychology*. Vol. 83/2, August 2002. S. 261 ff.

Lill, Felix: »Vom Verschwinden der Hundertjährigen.« In: *Die Zeit*. Nr. 39/2013.

Lindenberger, Ulman; Smith, Jacqui; Mayer, Karl Ulrich und Baltes, Paul B. (Hrsg.): *Die Berliner Altersstudie*. 3. erweiterte Aufl. Berlin 2010.

Maass, Rosel und Hans: *Auf den Spuren des Esels. Ein modernes Wohnprojekt erprobt sich*. Münster 2013.

Mangold, Almut (Pseudonym): »Düstere Aussicht.« In: *SZ Magazin*. 22/31. Mai 2013. S. 8 ff.

Matthews, Fiona E. et al. (on behalf of the Medical Research Council Cognitive Function and Ageing Collaboration): »A two-decade comparison of dementia in individuals aged 65 years and older from three geographical areas of England: results of the Cognitive Function and Ageing Study I and II.« In: *The Lancet Online*. 16. July 2013.

Meissner, Juliane:«Vielen Frauen droht Altersarmut.« In: *Frankfurter Rundschau Online*. 20. Januar 2014.

Merz Nordstrom, Nancy: »Giving Back to the Community.« In: *EGenerations*. 8. Juni 2008.

Meyer-Radtke, Marion: »Wenn die Kasse das Pflegegeld verweigert.« In: *Welt Online*. 2. Juli 2013.

o.V.: »102-Jähriger fährt im gelben Trikot.« In: *Bild Online*. 1. Februar 2014.

o.V. (SWP): »Besser heiraten als arbeiten?« In: *NWZ Online*. 25. Februar 2014.

o. V. (ffr/AFP/dpa): »Gefühlsstudie: Die Glückskinder von Vanuatu.« In: *Spiegel Online*. 12. Juli 2006.

o. V. (afp): »Hohe Gesundheitskosten gefährden Top-Bonität.« In: *Handelsblatt Online*. 1. Februar 2012.

o. V. (faz.net mit afp): »Ohne Reformen der Rentensysteme droht neue Finanzkrise.« In: *FAZ Online*. 21. Januar 2013.

o. V. (wbr): »Psyche und Gesundheit: Zufriedene Senioren sind länger fit.« In: *Spiegel Online*. 21. Januar 2014.

o. V.: »Selber sparen, was das Zeug hält.« In: *FAZ Online*. 10. August 2013.

Odoj, Christin: »Die WG der Vergesslichen.« In: *neues deutschland*. 5. Januar 2013. S. 19.

Öchsner, Thomas: »Verschwörung gegen die Jüngeren.« In: *Süddeutsche Zeitung Online*. 17. Januar 2014.

Pfaller, Robert: *Wofür es sich zu leben lohnt: Elemente materialistischer Philosophie*. Frankfurt a. M. 2. Aufl. 2012.

Prantl, Heribert: »Pflegenotstand verletzt systematisch das Grundgesetz.« In: *Süddeutsche Zeitung Online*. 16. November 2013.

Robert Bosch Stiftung GmbH (Hrsg.): *Altersbilder in anderen Kulturen. Studie in der Reihe »Alter und Demographie« des Instituts für Gerontologie der Universität Heidelberg im Auftrag der Robert Bosch Stiftung und des BMFSFJ*. Stuttgart 2009.

Rohman, Michael: *Abenteuer in Alaska*. München 2003.

Roloff, Lu Yen: »Nie mehr allein.« In: *brand eins*. Ausgabe 12/2013.

Rosenberg, Martina: *Mutter, wann stirbst du endlich? Wenn die Pflege der kranken Eltern zur Zerreißprobe wird*. München 2012.

Roth, Philip: *Der menschliche Makel*. 25. Aufl. Reinbek 2013.

RTL II: *Forever Young*. Doku-Soap in 8 Teilen. 2012.

Sanofi-Aventis Deutschland GmbH (Hrsg.): *Zentiva. www.zentiva.de*.

Schachter-Shalomi, Zalman: *From Age-ing to Sage-ing: A Revolutionary Approach to Growing Older*. New York 1997.

Scherf, Henning: »Alle unter einem Dach.« In: *ver.di* Ausgabe 10/2010.

Schirrmacher, Frank: *Das Methusalem-Komplott*. 33. Aufl. München 2004.

Schirrmacher, Frank und Platthaus, Andreas: »Ist Deutschland noch zu retten?« (Herwig Birg und Albrecht Müller im Streitgespräch) In: *Frankfurter Allgemeine Zeitung Online.* 28. August 2006.

Schmidt, Walter: »Altern ist eine Einstellungssache.« In: *Kölner Stadt-Anzeiger Online.* 23. Mai 2012.

Schreiber, Wolfgang: »Strahlende Gelassenheit.« In: *Süddeutsche Zeitung.* 13. Februar 2014.

Schultz-Zehden, Beate: »Sexualität im Alter.« In: *Bundeszentrale für politische Bildung Online.* 16. Januar 2013.

Schwambach, Oliver: »Mutmacher in Sachen Alter« (Gespräch mit Henning Scherf). In: *Saarbrücker Zeitung*. 25. Januar 2014.

Smoltczyk, Alexander: »Barrierefrei«. In: *Der Spiegel* 23/2013, S. 64.

Spiess, Jürgen: »Henning Scherf spricht in Reutlingen über das Alter.« In: *Reutlinger Nachrichten Online.* 25. Oktober 2013.

Statistisches Bundesamt (Hrsg.): *Frauen und Männer in verschiedenen Lebensphasen.* Wiesbaden 2010.

Statistisches Bundesamt (Hrsg.): *Gesundheit im Alter*. Wiesbaden 2012.

Stocker, Frank: »Deutsche sind um 270 Milliarden Euro reicher.« In: *Welt Online.* 8. Januar 2014.

Stuff, Britta: »Am Ende.« In: *Berliner Illustrirte Zeitung*. 3. November 2013.

Töpper, Verena: »Hier kocht der Gute-Laune-Opa. Großvater für Informatiker.« In: *Spiegel Online.* 1. Oktober 2013.

Traufetter, Gerald und Zimmermann, Fritz: »Das vierte Alter.« In: *Der Spiegel*. 12/2014. S. 70 f.

University College London, Dept. Of Epidemiology & Public Health: *ELSA (English Longitudinal Study of Ageing). www.ifs.org.uk/ELSA.*

Viciano, Astrid: »G-8-Gipfel: ›Demenz ist die Pest des 21. Jahrhunderts.‹« In: *Spiegel Online.* 11. Dezember 2013.

Vogel, Lieselotte: *Ich lebe weiter selbstbestimmt!* Köln 2009.

Von Borstel, Stefan: »Mehrheit der Deutschen will mit 63 Jahren in Rente.« In: *Welt Online.* 1. Februar 2014.

Wächter, Susanne: »Rollator-Walzer im Altenheim.« In: *Hamburger Abendblatt.* 25. April 2014.

Wikipedia: »Rosenthal-Effekt.« In: *http://de.wikipedia.org/wiki/ Rosenthal-Effekt.*

Wissdorf, Flora: »2030 fehlen Deutschland über 300 000 Pflegekräfte.« In: *Welt Online.* 3. Oktober 2012.

Wurm, Susanne, Bremer, Frank, Tesch-Römer, Clemens: »Altersbilder im Wandel.« In: *www.bpb.de (Bundeszentrale für Politische Bildung).* 16. Januar 2013.

Yalom, Irvin D.: *Der Panama-Hut oder: Was einen guten Therapeuten ausmacht.* München 2010.

Zeh, Jana: »Wie man erfolgreich altert.« In: *n-tv online.* 1. September 2013.

Ziemer, Gesa: *Komplizenschaft: Neue Perspektiven auf Kollektivität.* Bielefeld 2013.

Zu Salm, Christiane: *Dieser Mensch war ich. Nachrufe auf das eigene Leben.* München 2013.

Musik, Filme

2030 – *Aufstand der Alten*. (Dreiteiliger Fernsehfilm) Deutschland 2007.

Die Frau, die sich traut. (Film) Deutschland 2013.

Die Orsons: *Jetzt*. In: *Das Chaos und die Ordnung*. Audio-CD 2012.

Engelmann, Julia: [eigener Text zur Melodie von *One Day/ Reckoning Song* von Asaf Avidan & the Mojos, Wankelmut Remix] Bielefelder Hörsaal-Slam 2013.

Herbstgold. (Film) Deutschland 2010.

Sein letztes Rennen. (Film) Deutschland 2013.

Stevens, Cat: *Tea for the Tillerman*. Musik-Album 1970 (Island Records).

Wolke Neun. (Film) Deutschland 2008.

Ziemlich beste Freunde. (Film) Frankreich 2011.

Dank

Erst ist da die Idee. Und nach den ersten Recherchen vor allem große Verwirrung. Viele liebe Menschen haben mir bei der Bewältigung dieses Projekts geholfen: Carla Mönig mit ihrer umsichtigen Recherche und Organisation, Barbara Wenner bei der steten Verfeinerung des Konzepts, Werner Irro mit seinem behutsam strengen Lektorat, Carmen Kölz mit angenehmer Verlagsarbeit, Felix Rudloff mit Vertrauen, Reto Klar mit einem tollen Cover-Foto. Nicht zu vergessen all die Menschen, die mir Einblick in ihr Leben gewährt haben, in ihre Gedanken, Sorgen und Hoffnungen.

Lesejury

Die Community für alle, die Bücher lieben

Das Gefühl, wenn man ein Buch in einer einzigen Nacht verschlingt – teile es mit der Community

In der Lesejury kannst du

★ Bücher lesen und rezensieren, die noch nicht erschienen sind

★ Gemeinsam mit anderen buchbegeisterten Menschen in Leserunden diskutieren

★ Autoren persönlich kennenlernen

★ An exklusiven Gewinnspielen und Aktionen teilnehmen

★ Bonuspunkte sammeln und diese gegen tolle Prämien eintauschen

Jetzt kostenlos registrieren: www.lesejury.de
Folge uns auf Facebook:
www.facebook.com/lesejury